빛의 길

Originally published by University Press(Liverpool, 1936)
Under the title

The Way of Light

by

john Amos Comenius

trans. by

Lee, Sook Jong

Korean Edition
ⓒ 1999 JESHURUN
Seoul, Korea

존 아모스 코메니우스
빛의 길

李 淑 鍾 譯

그리스도와 그의 나라를 위하여

6 빛의 길

차 례

한글 역자 서문 · · · · · · · · · · · · · · · 11
영문 역자 서문 · · · · · · · · · · · · · · · 17
헌사 (獻辭) · · · · · · · · · · · · · · · · · 35

제 1 장 하나님의 지혜의 학교 · · · · · · · · · 59

　　세상은 하나님의 지혜의 학교이다. 그것이 우리들의 출발점이다: 그러므로 나는 세상으로 하여금 그 적합한 이름에 응답하며 창조주의 목적을 달성하도록 설득하고, 하나님께서 그 목표에 도달하기 위해 계시하시는 길들을 있는 그대로 분명하게 제시하도록 준비하게 할 것이다.

제 2 장 무질서한 지혜의 학교 · · · · · · · · · 66

　　세상의 학교가 인간의 실수로 인하여 크게 무질서하게 되었다.

제 3 장 인간문제의 치유를 위한 노력 · · · · · · · 71

　　인간의 문제들을 치유하기 위하여 다양한 방법이 모색되어 왔으나, 지금까지 충분한 어떠한 힘도 찾지 못하였다.

제 4 장 인간의 무질서의 치유 · · · · · · · · · 79

　　사람들의 무질서에 대한 치유가 있는가? 만약 있다면 그것은 어떤 성격의 것이어야 하는가?

8 빛의 길

제 5 장 무질서의 치유를 위한 빛 · · · · · · · · · · 86

인간의 무질서의 어두움에 우주적인 빛보다 더 이상 효과적인 치료를 제시할 수 없다.

제 6 장 우주적 빛의 소망 · · · · · · · · · · · · · 90

세상의 종말이전에 우주적 빛의 도래를 신뢰하지 않을 수 없는 소망이 있다.

제 7 장 우주적 빛의 특징 · · · · · · · · · · · · · 101

만약 우리들이 우주적인 빛의 날이 가까이 오고 있다는 것을 믿는다면, 우리들은 빛의 길들을 마땅히 검토해야 할 것이다.

제 8 장 빛과 어두움의 형태 · · · · · · · · · · · · 107

빛이란 무엇이며, 빛의 형태는 얼마나 많은가? 빛과 반대되는 어두움은 무엇이며, 그 형태는 얼마나 많은가?

제 9 장 빛과 어두움과의 투쟁 · · · · · · · · · · · 112

빛과 어두움 사이의 지속적인 투쟁에서 빛의 최종적인 승리와 환희가 올 때까지 서로가 번갈아 가며 얻기도 하며 잃기도 한다.

제 10 장 빛의 확산의 길 · · · · · · · · · · · · · 117

빛이 생겨서 널리 확산되는 빛의 길들에 관하여.

제 11 장 어두움의 유형 · · · · · · · · · · · · · 137
  빛을 반대하는 어두움의 유형들.

제 12 장 빛의 길들의 연합 · · · · · · · · · · · 141
  빛의 길들이 어두움을 효과적으로 강력하게 사라지게 하기 위해 연합하고 적합하게 적용될 수 있고 적용되어야 하는 방법.

제 13 장 지성의 빛의 확산의 길 · · · · · · · · · 155
  사람들의 마음속으로 지성의 빛의 확산을 위해서 지금까지 신령하게 계시된 여섯 가지 길이 제시되었으나, 절대적으로 보편적인 일곱 번째의 길이 남아 있다.

제 14 장 우주적 빛의 목적 · · · · · · · · · · · 165
  우주적 빛의 세 가지 목적(즉, 그 안에서 모든 사물들이, 모든 사람 들에게, 모두 충분히 나타낼 수 있는)이 더욱 충분하게 제시된다.

제 15 장 우주적 빛의 요소 · · · · · · · · · · · 185
  우주적 빛을 위해 네 가지 필수적인 요소들, 범교재(汎敎材), 범학교 (汎學校), 범대학(汎大學), 범언어(汎言語)가 있다.

제 16 장 범교재의 구상과 계획 · · · · · · · · · 191
제 17 장 범학교의 방법 · · · · · · · · · · · · 208

제 18 장 범대학의 계획 · · · · · · · · · · · · · 213

제 19 장 범언어의 계획 · · · · · · · · · · · · · 223

제 20 장 세상의 조건 · · · · · · · · · · · · · · 237
  우리들이 이러한 배열들의 결과로 소망할 수 있는 세상의 조건.

제 21 장 사물의 존재의 조건 · · · · · · · · · · · 248
  그렇게 열망해 왔던 사물들을 존재하게 하며 작용하게 하는 일곱 가지 필수조건들.

제 22 장 빛을 위한 기도 · · · · · · · · · · · · · 270
  빛의 아버지께 인류의 최후의 조명을 위한 기도.

한글 역자 서문

1986년에 미국에서 공부가 거의 끝나갈 무렵 대학도서관에서 코메니우스의 *'빛의 길'*(Via Lucis)의 영역본(英譯本)의 목록을 발견하고 대출을 신청하였으나 그곳에 소장되어 있지 않았기 때문에, 상호도서교환 프로그램에 의하여 에일대학(Yale University)으로부터 본 저서를 입수하게 되었다. 미국의 여러 대학도서관에 거의 소장되어 있지 않았던 매우 귀중한 사본(寫本)을 손에 들고 면밀하게 탐독하면서 코메니우스의 근본적인 사상의 구조와 체계를 조금씩 이해하게 되었다.

이미 4세기 훨씬 지난 중세 교육신학자의 사상이 21세기를 목전에 두고 있는 현대인에게 얼마나 지대한 영향을 줄 것인가에 대해 많은 의문을 제기할 수도 있을 것이다. 그러나 현대사회에서 발생하고 있는 다양한 문제들도, 물론 그 당시 사람들이 경험했던 문제들의 유형과 형태와는 다소 차이가 있겠지만, 시대를 불문하고 그 본질적인 요소들은 동일하다고 생각된다. 다시 말하면, 현대인이 극복하며 치유하기에 불가능한 수많은 사회적 문제들은 결국 인간 자신과 인간이 살아가고 있는 사회환경과의 상호관계성에서 발생하고 있다는 사실에서 동일한 근원을 발견할 수 있다는 것이다. 코메니우스 자신도 그 당시 직면하고 있었던 많은 인간적 그리고 사회적 문제들의 해결과 치유의 본질적인 근원을 찾아내기 위해 끝없는 고뇌(苦惱)와 투쟁으로 그의 일생을 헌신해 왔다. 마침내 그가 발견하였던 다양한 문제의 해결은 곧 인간 내면세계에서 '지혜의 빛'을 발산하여 밝히게 함으로서 가능하다고 생각하였기 때문에, 본 저서를 저술하게 되었다.

코메니우스가 본 저서를 저술하게 된 다른 직접적인 동기는 그가 1641년부터 1642년에 걸쳐 9개월 동안 영국 런던을 방문하였을 때, 그의 범지학(汎知學)의 계획과 목적을 분명하게 정리하여 제시할 필요성을 느끼고 있었다. 그 당시 영국에서는 현대과학의 창시자인 프란시스 베이컨(Francis Bacon)의 영향에 힘입어 과학의 체계적인 탐구와 발전을 위해서 뜻을 같이 하고 있었던 과학자들과 철학자들과 정치가들이 영국학사원(the Royal Society)의 설립을 추진하고 있었다. 실제로, 영국학사원은 코메니우스가 영국을 떠난 후 20년이 지난 1662년에 찰스 2세(Charles II)에 의하여 설립되었으며, 그것을 기념하여 그는 1668년에 본 저서를 출판하여 헌정하였다. 어떤 의미에서, 코메니우스의 영국방문과 그의 범지학 사상의 소개가 학사원의 태동을 위한 직접적인 계기가 되었으며, 그 기구는 전 세계를 통하여 과학적 탐구와 학문연구의 중심적 모형이 되었다.

저자는 본서에서 인간이 겸비하여야 할 모든 지식과 지혜의 종합인 범지학의 의미와 목적이 무엇인가를 분명하게 밝히고 있다. 특히 그는 하나님을 향한 인간의 고유한 신앙을 모든 지혜의 보고(寶庫)로서 언급하면서, 지혜는 진리에 이르는 길이며, 또한 지혜는 이성과 신앙 양자의 조화와 갈등을 포괄하는 것으로 이해하였다. 저자가 은유적으로 표현하고 있는 '빛'(light)은 인간의 이성과 신앙의 길이자, 마침내 하나님께 이르는 통합된 지혜의 길이며, 이것이 본 저서가 제시하고 있는 중심적 주제가 된다. 그리고 '빛의 길'이란 명칭은 인간이 절망을 극복하여 승리를 나타내고 있는 구약성경의 욥기와, 하나님께서 모든 사람들에게 제시하고 있는 영적이며 물질적인 은혜와 진리와 정의를 표현하고 있는 예레미야에서 본 딴 것으로 알 수 있다.[1]

'빛의 길'은 우주의 질서와 조화의 깊은 이해를 얻기 위한 수단으로서 과학적 탐구의 가치를 강조하고 있으며, 그 우주의 질서와 조화를 자연의 창조(創造)에서 나타난 신의 존재의 현시(顯示)를 의미하고 있다. 저자는 과학적 통찰력을 종교적 진리의 일반적 유형과 일치시키면서, 과학적 통찰력에 의한 자연세계의 연구를 궁극적으로 하나님 창조의 연구로서 간주하였다. 그는 자연의 법칙을 우주적 물질세계에서 하나님의 현존을 반영하는 것으로 이해하였으며, 더욱 이 모든 지식과 지혜는 궁극적으로 종교적 신앙으로부터 발생하는 것으로 제시하였다.

코메니우스에게 있어서, 이성과 신앙은 그의 교육의 중심적인 주제가 되고 있다. 이성은 지혜를 배양(培養)하고 진리를 추구하는 교육의 본유적 기능을, 그리고 신앙은 인간 내면세계에 빛을 발산하게 하는 본질적 속성이 된다. 여기에서 그는 이성과 신앙의 빛을 발할 수 있는 길은 모든 지혜의 근원이 되는 자연세계와 인간 자신과 그리고 하나님의 진리로부터 얻을 수 있다는 기본적인 공리(公理)를 설정하고 있다. 그는 본 저서의 서두에서 진리를 자연의 진리, 인간의 진리, 그리고 하나님의 진리의 삼자(三者)의 상관관계를 정립하여 그 공리의 기본적 구도를 명백하게 나타내었다. 따라서 교육은 한 인간에게 지식의 종합인 세 가지 지식, 즉 인간의 외부세계의 실재의 지식과, 인간의 내면세계의 실재의 지식, 그리고 자연세계의 영역을 능가하는 신적인 지식을 배양하는 통전적 과제가 된다. 왜냐하면 세 가지 지식 중 각각은 다른 지식을 얻을 수 있는 수단이 됨으로 자연적 지식은 자연 자체에서, 인간적 진리는 마음의 내적 자원들에 의하여, 그리고 신

---

[1] Daniel Murphy, *Comenius: A Critical Reassessment of His Life and Work* (Irish Academic Press, 1995). p. 83.

적인 진리는 성경의 계시된 말씀에 의하여 배양될 수 있기 때문이다.

코메니우스는 본 저서에서 이러한 세 가지 지식의 종합을 '범지학'이라고 명명하였으며, 이것은 위에서 언급한 자연의 지식과, 인간의 이성적 지식, 그리고 하나님의 지식의 주요한 자원들을 포괄하고 있다. 그리고 인간에게 있어서 지식의 종합은 점진적으로 자연세계를 받아들이는 감각과, 인간의 진리를 받아들이는 이성과, 그리고 하나님의 진리를 이해하는 영(靈)의 밝음의 과정에 의하여 성취될 수 있다. 다시 말하면, 모든 인간이 지성적, 도덕적, 그리고 영적인 빛의 확산이라는 삼중적 과정을 통하여 완전한 지식을 얻을 수 있는 것이다. 그러므로 교육의 궁극적 목적은 자연적, 이성적, 신적인 진리의 상관적 관계에서 이해된 지식의 완전성을 성취하는 것이다. 여기에서 인간의 마음을 밝게 비춰주는 지혜와, 지혜의 배양을 추구하는 교육은 인간의 이성과 신앙의 잠재력을 모두 실제적으로 배양하여 조화를 이루게 하는 인간교육의 근본적인 요소들을 의미한다. 코메니우스가 지향하고 있는 참교육은 인간의 이성과 신앙, 자연세계의 물질적인 것과 영적인 것, 그리고 세속적인 것과 신령한 것의 전망들과 일치하여 인간의 내면세계를 계발하는 과제인 것이다.

오늘날 많은 지성인들과 종교인들은 미래사회를 위한 교육의 개혁과 사회의 변화를 기대하면서 그 문제들의 새로운 대안에 부심하고 있지만, 결코 명쾌하고 분명한 해답을 발견하지 못하고 있는 것이 사실이다. 그 이유는 교육의 개혁과 사회의 변화는 현대인의 인간성의 개조와 변화에서부터 출발해야 한다는 사실을 통감하지 못하고 있기 때문이다. 다시 말하여, 오늘날 교육이 현대인의 전반적인 지혜의 빛을 내면세계에서 확산하여 지성적 도덕적 영적인 위기를 극복하는 일과 그리고 극심한 혼란과 무질서와 부정부패가 상존하고 있는 현대사회의 환경에서 새로운 도덕성과 영성을 회복하여야 할 사명을 함께 공감하지 못하고 있기 때문이다. 현대사회의 다양한 인간적 문제들을 해결하기 위한 교육의 일차적 과제가 스스로 우주적 빛을 증진하는 일에 헌신적인 사람들과 지도자들 많이 배출하는 일이 되어야 할 것이며, 그들이 현대인과 사회의 도덕적 영적인 개혁을 통하여 현대사회의 조화와 질서를 성취하여야 할 뿐만 아니라, 전 세계의 평화가 정착되기를 전망하여야 할 것이다.

이러한 맥락에서, 코메니우스가 본 저서를 통하여 제시하고 있는 교육은 인간중심의 윤리-종교적(ethico-religious)과정에서 개인의 인간성을 충분하게 회복하기 위해 필요한 영적이며 종교적인 빛을 인간의 내면세계에 밝히는 방법이라는 것이 분명하게 나타나 있다. 참 인간성을 위한 교육의 궁극적인 관심은 모든 인간이 영원한 것을 배워야 하기 때문에 영원한 것에 두고 있으며, 그리고 인간은 영원성으로 태어났기 때문에 영원한 손실의 위기가 없이는 참 인간성의 회복을 추구하지 못할 것이다. 따라서 본 저서는 참 지식과 참 지식을 계발하기 위한 참 교육과, 참 교육을 통한 인간성의 회복을 위한 교육의 과제와 목적을 분명하게 제시하고 있기 때문에, 고착된 현대인의 의식과 정신세계에 새로운 활력을 제공하며 또한 새로운 도전이 될 것이다.

본 역서에서 역자는 독자들의 이해를 돕기 위하여 본문 중에 나오는 중요한 인물과 대목들을 각주(脚註)로서 풀이하였고, 각 장(章)의 제목들을 내용에 따라 적절하게 표기하였음을 밝혀둔다. 본 역서는 캄파그네이(E. T. Campagnac)가 1938년에 영어로 번역한 *The Way of Light*를 기본자료로 활용하였으며, 그리고 본 자료의 전체 내용 중 제 10장에서 정리(定理) 1에서 5번까지 생략되어 전후 문맥이 잘 연결되지 않는 부분들이 있다는 것을 아울러 지적할 수 있다.

끝으로 한국출판계에서 코메니우스의 저서들과 그에 관한 연구서들을 중점적으로 기획출판하여 지금과 같은 경제적인 어려움 중에서도 코메니우스의 사상을 한국교회와 교육계에 폭 넓게 알리는 일을 큰 사명으로 감당하고 있는 여수룬출판사의 이형수 사장님과 직원 여러분에게 심심한 감사의 말씀을 드린다.

1999년 8월 강남대 시내산에서
저자 씀

영문 역자 서문

　코메니우스는 매우 훌륭하고 순수한 사람이었다. 그는 전쟁과 전쟁의 소문이 널리 퍼져 있었던, 그리고 옛 행위의 규범과 신앙의 형태가 위협을 받으며 변질되고 있었던 어지럽고 혼란한 세상에서 살았다. 그 당시 사람들은 새로운 지식에 매우 당황하여 조상들이 알고 있었던 옛 것과 어떻게 관계를 맺을지를 알지 못하였으며, 또한 그들이 유산으로 계승해 왔던 것에 새로운 위협을 받으면서 어떠한 보호 장치도 만들어 낼 수 없었다. 코메니우스는 투쟁대신에 평화를, 혼란 대신에 질서를 원하였다: 그는 진리에 의하여 새로운 사실들이 입증되기를 원하였으며, 새로운 발견들을 활용하고 확장하며 해석하기를 원하였다. 이 방법들의 확장으로 그것을 조정하고 방향 짓는 통합의 원리를 원하였다. 그는 전반적인 생활과 세상을 지성적인 것으로 만들기를 원하였다. 그는 빛의 길을 원하였다.
　빛의 길은 모든 사람들이, 그들의 운명이 기쁨에 처해 있든, 혹은 어려운 처지에 있든지 간에, 원하고 있는 것이다. 어떤 사람들은 그들이 간직하고 있는 욕망을 성취하기 위하여 세상이 제공하고 있는 무한하고 다양한 지식과 경험으로부터 그들의 안목이 미치는 범위 내에서 일관성이 있는 평범한 제도와 조직에서 다룰 수 있고 제시할 수 있는 사물들만을 선택하려고 하고 있다. 심지어 그들 자신들의 사상들과 욕망들을 엄격한 통제에 종속시키려고 하며, 하나의 공식이나, 혹은 계획의 범위 내에서 수행될 수 없는 일들를 그들의 마음에서 제거해 버리려고 한다. 따라서 그들은 안전하게 되기를 원하였으며, 그

것이 문제를 해결하려는 한 방법이 되었다.

다른 사람들은 또 다른 방법을 선택하고 있었다. 그들은 그들의 안목을 차단하기를 거부하면서, 세상에 존재하고 있는 그대로, 즉 선한 것과 악한 것들을, 그리고 그들이 이해하고 있는 것들과 이해할 수 없는 것들을 기꺼이 수용하여 모든 새로운 지식과 경험을 환영하고 있었다. 그들은 난해하고 처리하기 어려운 사실들을 고려의 대상에서 생략함으로서 일관되게 지켜온 어떤 신조나 철학으로부터 독립되기를 요구하였다.

그리고 목적 지향적인 어떠한 길도 제시되어 있지 않았다. 왜냐하면 스스로 같은 경계지역 내에 함께 살고 있었던 사람들도, 아무리 근접하게 그리고 돈독하게 밀착되어 있었다 하더라도, 그들이 마지못해 진실한 것으로 인정했던 새로운 세력들과 힘의 영향에 의하여, 혹은 그들이 불문에 두기로 결심하였던 사상들의 부단한 압력에 의해서, 여기 저기에서 그들의 장벽이 무너지고 있다는 것을 발견하였기 때문이다. 또한 그들은 그들의 관행과 제도를 거부하든지, 혹은 성실하고 고결한 마음이외에 다른 어떤 것을 통하여 그것을 고수하려고 하였다. 자유의 애호가들은 자유를 안겨준 은사들, 즉, 그들이 스스로 정립하지 못하여 활용할 수 없는 새로운 재능들에 의하여 당황할 수 밖에 없었다.

사람들은 하루하루, 그리고 하루 종일 살아가면서 행동하고 결단하여야 한다; 이러한 일들을 위하여 그들은 무엇은 가능하고 그렇지 않은지에 관하여, 참되고 어리석음에 관하여, 옳은 것과 옳지 않은 것에 관하여, 그들 자신들과 관계하고 있는 사람들이 살고 있는 사회에 관하여, 그 기초들과 성격, 그리고 그 운명에 관하여 어떻게 대처해야 할지 그 활동적인 가정을 수용하여야 했다. 그러나 어떤 사람들은 그들의 활동적인 가정이 오래 동안 지속될 것을 믿거나 믿는 채 하고 있지만, 더욱 마음이 풍부하고 겸손한 사람들도 스스로 실수를 하게 될 가능성이 있으며, 그들이 가정하고 있는 것이 부정확하고 불완전하며 잘못 활용되리라는 것을 인정하고 있었다. 첫째 문제는 그 가정을 그들의 선입견에 적응시키려고 노력하는 동안에 진실을 곡해할 수 있는 일이다. 두 번째 문제는 그들이 궁극적이며 영원한 진리의 존재를 거부하는 지성적인 그리고 도덕적인 기회주의에, 혹은 최소한 그 진리를 발견할 가능성에 자신들을 포기하는 위험에 직면하는 일이다.

이러한 일들이 모든 사람들이 직면하고 있는 실제적인 어려운 난관들이다. 코메니우스는 이러한 문제들을 잘 알고 있었기 때문에, 본 저서에서 그 문제들을 어떻게 극복 할 것인가를 제시하고 있다. 왜냐하면 그는 순수하고 선할 뿐만 아니라, 고결하며 용기가 있고, 창의적이었기 때문이다. 모험을 두려워하지 않는 사람들에 의해서 확실성이 수용될 수 있을까? 어떠한 실험의 결과들에 의해서 사람들이 오랫동안 간직해 온 신념들이 흔들리지 않을 것이라고 확신하고 있는 사람들은 실험을 재시도할 수 있을까? 우리들은 이미 참된 지식, 즉, 최소한 근본적으로 중요하고 본질적인 가치가 있는 사물들의 지식을 가지고 있다는 확신과 일치하여 기꺼이 배울 수 있을 것인가? 새로운 것이 옛 것의 적(敵)이 되는가? 전통을 고수하고 있는 사람들에 의해서 진보가 가능해 질 수 있을까? 코메니우스는 우리가 모든 일들을 할 수는 있지만, 다만 "우주적"혹은 보편적이라고 부르는 계획이나 체계에서 우리의 자리[場]를 수용하고 발견할 때만이 그것이 가능하다는 것에 만족하려고 하였다. 그는 지금까지 경시되어 왔던 학문들의 통합의 의미에 새로운 열정과 폭 넓은 의미를 부여하여 왔다. 학문들의 주기, 일곱 가지 교양과목[2], 백과 사전적인 지식, 알려진 모든 학문의 한계점을 추적하여 그 범위 내에서 사람들의 사고와 행위를 영구히 보존하기를 요구하는 권위의 시대는 이미 지나 갔다고 알려졌다. 사람들의 이해의 범위를 넘나드는 새로운 운명의 사건들이 그들에게 자신들을 나타내 보이기 위하여 두려움, 혹은 다른 사람들의 소망으로 가득 채워 주었다. 고대의 당당한 위엄을 자랑해 왔던 집단 사회에서 이제는 그 경계선이 무너졌기 때문에, 그 사회를 동경해 왔던 사람들에 의해서 옛 세력들이 결코 회복될 수 없었으며, 성벽(城壁)에 갇혀 있는 자신들을 발견하였던 다른 사람들도 결코 다시 보호 받을 수 없었다.

그러나 그러한 개념은 사람들이 다른 보충적인 진리들에 의해 보다 광범위한 개념을 요구하고 있다는 것을 수용 했을 때에도 상실될 필요가 없는 한 가지 진리를 보존해 왔다. 그 개념이 다른 진리들에 의해 보충될 필요가 있는 것이다. 우리가 지식의 발달과 증진에 한계점을 두거나, 지금까지 활용해 왔던 규범을 영구히 고수해야 할 필요가 없다는 것은 사실이다; 또한 사람들이 여전히 완전성을 갈망하며 한 집단사회를 동경하고 있지만, 경계가 없는 집단이란 있을 수 없으며, 정의가 없는 완전성이란 있을 수 없는 것이 분명하다. 따라서 사람들은 소유하고 있는 지식을 활용하여 모든 것을 알게 될 때까지 행동하는 것을 지연하지 말아야 한다; 그들은 비록 현재에 새롭고 보다 폭넓은 규범과 상이한 옛 것들을 파기해야 한다고 생각할지도 모르지만, 과거의 경험을 요약한 규범들을 준수해야 한다. 그들은 거주해야 할 어떤 도시를 동경하고 있지만, 그 곳에 오랫동안 정착할 것을 주장

---

[2] 역자 주, 중세에서 일곱 교양과목은 3학(Trivium)과 4학(Quadrivium)의 두 영역으로 구분되어 있었다. 3학은 문법, 수사학, 변증학으로, 그리고 4학은 산술, 음악, 기하학, 천문학으로 구성되었다.

하려고 하지 않는 영원한 순례자들이다. 우리의 조상들의 지성과 신앙을 시험해 왔던 유사한 두 가지 문제들이 현재 우리 자신의 지성과 신앙에 도전하고 있다. 한 가지는 불분명한 혼돈의 개념에서 분명한 개념을 밝히는 것이며, 두 번째는 점증하고 있는, 동시에 변화하고 있는 개념을 완전한 사상과 통합하는 일이다. 우리는 첫째 문제를 해결하지 못한 채 제쳐놓을 수도 있으나, 우리 자신들과 우리의 후계자들이 지식을 탐구하는 일에는 종말이 없다는 사실을 깨닫게 될 때, 지금까지 우리를 인도해 왔던 한계와 상황에서 벗어나서, 그들을 앞으로 우리가 밟아 오지 않았던 방향으로 인도할 수 있으며, 혹은 우리는 지식이 보다 광범위하게 성장할 수 있다는 것을 믿을 때, 그 성장은 어떤 한가지 체계를 따라야 하고, 그리고 사고를 위해서 사상의 한 형태나 다른 형태들을 소유하여 활용하여야 한다는 사실을 망각하게 된다. 우리는 사상의 어떤 형식이 아무리 좋은 것이라 할지라도 그 형식에 고착하여 영속성을 두게 함으로서, 혹은 부단한 사고와 새로운 창안(創案)의 수고를 덜게 할 어떤 장치에 의해서도 두 번째 문제를 해결하지 못할 것이다.

　코메니우스는 영국 학사원이 수행해 왔던 자연의 탐구에 매우 만족하여 그 과제의 증진을 희망하였다. 모든 사실들이 수집되어 시험을 통하여 정리되었고, 증명과 설명에 의하여 원리들이 정립되었으며, 여러 분야에서 비판(批判)이 제기되어 인정을 받게 되었다. 그 결과들이 스스로 검증되어 인정되었으며 종전의 이론들을 교정할 때 활용되었다. 그리고 자연과학의 비판적 방법이 인간의 마음으로 탐구할 수 있는 다른 영역에도 활용될 수 있었다. 자연과학의 성공은 "경탄할만한 전제조건이 될 것이며, 국가에서 인간사회를 지배하거나, 동시에 교회에서도 동일한 길로 행하도록 인간의 양심을 지배하고 있는 사람들을 격려할 것이다." 그리고 코메니우스는 성경에 근거하여 모든 다른 문제들뿐만 아니라, 자연과학의 문제와 방법에도 그의 주장을 뒷받침하고 있다. 그는 우리가 "세상의 판단과 시험에 대해 모든 교리들을 제시하기를 주저하지 않았던 사도들의 모범(模範)을 따라야 할 것을" 아울러 부연하고 있다. "정치가들" 뿐만 아니라, "신학자들"도 과학적이어야 한다. 모든 사람은 스스로 자신의 능력에 따라서 모든 사물들을 입증해야 하기 때문에, 어떤 비판력이 없이는 선한 것을 신속하게 주장할 수 없게 된다. 왜냐하면 그가 언급하고 있는 것처럼, "사물들의 진리는 우리들 속에 있으며, 하나님 나라의 진리는 우리들을 위한 것이기" 때문이다. 자연의 세계라 부르는 외면세계, 인간사회의 세계, 그리고 인간의 영혼의 세계인 내면세계, 이 모든 것은 우주적 체계로 운행될 수 있다; "우리는 우리를 제외하고 사물들의 탐구에 착수하는 일에 만족할 수 없으며, 따라서 우리가 추구하는 것은 보다 원대한 대상들에 함께 집중되어야 한다." 우리가 이와 같은 보다 원대한 대상들—인간자신, 인간이 스스로 만들어서 다른 사람들과 함께 공유하는 다른 사회, 즉, 하나님의 나라—의 지식을 가지고 있지 않는다면, 비록 우리의 주위에 수많은 세계가 있어서 그 세계들을 모두 이해하고 재물들과 함께 그 세계들의 전부를 소유한다고 하더라도, 그것은 우리에게 아무런 유익을 주지 못할 것이다.

코메니우스는 처음 부분에서 본 저서의 주제를 선언하고 있다: 그가 말하기를, "인간이 자신의 무한한 욕망과 능력을 계속하여 발견하려는 것이 인간의 속성이다; 이것이 인간에게 부과된 신성의 징표이다; 인간은 스스로 유한한 세계에서 안식처를 찾지 못하지만, 그 자신의 마음 한 가운데에 있는 무한한 심연, 즉, 하나님을 향하여 고군분투하며 투쟁하는 내적 동기와 부단한 충동을 소유하고 있다. 우리는 사람들이 그들의 생활과 세상전체를 지각할 수 있는 완전성을 얻으려는 욕망과 노력을 통하여 두 가지 방법 중 한 가지, 혹은 다른 방법을 선택하려는 성향을 목격하여 왔다. 그러나 이것들이 유일한 방법들이 아니기 때문에, 코메니우스는 또 다른 길을 따르고 있었다. 그는 완전성은 하나님 안에서 찾을 수 있다는 사실을 믿고 있었다. 그것이 완전성을 얻을 수 있는 과정의 종말이자 시작이며, 하나님을 신앙하는 힘으로 만들어지는 것이다. 실제로 하나님은 그의 가정(假定)이다. 그리고 이 가정을 수용할 수 있는 사람들을 위해서 다른 모든 것을 능가하는 이 가정의 유익한 것은 바로 이것, 즉, 다른 가정들을 교정하거나 혹은 폐지할 수 있는, 따라서 그 가정에서 보다 명백한 의미와 풍부한 범위를 제시하는 일에 이바지 할 수 있는 지식과 경험의 증진이다. 왜냐하면 새로운 사물들과 옛 사물들의 새로운 해석의 여지를 제시하고 있는 것이 가정이기 때문이다.

    물론 코메니우스가 전체 내용에서 이 문제를 논의하고 있다고 말할 수 있지만, 그는 처음 몇 문장에서 논의의 결말로서 무엇을 입증하기를 소망하고 있으며, 그리고 그 논쟁은 다만 그의 가정에 대한 풍부한 설명에 불과하거나 그 이상의 것이 아니기 때문에, 그가 도달하려는 결론에만 이르기를 결심하고 있다는 사실을 알 수 있다. 그러나 또한 그의 출발점은 또 다른 명분을 가질만한 가치가 있다는 것을 알 수 있다; 그것은 실제로 전체적인 체계이며, 지식과 경험을 제시할 수 있는 생활이 어떠한 것이든 그 체계만을 설명할 수 있으며, 사실들의 실재와 본질을 제시할 수 있다고 말할 수 있다. 이 체계는 처음부터 끝까지 영적인 개념, 즉, 종교적 신앙으로 남아 있는 것이다. 그러므로 종교인들과 그들의 신앙의 기반에 관하여 논쟁하는 것은 어리석은 일이며, 혹 어리석은 일이 아니라 할지라도, 친절한 일이 되지 못한다.

그러나 우리가 (더 이상 다른 말이 없기 때문에) 또 다른 유일한 언어를 선택하지 못하고 일반적으로 사람들이 선호하고 있는 언어를 빌려 사용한다면, "사물들의 종합," "우주의 통합"과 같은 표현을 택할 수밖에 없기 때문에, 우리가 시도하려는 과정에서 그 내용들을 정확하게 포함하고 있으며 그것들과 동일하다는 것을 발견할 수 있다. 우리는 "종합"(sum), "통합"(unity)이라는 것을 언급하면서 만족스럽게 더욱 첨가한다면 '우주의 전체성', 단일성을 예상할 수 있다. 우리가 시도하는 것이 잘못일 수 가 있으나, 종교인들은 그들이 잘못일 수 없다는 것을 확신하고 있다. 이 문제들에 관하여, 그것이 아무리 중요하다 하더라도, 궁극적인 신앙보다 그렇게 중요하지 않기 때문에, 우리는 확실하게 코메니우스의 방법을 선택하게 된다. 본 저서의 끝 부분에 "성직의 개념"이라는 명칭이 언급되어 있으며, 고(故) 산데이(W. Sanday) 박사가 여기에 적절한 두 문장을 인용하고 있다: "나는 궁극적으로 역사에서 진실 되게 그리고 교리에서 진실 되게 입증될 모든 것을 수용하기를 원합니다. 그러나 나는 그것을 우리로 하여금 수많은 사실들을 포용할 수 있는 역사와 교리 양자의 그러한 해석에, 가능한 한 누구든지, 의존할 수 있는 부적절한 성향으로 생각하지 않습니다." 코메니우스는 하나님을 신앙하는 한 성향을 가지고 있으며, 그 문제에 관하여 그가 할 수 있는 한 기꺼이 의존하기를 열망하고 있었기 때문에, 이 문제에 관하여 어떠한 의심도 나타내지 않고 있다.

어떤 정직한 사람은 그가 소유하고 있는 단편적인 지식은 함께 보완할 수 없는 요소들로 구성되어 있다고 고백할 것이다; 그는 상호관계의 공백과 실패를 인식하게 된다. 그리고 그는 그의 동료들을 관찰하며 그들의 말을 경청함으로서 소유한 지식이 지금까지 균형이 있게 완전한 형태로 정리될 수 없다는 것을 알게 될 것이다. 그가 할 수 있는 일은 무엇일까? 그는 사물들의 불만족스러운 상태를 있는 그대로 단조롭고 무기력하게 수용할 것이다; 혹은 두 번째로, 그는 그가 소유한 다양한 지식을 애매 모호한 계획으로 강하게 요구할 수 있다. 그러나 그는 그밖에 다른 일을 추진하면서 보다 훌륭하게 일을 할 것이다; 그는 그가 알고 있는 것과 알지 못하는 것과의 차이를 분명하게 구분하는 일에 심혈을 기울일 것이다; 그는 이러한 일을 통하여 그가 알고 있는 것의 한계와 정의를 분명하게 나타내는 한편, 그의 무지의 영역에 대하여 완전하지는 못하지만, 함축적인 한계를 분명하게 구분하게 될 것이다. 다시 말하면, 그는 또한 부분적이나마 진지하게 계획하여 보완할 것이다. 그는 그가 알고 소유한 사물들이 그 자체로 관용할 수 없는, 혹은 합리적인 형태로 될 수 없다는 것을 지각하게 될이다; 그는 심지어 무지의 공간들이 그가 알고 있는 모든 것으로 채워져야 한다는 계획을 제시하고, 마침내 그 계획이 발견되었을 때, 현재 알고 있는 모든 것에서 이전까지 소유할 수 있는 그 어떤 것 보다 더 큰 가치와 의미를 수용할 것이며, 그때에 그의 현재의 무지의 영역이 밝게 비춰진다는 것을 예상하게 될 것이다.

 이것을 발견하기 위하여 그는 그가 인정하고 있는 것과 같은 의무의 정확한 성취와 그의 주위에 있는 문제들의 부단한 탐구에 전념하게 된다. 이와 같은 수고와 노력이 없이는 그는 일관성이 있는 일정한 계획을 발견하지 못할 것이다. 그러나 만약 우리가 이와 같은 모든 노력에 의하여 그것을 확실하게 발견할 것인가의 여부를 묻는 다면, "아니오", 혹은 " 발견하지 못할 것이다" 라고 대답하게 된다. 그러나 어떤 환상에서 갑자기 계시된 것과 같이 그는 그것을 볼 수 있을 것이다. 그렇게 중요하지 않는 문제에서 우리가 오랫동안 성공하지 못한 채 추구해 왔던 해결이, 그것이 마치 중요한 문제인 것처럼, 갑자기 이루어지게 된다. 우리들이 추구하는 목적, 통합과 질서를 수반하는 진리의 원리가-마치 우리를 대면하고 있는 것과 같이-나타나게 된다; 우리가 그것을 발견하지 못하지만, 그것이 우리를 발견하게 된다:

지혜는 영광스러우며, 결코 사라지지 않는다; 지혜는 그것을 사랑하는 사람들에게 쉽게 알려지며, 그것을 추구하는 사람들에게 알려진다. 지혜는 그것을 갈망하는 사람들에게 최초로 알려 지면서, 스며든다. 일찍이 지혜를 추구하는 사람마다 지혜의 문 앞에 앉아있는 지혜를 발견 할 수 있기 때문에, 큰 수고를 하지 않을 것이다. 그러므로 지혜에 관하여 생각하는 것은 지혜의 완전성이며; 그리고 지혜를 지키는 사람마다 고통이 없을 것이다. 왜냐하면 지혜를 가치 있는 것으로 추구하는 사람들에게 그 지혜가 나타나며, 그들에게 같은 방법으로 친절하게 제시되고, 그리고 모든 사고에서 그들을 대면하기 때문이다.

테일러(Taylor) 교수가 어떤 유명한 글에서 "영원한 것의 쟁취"라고 언급하였던 것은 인간의 모든 노력을 찬양하며 명예롭게 하고 있다. 그러므로 그는 보이지 않는 것들의 확증과 바라고 있었던 것들의 본질을 소유하고 있다; 그는 신앙을 가지고 있다. 계시된 계획이나 형태는, 비록 그가 지식을 터득하여도 그의 의무를 이행하지 못하게 되거나 그것을 식별할 수 없다 할지라도, 단순한 사실들이나 혹은 지금까지 분별할 수 있었던 지식에 전가 시킬 수 있는 그 어떤 것보다도 그에게 있어서 더욱 본질적인 권위를 가지게 된다; 그렇지 않으면 어떠한 계시도 그에게 더욱 많은 것을 터득하지 못하게 하여 여전히 그의 의무를 이행하지 못하게 할 것이다. 코메니우스는 개혁자로서의 열정을 가지고 있었다: 그는 개혁자로서 확신이 있는 소망을 가지고 있었다; 그러나 그는 또한 관대한 인내심을 가지고 있었다; 그는 그의 목적이 짧은 시간 내에 성취될 것으로 예상하면서 스스로 달래고 있었다. 그는 실의에 빠져 있기도 하였다; 비록 그는 스스로 "마음이 겸손한 사람중 한 사람"으로 말하고 있었으나, 그의 "생은 슬픔에, 그리고 그의 세월은 애환 속에 빠져 있었다"고 술회하기를 주저하지 않았다. 그러나 그가 항상 절망 가운데 있었더라면 그의 소망을 포기하였을 것이다; 그는 여전히 빛의 길이 사람들을 충만하게 인도할 것을 확신하였다. 왜냐하면 그의 조급한 성격이 그의 본래적인 성격이 아니었지만, 그의 교육의 계획을 실현하기 위한 점진적이며 지속적인 단계를 추구하였던 배려와 관심이 그의 목적을 달성하기 이전부터 그가 긴 여정을 할 수 밖에 없었다는 사실을 입증하고 있기 때문이다.

"헌사"에서 코메니우스는 그의 저서의 역사를 서술하였으며, 본 저서의 기원과 출판이 지연되었던 일과 출판의 경위를 언급하였다. 그리고 각 장의 제목에서 본 저서를 자세하게 분석하고 있다.

라틴어와 본 번역서에서 그를 따르고 있는 현대의 독자들이 그의 글이 종종 지루하고 장황하게 설명되어 있고 그 자신을 자주 반복하면서 성경에서 인용한 수많은 구절들로 매우 짜증스럽다고 불평한다면, 그들에게 매우 송구스러운 일이 될 것이다. 그러나 그들이 그의 저서를 가깝게 접하게 될 때, 저자는 항상 인간의 마음속에 간직하였던 문제들에 관하여 매우 실제적이며 가치 있는 것을 언급하고 있으며, 또한 그것을 강하고 확신 있게 언급하고 있는 것을 발견하게 될 것이다. 그리고 그들은 그가 제시하고 있는 수많은 주제들이 매우 현대적 감각과 관심을 가지고 있다는 것을 신속하게 인식하게 될 것이다. 그는 평화의 옹호자로서 사람들이 평화를 얻기를 원한다면, 서로 각기 상대방을 이해하여야 하고, 사람들이 그것을 얻기를 원한다면, 공통적이며 보편적인 언어를 가지고 있어야 할 것을 주장하고 있다. 사람들이 서로 의견의 차이를 나타낼 때, 그 이유는 그들의 경쟁과 적대관계에서 사용하는 언어의 의미를 알지 못하기 때문이다. 보편적 언어에 관한 코메니우스의 제안들이 실천될 수 있는, 그러한 언어가 어떤 방법에 의하여 형성될 수 있으며, 혹은 어떻게 공통적으로 사용될 수 있는지를 상상하는 것이 중요한 한가지 일일 것이다; 그리고 다른 한가지 일은 그가 계획을 제안하면서 의도하였던 목적을 이해하고 인정하는 일이다.

또 다른 문제에서 코메니우스는 거의 3세기 동안 이 마지막 세대(世代)에서 성취해 왔던 일들을 예상하였다. 그는 다양한 분야에서 연구의 결과와 결론들이 권위 있는 저자들에 의해서 지성적이며 잘 교육받은 사람들이, 비록 그들이 직접적인 지식을 요구할 수 없고 스스로 연구할 수 없었다 할지라도, 이해할 수 있는 언어로 완성될 수 있는 교재들과 저서들을 원하였다. 우리는 홈(Home)대학도서관에서 코메니우스가 가장 열정적으로 열망해 왔던 것 중 한 가지를 구현하였던 것을 우리의 면전에서 입수하게 되었다.

그리고 만약 우리들이 교육민주주의(敎育民主主義)에 관하여 언급할 때, 코메니우스의 소리를 잘 경청할 수 있을 것이다. 그의 소망은 모든 사람들이 빛의 길로 인도되어야 한다는 것이었다; 그는 모든 사람들이 "지혜"를 얻을 수 있다고 믿고 있었으나, 그렇다고 그는 모든 사람들이 "학식"이 있어야 하거나, 혹은 그 학식이 모든 사람들을 위해서나 그들이 살아야 하는 세상을 위해서 좋을 수 만 있다고 상상할 정도로 어리석지 않았다. 학문은 소수를 위한 것이다; 학문의 열매는 각계 각층의 사람들이 그들의 재능과 기회에 따라서 다양한 역할을 할 수 있는, 그러나 모든 사람들이 공통적인 신앙에 순종하여 통합된 질서 있는 공동체 안에서 공유 할 수 있는 것이다.

대부분의 독자들에는 거의 흥미가 없을지 모르지만, 역자가 소망하고 있는 바와 같이, 자연과학사가(自然科學史家)들이 가지고 있는 관심은 코메니우스가 빛에 관하여 서술하였다는 사실이다. 그는 물질적 세계를 비춰는 빛과, 마음과 영의 세계 안에서 세계를 통하여 빛나는 빛과의 구별을 제시할 비교유추(比較類推)를 위해 전기뉴톤의 (pre-Newtonian) 물리학에 관한 소 논문을 게재하고 있다.

역자가 코메니우스의 빛의 길을 영문으로 번역하기로 약속한 때가 십 년 이상이 지났다. 이 작업은 그 당시 런던 대학교 슬라브어 연구학과의 한 회원이었던 O. 보카들로 (O. Vocadlo)씨에 의하여 제안되었기 때문에, 역자는 리버풀 대학교의 러시아 역사, 언어, 문학교수인 A. 브루스 보스웰 (A. Bruce Boswell)씨에 의해서 그 일에 착수하도록 격려를 받았다. 역자는 할 수 있을 뿐만 아니라, 그들이 원하였던 것을 기꺼이 수행하기를 동의하였다.

그러나 극복해야 할 어려운 일들이 있었다. 「빛의 길」의 사본(寫本)이 옥스퍼드 대학의 보들리(Bodly) 도서관에 소장(所藏)되어 있었으나, 역자는 리버풀에서 이 작업을 계속해야 했기 때문에, 나의 목적을 위해 옥스퍼드에 가서 장기간 머물면서 그 자료를 활용 할 수 없었다. 프라하의 보헤미아에 있는 박물관도서관에 한 사본이 있었으나 관리인들이 그 진기한 보물을 빌려줄 수 없었기 때문에, 오히려 더욱 멀게 느껴졌다. 그러나 보카들로 씨의 친절한 직원들의 도움으로 나에게 그 원본의 필사본을 깨끗하게 만들어 주었기 때문에, 이것이 나의 번역의 원문(原文)이 되었다.

여러 차례 지연된 후에 본인의 번역이 진행되어 교정의 작업을 거쳐서 완성되었다. 그러나 한 권의 책, 특히 그것이 독자들에게 관심을 줄 수 있는 종류가 아니라면, 출판하기 위해 준비하는 일이 한 가지 일이며, 또 다른 한 가지 일은 출판을 끝내는 일이다. 왜냐하면 "교육"을 옹호하며 연구하는 사람들이 많고, 새로운 방법들과 심지어 새로운 개념들이 지속적으로 정립되어 선포되고 널리 알려지고 있지만, 실제로 교육사(敎育史)를 연구하는 학도들은 그렇게 많지 않기 때문이다. 본 저서는 많은 부담이 되지 않을 수도 있겠지만, 그것이 출판되었을 때, 기꺼이 돈을 지불하려는 사람들에게도 부담이 될 것이 분명하다. 다행스럽게도 그러한 사람들이 있었으나, 리버풀에서 몇몇 사람들을 발견할 수 있었다. 본인의 친구들 중 몇 사람들은, 시장성이 거의 없으나 교육사에서 시대들을 설명하고 있는, 그리고 그러한 문제에 관심을 가지고 있는 학도들이 친절하게 수용하였던 책들－편집본이나 번역서들－을 내가 집필하기를 원하였을 때, 출판할 수 있었던 기금들을 오랫동안 모금하였다. 그 기금의 대부분이 거의 지출되었으나, 코메니우스와 그의「빛의 길」에 사용될 잔여금이 남아 있었다. 그리고 내가 기쁘고 놀라운 것은 체코슬로바키아의 공사관(公事官)인 하이카(Hyka)씨가 프라하에 있는 관리들에게 본 저서를 출판하는 일을 도와 줄 것과, 출판되었을 때 몇 권을 구입 할 것을 약속하도록 설득하였던 사실을 알게되었던 일이다. 나의 수중에 두 가지 종류의 보조금이 접수되었을 때, 나는 리버풀 대학교 출판사에게 본 저서를 접수하여 출판해 줄 것을 설득하였다.

역자는 출판사 소장과 위원회에게 그들의 협조에 대하여 정중한 감사의 말씀을 드리며, 출판사 총무인 밀레트(Millett) 양에게 본인이 오랫동안 지연함으로 인하여 어려움을 당했던 일에 대한 변명을 흔쾌히 받아 준 것에 대해 감사를 드린다. 그리고 역자는 보카들로 씨와 하이카 씨 두 사람에게 오랫동안 인내와 실질적인 도움을 준 사실에 심심한 감사의 뜻을 표한다.

역자는 그 동안 도움과 충고를 아끼지 않았던 다른 친구들—그들 중 보들리(Bodly)도서관에서 자료들을 확인하는 일을 도와 준 목사인 A. J. 카알라일(A. J. Carlyle) 박사와 L. J. 바안즈(L. J. Barnes)씨, H. 고든(H. Gordon)씨, 특별히, 코메니우스가 빛의 물리학을 다루었던 여러 페이지를 정성스럽게 정독해 준 이 대학교의 고(故) 라이스(James Rice)교수의 도움을 받게되었다. 항상 관대하였던 라이스 씨는 역자에게 본 저서의 이 부분을 해석하는 일을 지도하는 일에 헌신적이었으며, 그 부분에서 자연과학에 대한 본인의 무지로 인한 수많은 실수를 독자들과 본인 자신으로부터 덜게 하였다. 역자는 절친한 친구인 옥스포드 코오퍼스 크리스티(Corpus Christi) 대학의 총장인 고(故) P. S. 알렌(P. S. Allen) 박사가 이번 일과 본인이 학문하는 일에 몰두하였던 다른 공헌에 지대한 관심으로 지속적인 지원을 아끼지 않았던 것을 알게 되었다. 본인이 거의 실의에 빠져 있었을 때, 그는 나에게 다음과 같이 기록하였다. "본 저서는 언젠가 틀림없이 인쇄되어 출판 될 것입니다. 그 요구가 명백하기 때문입니다." 「빛의 길」은 더 이상 훌륭한 찬사를 얻지 못할 것이다.

빛의 길 (Via Lucis)

욥기 38장 24절
광명이 어느 길로 말미암아 뻗치며,

스가랴 14장 7절
그 날이 오면 밤도 낮도 없어 저녁이 되어도 밝기만 하리라.

이사야 9장 2절
어둠 속을 헤매는 백성이 큰 빛을 볼 것입니다. 캄캄한 땅에 사는 사람들에게 빛이 비쳐 올 것입니다.

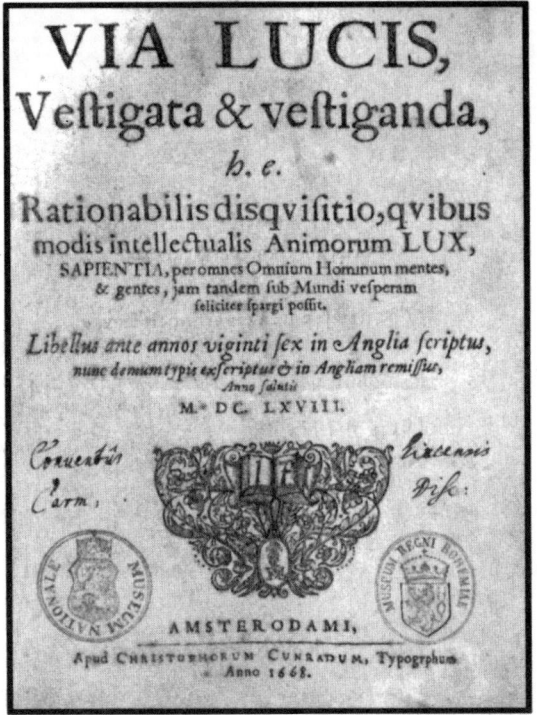

헌사

이 시대를 계몽할 횃불을 들고 참 철학을 실현하고 있는
영국 학사원 회원들에게
행복한 출발과 행운의 인사를 드리며

친애하는 저명한 경들에게,

1 빛의 길이란 책명을 붙인 본 저서를 빛의 사자(使者)들인 여러분들에게, 즉, 자연철학의 빛을 보다 심오한 진리의 근원에서 찾고 있는 노력을 유럽전역으로 선포하며 출판하는 일에 전념하고 있는 사람들에게 증정하는 것은 적합한 일입니다. 이 작업은 빛과 진리의 탐구를 위해 우리들에게 제공된 영역이 그리스도의 그 말씀에 따라서 (이 경우, 그 말씀의 적합한 의미로 적용될 수 있는), 여러분의 책임으로 맡겨진 그 나라에서 태동하였기 때문에 더욱 적절한 일이 됩니다: 이미 다른 사람들이 노력해 왔으며, 이제는 여러분이 그들의 일을 떠맡게 되었습니다. 이 연구들이 태동하였던 근원에 다시 이르도록 여러분이 목적하는 것이 무엇이든지 기도하며 수용합시다.

2 하나님께서 나의 가슴 속에 다윗의 기도들과 같은 기도를 떠오르게 하신 것이 이미 사 십 년이 됩니다. 그러므로 나는 다음과 같이 기도하였습니다; "주의 빛과 주의 진리를 보내어 나를 인도하사 주의 성산과 장막에 이르게 하소서"(시편 43편 3절). 나는 지금 나의 조국과 그 교회들과 학교들이 모두 폐허가 된 것을 목격합니다. 전쟁의 화염이 조국의 국경을 넘어 확산되어 처음에는 이웃 국

가들을, 나중에는 유럽전역을 포위하고 그리스도의 세계를 재난과 황폐로 위협하고 있었을 때, 나는 하나님께서 이미 오래 전에 완전하고 최후의 빛에 관하여 하신 약속에서 그 이상의 위안을 발견할 수 없었습니다. 종국에는 그것이 어두움을 물러가게 할 것입니다. 만일 이 일에 어떤 인간적 도움이 필요하다면, 그것은 청소년들에게 모든 일들을 가장 기초적이며 근본적인 것에서부터 더욱 훌륭하게 교육하는 일이라고 생각하며, 그들이 세상의 미로에서 헤어 날 수 있다면, 더욱 그렇게 생각합니다. 이러한 목적과 함께 나는 보편적 내용의 한 저서가 저술되어야 하며, 그 책의 지도로 어두움에서 점진적으로 빛으로 나아가는 사람들의 마음이 그들을 덮고 있었던 환상에서 영원한 진리의 유일한 길로 인도될 것으로 생각합니다.

3 나는 이 주제에 관하여 몇몇 명상록(瞑想錄)들을 저술하여 영국으로 발송하였으며, 그 때에 그 곳에서「범지학 서설」(Praeludia Conatuum Pansophicorum)[3]의 책명으로 처음에는 옥스퍼드에서, 후에는 런던에서 출판하였습니다. 어떤 선한 사람들, 신학자들, 감독(監督)들은 경건한 종교적인 배려(配慮)에서 이교도(異敎徒)들 사이에서 복음을 전파할 계획을 가지고 있었습니다. 왜냐하면 매우 다행스럽게도, 씨앗을 심기 위한 새로운 기회가 마련되었기 때문이었습니다. 나는 영국인들의 초청으로 1641년에 영국으로 건너가서 정부의 공식적인 계획에서 이 문제들에 관하여 논의하기 시작하였습

---

[3] 역주, 본 저서는 1634-1636년에 저술된 Conatuum Comenianorum pracludiae 라고도 부르며, 사무엘 하트리브(Samuel Hartlib)에 의해 1639년에 런던에서「범지학의 소론」(Pansophiae prodromus)의 책명으로 재 출판되었고, 그리고 1642년 런던에서 다시 그의 의해서「학교개혁」(A Reformation of Schools in Two Excellent Treatises)으로, 그리고 Jeremy Collier (London, 1651)에 의해서 A Pattern of Universal Knowledge 로 영역되었다

니다. 이 계획이 밝혀졌을 때, 그 당시에 나라를 휩쓸고 있었던 정치적 격동(激動)으로 그 계획이 실현되는 일이 좌절되었기 때문에, 나는 다시 돌아 왔으나, 만일 하나님께서 평화를 회복하신다면, 돌아온 일에 결코 실망하지 않을 것을 기약하고 있었습니다.

그러므로 그와 같은 상태에서 나는 *Via Lucis vestigate et vestiganda, etc.*(찾아내야 하며, 그리고 찾아 낼 수 있는 빛의 길)이란 책명으로 진행된 나의 연구의 일부를 남겨둔 채 돌아 왔습니다. 그러나 이와 같은 하늘의 심판이 그렇게 오랫동안 계속되리라고 기대했던 사람들이 우리 중 누가 있었겠습니까? "오호라 우리의 범죄 함을 인함이 니이다"(애가 5장 16 절): "여호와는 생존하시니 나의 반석을 찬송하며 내 구원의 하나님을 높일 지로다"(시편 18편 46 절): "땅의 모든 끝이 여호와를 기억하고 돌아오며 열 방의 모든 족속이 주의 앞에 경배하리니 나라는 여호와의 것이요; 여호와는 열 방의 주재 심이로다"(시편 22편 27, 28 절).

4 그때에 나는 영국으로부터 돌아왔습니다: 그러나 하나님께 두고 있었던 소망이 나를 떠나지 않았습니다.; 그러므로 나는 (놀라운 교회와 그 교회를 위하여 세상의 회복에 관한) 예레미야의 그 아름다운 꿈 (예레미야 21장 26절과 31장, 32장, 33장 전체)을 결코 잊지 않았으며, 혹은 이 문제에 대한 하나님의 선한 목적에 이바지 할 나의 일관된 욕망을 상실하지 않았습니다. 이와 같은 헌신적인 계획들이 나의 일곱 가지 과세를 성취하는 과정에서 수행되었으며, 그것의 기본 방향은 여러분의 이해를 참작하여 적합하지 않은 것이 없습니다. 왜냐하면 여러분은 이미 진리의 탐구를 위해 공식적으로 보장을 받고 있기 때문입니다. 그 결과는 만일 여러분의 견해로 나의 새로운 발견이 진실이라면, 본인이 빛과 진리의 보고를 의미하고 있

는 한 가지 보고가 다른 것의 첨가로 더욱 풍부하고 값지게 될 것입니다.

5 나의 저서의 첫 부분에서 본질적으로 새로운 것은 그 내용의 보편적인 범위, 실제로 모든 개인들에게 그리고 어디에서든지 모든 인간생활의 향상을 포함하고 있습니다; 만약 우리가 이것을 시도하지 않는다면, 나는 우리의 특별한 시도들이 항상 어디에서든지 실패로 끝 날것이라는 것을 보여 줄 것입니다.

6 두 번째 부분에서 새로운 특징은 이와 같은 우주적인[4] 범위나 목적에 도달하기 위하여 새로운 길이나 방법들이 제시된다는 것입니다; 만약 이러한 것들이 제시된다면, 우리들이 과정 중에 지향하여야 할 목적들과, 지향 할 수 없는 것을 분명하게 관찰 할 수 있을 것입니다.

왜냐하면 모든 사람들은 똑같이 행위, 앎, 의지, 그리고 성취라는 모든 종류의 필연성과 일치하는 내재적인 세 가지 원리들을 가지고 있기 때문입니다. 모든 사람에게 공통개념이라고 부르는 지식의 규범과, 공통본능이라는 욕망의 자극, 그리고 공통기능이라고 부를 수 있는, 즉 모든 일을 수행할 수 있는 기관(器官)들이 내재되어 있습니다. 여기에 공통본능(Common Instincts)과 공통기능(Common Faculties)의 구분과 분야가 있다는 새로운 공헌, 즉, 새로운 발견이 있습니다. 지금까지 철학자들은 공통개념(Common Notions)만을 말하여 왔습니다; 그들 중 어떤 사람도 이것들을 질서 있게 일치시키지 못했습니다: 그들은 누구에게든지 경우에 따라 발생하는 대로 분리된 채 방치해 왔습니다. 우리들은 이러한 지혜의 최초의 경향들의 근원들을 밝

---

[4] 역주, 본 내용에서 universal 은 "보편적"으로 Universal 은 "우주적"으로 번역하였음.

히고, 그 종류에 따라 지도되어야 한다고 생각하여 왔습니다. 그러므로 우리들은 개념뿐만 아니라, 본능과 기능을 우화(寓話)나 혹은 그림들 속에 나타난 전적으로 새로운 방법에 의하여 설명하기를 노력하여 왔습니다; 그와 같은 연구를 통하여 모든 사람들이 필연적으로 인간의 보편적 지성의 근원 속에 통합되어 있다는 것을 입증하여야 합니다.

7 우리들은 이 세 가지가 모든 사물들의 다양성을, 비록 그것이 광범위 하지만, 만족 하게 철저하게 파헤쳐 온 것을 목격하여 왔으며, 그것들이 세상에 있는 모든 것의 규범으로 적용되고 있으며, 그리고 무엇이든지 (하나님의 계시된 말씀에 의해 제시된) 보다 훌륭한 규범에서 벗어난다면, 그것을 수정할 수 있다는 사실을 제시하여 왔습니다 : 그러므로 우리들은 이 모든 것들이 인간의 모든 지식 (Omni-Science, 다시 말하여, 하늘아래에서 우리들이 배우고, 말하고, 행동하도록 부여된 모든 것)의 유일하고 포괄적인 체계로 함께 연결하기를 모색하여 왔습니다. 그리고 우리들은 마음을 집중하여 모든 사물들을 전망하며 탐구하는 사람마다 누구든지 그것들을 이해할 수 있으며, 진정한 일치성을 부여할 수 있다는 확실성 때문에, 신성하고 결코 파기할 수 없는 질서 속에 숨겨져 있거나 계시된 이 시대 혹은 미래의 모든 것을 표현할 수 있는 이 계획을 범지학(汎知學, Pansophia)이라 명명합니다.

8 그리고 우리들은 아는 것, 하려는 것, 행하는 것이 모든 나라들과 시대들과 환경에 걸쳐서 인간성의 정상적인 질서를 통하여 균등하게 갖추어 져 있다고 믿고 있기 때문에, 우리들의 노력을 경주하여 모든 사람들이 한결같이 범지학의 빛을 소유하여 미개한 상태로 남아있지 않고, 공통의 조화를 함께 유지할 수 있도록 범지학

이 태어난 모든 인간을 위하여 만들어 질 수 있는 방법과 수단을 탐구하여 왔습니다.

9 끝으로 우리는 모든 나라들에게 이 빛을 확산하는 길에 단 하나의, 그러나 가장 강력한 장애가 되는, 즉, 언어의 다양성, 많은 종류의 언어, 언어의 혼돈과 같은 장애가 있다는 것을 믿고 있기 때문에, 모든 언어들을 보다 훌륭하게 개조하여, 여러 나라들의 언어들을 보다 쉽게 전달하며, 마침내는 절대적으로 새롭고, 절대적으로 쉬운, 절대적으로 합리적인, 간단히 말하여, 빛의 보편적 전달매체인 범지언어(汎知言語)를 정립하기 위한 새로운 체계를 위하여 이 장애의 제거를 시도하여 왔습니다.

10 그리고 만일 모든 사람들이 갈망하고 있는 이러한 모든 목적들이 가능성과 인간적 능력의 정도에 따라, 즉, 그 결과가 도래하지 아니 할 수 없다는 확실성의 범위 내에서 수행될 수 있다는 것이 입증된다면, 그 때에 우리들은 전 세계의 의회에서 우리들의 판단으로 학문, 종교, 정부가 확실하게 제시된 불변(不變)의 원리들이나 성향들, 그리고 세 가지 최선의 기초들로 어떻게 연결될 수 있는지를 과감하게 선언할 것입니다. 그러므로 전 세계에 만연되어 있는 무지, 불확실성, 무익한 토론, 논쟁의 소란과 흥분, 투쟁과 전쟁이 중지되고, 빛과 평화와 건강이 도래할 것이며, 지금까지 열망하여 왔던 황금시대, 다시 말하여, 빛과 평화와 종교의 시대가 실현될 것입니다.

11 결국에 우리들은 이 과제들을 추진하는 일에 필요로 하는 힘이 무엇이며, 어떤 사람에게 지지를 요구하며, 마지막 부분에서는 인간의 모든 일을 지배하는 권력을 잡고 있거나, 그 일에서 중요한 역할을 하고 있는 사람들이 그 일에 직접 착수하게 될 구실

이 무엇인가를 제시할 것입니다. 그 과제는 각 시대를 통하여 열망하여 왔으며, 그리고 그 일이 성취될 수 있고 쉽게 성취될 수 있어서 마침내 우리에게 맡겨져 있다는 것을 보여 주고 있었습니다.

12 그때에 우리가 수행하는 과제의 종합적인 개요는 사람들에게 그들의 지고의 선과, 그리고 실수를 극복하며 그 선에 이르는 분명한 길을 계시하고, 그들에게 우리의 계획과 의도를 열렬하게 포용하게 함으로서 행복을 추구하도록 설득하는 일입니다. 실제로 모든 사람들이, 하나님의 형상(形象)과 동일한 모습을 얻게 된다면, 그들의 참된 인간성에 의하여 동일한 방법으로 동일한 사물들을 알고, 바라며, 그리고 행할 수 있습니다; 비록 그들이 실제로 일시적인 열광으로 죄에 머물게 되고, 공허한 욕망에 의하여 이성을 잃게 되고, 무의미한 행동에 빠지게 된다면, 그들은 그들이 알고 있는것이 무엇인가를 알지 못하며, 그들이 욕망하고 있는 것이 무엇인가를 욕망하지 못하며, 혹은 실제로 그들이 할 수 있는 일들을 할 수 있다는 것을 인식하지 못하고 있습니다. 왜냐하면 그들은 그들의 마음을 그러한 문제에 두고 있지 않기 때문입니다. 그러나 그들이 그들의 마음을 그 문제에 두기 시작할 때에는, 우리들은 그들에게 경솔하게 그 무엇도 바라지 말며, 경솔하게 그 무엇도 믿지 말며, 경솔하게 그 무엇도 행하지 말며, 오직 그들이 확실하게 알기에 선하다고 인정하는 일들을 여하튼 바라고 믿고 행하도록 설득하는 의도를 가지고 있습니다; 따라서 어떠한 사람도 그의 소원과 감각과 그의 힘을 공허한 것에 쏟지 않을 것이며, 더욱이, 그 자신을 다른 사람들의 욕망에 예속시키지 않으며, 그 자신의 감각을 다른 사람들의 것에 포로가 되게 하지 않으며, 그 자신의 능력을 외부의 힘과 결탁하여 고통을 받지 않게 할 것입니다. 오, 만일 사람들이 그들을 행복하게 할 모든 일들이 그들의

손에 있다는 것을 지각하게 된다면, 그들은 얼마나 행복하겠습니까! 만일 그들이 이러한 일들로 인하여 정해진 목적에 도달할 수 있으며, 그 목적에서 각 사람의 욕망과 행동과 지식에 의하여 각 사람은 그 자신에게 속하여 있으며 그리고 그 자신의 소유를 기뻐할 수 있다는 것을 알게 된다면, 얼마나 행복하겠습니까! 만일 어떠한 사람도 그의 의지와 반대되는 것을 바라고, 생생하고 개별적인 지각이 없이 느끼며, 강제로 행동하는 - 즉, 허무하게 바라고, 느끼고, 행동하는 - 것을 강요당하지 않고, 자신의 내면에서 하나님의 형상을 파괴하지 않는다면, 이것이 인간의 속성이 하나님의 형상과의 가장 완전한 회복이 될 것입니다

13 이러한 것들이 영국을 떠난 우리들의 계획입니다. 그러나 곧 영국에서 평화로운 날들이 돌아오는 때, 내가 의미하건 데, 시민전쟁의 위협이 진정되는 그때에 여러분들은 무엇을 바라고 있습니까? 그것은 어떤 일이 성취되었다는 사실로서 명예롭게도 런던에서 자연의 신비를 탐구하기 위해 학사원이 화려하게 설립되었던 일과 경탄할만한 수많은 탐구와 발견들이 이미 출판되었던 일에 의하여 증명되고 있습니다. 존경하는 경(卿)들, 당신들의 영웅적인 업적에 축복이 임하기를 빕니다! 우리들은 당신들에게 어떠한 시기심도 없습니다. 오히려 우리들은 당신들에게 축하와 박수갈채를 보내며, 인류의 찬사를 보장합니다. 여러분들이 노력을 경주하고 있다는 소식이 전 세계에 널리 퍼지게 될 것이며, 그 목적은 사물들을 다루는 인간의 지식과 인간의 마음의 통제력이 나약하고 불확실한 것으로 오래 동안 지속하지 않기를 보장하는 일입니다. 여러분들의 노력과 근면의 덕분으로 완전성에 도달하게 된 철학이 참되고 독특한 사물들의 특징들과 범위와 수단, 그리고 마음과 몸, (말하자면) 생의 모든 상태

를 선하게 만드는 모든 것의 성취와 부단하게 진보를 증진하기 위하여 그 용도를 제시할 수 있다는 확신 있는 소망을 당장 수용할 수 있다는 사실이 해외에 선포될 것입니다. 우리는 여러분들에게 경의를 표하며 여러분의 저명한 동향인인 베이컨(Bacon) 경이 언급한 것을 인정하는 실례를 제시하면서 격려하려고 합니다: "모든 일들은 실제로 이 사람 저 사람에 의해서가 아니라 몇 사람들에 의하여, 한 개인에 의해서가 아니라 수많은 사람들이 연합하여, 같은 시대에서가 아니라 여러 시대에서, 그리고 개인들의 자원들과 수고에 의해서가 아니라 공동적인 노력과 공동의 대가에 의해서 완성하는 것이 가능합니다."

14 더욱이 여러분들이 이미 출판하였던 연구들과, 우리들의 "빛의 길"을 조사하고 검토할 사람들은 여러분의 독특한 업적이 본 저서 제 16장 12 항에서 제시하고 있는 예상 중 가장 공정한 부분이 된다는 것을 인정할 것입니다. 여러분 자신들은 이것이 인류의 이름으로 우리들이 소망하는 대상이 되기 시작하였으나, 궁극적 행복의 성취에 필수적인 모든 것이 아니라는 것을 인정하리라고 본인은 확신합니다. 물론 우리들이 더 많은 것을 탐구하기 위하여 진력해 나가야 하지 않겠습니까! 저자의 소책자인 본 저서가 이 주제(제14장에서 21장까지)를 다루고 있습니다; 그러나 여기에서 현재로서는 그 주제 자체가 더욱 명백한 설명을 요구하고 있습니다.

15 저자는 본 저서의 서두(제 1 장)에서 세상 전체가 하나님의 지혜의 학교가 된다는 것을 언급하였습니다; 왜냐하면 세상이 실제로 그러하기 때문입니다. 그러나 저자는 이 지상의 학교가 (하늘의 아카데미에 비하여 열등하기 때문에) (a) 목적과 조직, (b) 교재들, (c) 주어진 교사들과 일치하여 세 가지 유형으로 분류

되어야 한다는 것을 첨가하고자 합니다. 그리고 본인이 이것이 의미하고 있는 것을 설명하기 시작할 때, 독자들로부터 친근한 관심과 공정한 판단을 요구합니다.

16 그렇다면 우리들의 목적이 세 가지 측면에서 제시됩니다; 첫째, 모든 방향에서 우리들을 둘러싸고 있는 다양한 형태의 다양한 피조물들로 가득 찬 이 세상 전체가, 다시 말하면, 다양한 문자와 문서를 내용으로 하는 하나님의 위대한 책입니다. 곧 이 내용들을 배우기 위하여 우리들은, 우리들이 알고 있는바와 같이, 기관들, 즉, 다섯 가지 감각기관을 부여받았습니다. 그러므로 우리들이 거주하고 있는 세상 자체는 인간의 최초의 학교이기 때문에, 태어난 모든 사람은 그 학교에 입학하게 됩니다. 그 학교를 자연의 학교, 혹은 사물의 학교(Physical School)라고 부를 수 있습니다. 그 학교에서 우리들의 교재들과 교사들은 욥(Job)이 언급한 것과 같이, 지성에 의하여 지각되는 모든 피조물들입니다: "이제 모든 짐승에게 물어 보라 그것들이 네게 가르치리라. 공중의 새에게 물어 보라 그것들이 또한 네게 고하리라. 땅에게 말하라 네게 가르치리라. 바다의 고기도 네게 설명하리라. 이것들 중에 어느 것이 여호와의 손이 이것을 행하신 줄을 알지 못하랴"(욥기 12장 7, 8, 9 절).

17 이 사물의 학교 이후에 다른 학교, 즉, 보다 고귀하며, 이전의 것과 전혀 상이한 전체적 속성을 가지고 있는 인간의 학교(Metaphysical School)가 뒤 따라 오게 됩니다. 그 학교에서 우리들의 목적(目的), 교재(敎材)들과 교사들은 사물의 학교에서와 같이 우리들의 밖에 있는 것이 아니라, 우리들의 안에 - 실제로, 우리 자신의 마음, 혹은 우리의 마음에 새겨진 그리고 본유적(本有的)인 개념들, 본능과 기능들과 같은 무수한 속성들로 특징을 이루고 있는 하나

님의 형상입니다. 학식이 있거나 순진한, 현명하거나 어리석은, 깨어 있거나 잠들고 있는 모든 사람에게 있어서 이 속성들은 사람들이 올바르게 적응하거나, 혹은 때때로 실수를 범하여 길에서 방황할 때 그들에게 가르치며, 경고하고, 행동하게 하며, 자극과 영향을 주면서 부단히 충고하고 있습니다. 이러한 것들을 이해하고 구분하기 위하여 외적, 혹은 내적 감각기관들은 어떠한 도움도 주지 못하지만, 내면세계의 빛, 혹은 영혼의 눈인 이성만이 도움을 줄 수 있습니다.

18 그 다음에 우리들이 하나님의 학교(Hyperphysical School)라고 불러야 하는 세 번째 학교가 있습니다. 이 학교에서는 어떠한 피조물도 어떠한 사람도 그 누구에게 그 무엇도 가르칠 수 없으나, 모든 사물들 위에 있는 하나님만이 가르칠 수 있습니다. 왜냐하면 이 학교에서 가르치고 배우는 모든 주제들은 인간의 눈으로 보지 못했던 인간의 귀로 듣지 못했던 것과 같은 것이며, 또한 인간의 마음속에 새겨져 있지 않은 것이며, 오직 하나님만이 그의 영(靈)을 통하여 계시할 수 있는 것 (고린도전서 2장 9, 10 절) 이기 때문입니다. 예를 든다면, 세상이 있기 이전에 있었으며, 세상이 더 이상 존재하지 않을 때에도 존재할 것이며, 세상을 초월하여 있으며, 그리고 하나님이 우리들을 향한 생각이 무엇이며, 우리들에게 무엇을 요구하며, 그의 뜻을 따르거나 그렇지 않은 사람들에 관하여 무엇을 결정하고 있는지를 가르치고 있습니다. 때문에 어떠한 사람이 이러한 문제들을 감각기관으로 혹은 이성으로 탐구할 수 있겠습니까? 이 학교의 교재들에 따르면 첫째 족장들과 예언자들과 사도들에게 제시하였던 영감이며, 그리고 교회의 활용을 위하여 하나님의 명령으로 영감을 받고 저술된 신령한 저서들입니다. 이와 같은 하늘의 신탁(神託)들의 교사이자 중요한 해설자는 유일한 하나님의 영(靈)입니다: 베드

로(Peter) 의 언급에 따르면(베드로후서 1장 20-21 절), "성경의 예언은 사사로이 풀 것이 아니니," 또한 어거스틴(Augustine)의 말에 따르면, "하늘에 앉아 계신 그 분이 사람들의 마음을 가르치신다"(요한일서 소논문 3). 인간의 감각도, 혹은 이성도 하나님의 영과 동등한 기관이 되지 못합니다; 그러나 모든 것을 하나님께 의뢰하며 아무 것도 의심하지 않는 겸손한 신앙이 바로 이것입니다. 내가 언급하고 있는 것 같이, 이것은 하나님의 말씀에 의뢰하여 계시된 놀라운 사물들을 믿고, 그 사물들이 제시되었을 때 불가능한 일들을 시도하며, 약속된 불가시적인 것들을 소망하는 이성과 감각기관의 영광입니다.

19 우리들은 이러한 세 가지 종류의 지상의 학교들이 유사한 점이 무엇이며, 차이점이 무엇인가를 면밀하게 고려하여야 합니다. 첫째, 그 학교들이 모두 하나님에 의해 시작된 하나님의 학교들이라는 점에서 유사합니다. 둘째, 인간의 점진적인 완전성을 위하여 인간에게 공개되었으며, 셋째, 그 학교들의 유일한 숭고한 목적, 즉, 하나님의 형상으로 가장 고귀하게 순화(純化)될 수 있기 때문에, 하나님은 영광을 받을 수 있으며, 넷째, 그 학교들은 미래의 생활을 위해서가 아니라, 지상에서 우리가 살고 있는 현재의 생활을 위한 것으로서 거기에서 우리가 하나님에게 인도될 때, 우리들에게 알려져서 더 이상 환영(幻影)과 형상들을 통하지 않고 하나님 자신과 그의 얼굴에 의하여 우리들은 볼 것이며 (네가 내 얼굴을 보지 못하리니 나를 보고 살자가 없기 때문에, 출애굽기 33 장 20절), 영원한 기쁨으로 우리들을 만족시킬 수 있습니다. 다섯째, 모든 사람들이 이 지상의 학교들을 거쳐가야 합니다. 왜냐하면 세상에 들어온 모든 사람들은 모든 측면에서 자신에 관한 세계를 소유하고 있으며, 자신 속에서 온전하게 그 자신을, 그리고 그의 심오한 양심 속에 하나님을 소유하고

있기 때문입니다.

20 그러나 우리들은 또한 학교들 사이에서 차이점을 지적하여야 합니다. 첫째, 그 기원의 관점에서 세 종류의 학교는 삼위일체의 하나님과 비교됩니다. 왜냐하면 세상의 창조는 성부의 하나님, 마음의 개화(開花)는 성자의 하나님, 그리고 가슴의 영감은 성령의 하나님 (창세기 1장 1절; 요한복음 1장 4, 9절; 고린도전서 2장 10, 11, 12 절; 베드로후서 1장 21절 등)에 의하여 이루어지고 있기 때문입니다. 둘째, 순서의 측면에서 세 학교들은 자세하게 검토되어야 합니다. 처음 시작은 두 번째, 세 번째 학교에서가 아니라, 첫째 학교에서부터 되어야 합니다. 왜냐하면 어린아이들에게 종교나, 삼단논법을 가르치는 것이 아니라, 그들의 감각기관을 사물들에 접촉하는 것을 배워야 하기 때문입니다. 셋째, 배워야 할 대상들의 다양성의 관점에서, 이어지는 각 학교(두 번째, 세 번째 학교)는 대상들의 범위가 첫째 학교보다 다소 협소 하지만, 그 질의 면에서 보다 고상하고 심층적입니다. 세상은 시각과 청각과 후각과 미각과 촉각과 같은 감각기관에 무수한 대상들을 제시하고 있으나, 사람들은 사물들과 마찬가지로 그렇게 그 수가 많지 않습니다: 하나님은 유일하신 분입니다. 그러므로 인간은 세상보다 더욱 고상하며, 하나님은 인간보다 더욱 고귀하십니다. 넷째, 제시되는 교재들과 교사들의 관점에서 첫째 학교에서 교재들과 교사들은 우리들에게 제시되는 모든 사물들이지만, 두 번째 학교에서는 인간자신에게 제시되는 인간이며, 그리고 세 번째 학교에서는 성령을 통한 하나님이십니다. 그것은 첫째 학교에서 사물 자체가, 두 번째 학교에서 인간자신이, 세 번째 학교에서 하나님자신이 가르치는, 다시 말하여, 우리들은 사물에 의하여, 우리자신에 의하여, 하나님자신에 의하여 (요한복음 6장 46절) 배우는 이유가 됩니다.

완전성을 지향하여 진보하는 문제의 관점에서 배운다는 것은 배운 것과 닮아 가는 것이기 때문에, 만일 우리들이 첫째 학교 (사물들의 학교)에서 훈련을 잘 받게 된다면, 우리들은 생령(生靈)한 지각력을 소유한 피조물들이 될 것이며, 두 번째 학교 (인간의 학교)에서 교육을 잘 받게 된다면, 다른 피조물들을 명령하고 지도할 수 있는 피조물들이 될 것이며, 세 번째 학교(하나님의 학교)에서 교육을 잘 받게 된다면, 우리들은 창조주와 같은 피조물들이 되어 다른 피조물들과 자아의 지배에서 자유롭게 되고, 우리들의 근원인 하나님과 회복되고, 그분 안에서 축복된 평화를 얻게 될 것입니다. 그리고 우리들이 죽음에서 생명으로 나아가서 영원토록 영광을 누릴 때 보다 그 이상의 진보는 있을 수 없습니다 (요한일서 3장1, 2, 3절). 실제로 그때에 지상에 있는 이 세 가지 학교들은 제임스(James)가 언급한 것과 같이, 세상을 하늘과 연결하는 학교들이 될 것입니다.

21 저자는 두 가지 목적으로 빛의 길에 대한 본인의 생각을 여러분 앞에 제시할 지상의 세 가지 학교에 대한 관찰과 연구를 결심하게 되었습니다; 첫째, 여러분이 진행하고 있는 일이 여러분의 기도에 미치지 못하고 있는지를, 둘째, 그럼에도 불구하고 만일 여러분이 이미 진행하고 있는 일을 참되고 충분한 의식으로 계속 추진하려고 한다면, 보다 위대한 성취를 위한 길을 준비하고 있다는 것을 고려해야 할 기회를 가져야 합니다.

22 여러분이 추진하여 왔던 일이 여러분의 약속과 기대에 미치지 못하고 있다는 것을 (전체적으로) 본 저서의 연구와 이 헌사 양자를 통하여 인식하는 것이 용이할 것입니다. 왜냐하면 그것은 다음과 같은 전제를 제시하고 있기 때문입니다: (1) 물질세계는 하나님의 솜씨의 시작이며, 모든 사물들을 수량으로, 크기로, 무

게로 나타내는 미창조(未創造)된 지혜의 최초의 표본(標本)이자 실례입니다: (2) 이러한 지혜의 원대한 현장이 창조된 인간에게 펼쳐져 있으며, 그 인간의 형상 위에 모든 사물들이 창조된 바에 따라서 수량과 크기와 무게들이 각인(刻印)되어 있을 뿐만 아니라, 무한한 사물들을 생각하고, 관찰하며, 시도하기 위하여, 무한성의 속성들을 새겨왔습니다. (3) 지혜의 가장 원대한 신비들이 타락하여 부패하고 상실되었으나 다시 회복된 우리들의 명상에 제시되어 있습니다; 다시 말하면, 인간 속에 있는 지혜와 어리석음, 의로움과 죄, 삶과 죽음, 구원과 멸망의 심연이 천사들 자신이 경탄할 정도로 밝혀지고 있습니다 (에베소 3장 10절과 베드로전서 1장 12절).

23 그때에 우리들은 자연의 탐구에 몰두해 온 여러분들이 자연이 지배하는 모든 것을 정복해 왔음을 추측할 수 있습니다. 여러분은 솔로몬과 같이 세상의 구조와 체계; 구성요소들의 힘, 시간의 시작과 종말, 구분된 간격, 절기의 변화, 계절의 연속성, 해(年)의 주기(週期)와 별들의 위치, 생물의 속성과 짐승들의 성향, 영(靈)들의 힘과 인간의 사고력, 혹성(惑星)들의 다양한 종류와 뿌리의 속성들, 실제로 평이하거나, 혹은 애매모호한 모든 것 (지혜서 7장 17절 등)[5]을 이해할 수 있습니다. 우리들이 이 모든 것을 가정(假定)해 보면서, 여러분은 마침내 신령한 지혜의 입문을 터득하였으나, 하나님의 성전의 입구에 이르렀다는 것을 알아야 합니다. 그리고 그의 궁전과 은밀한 곳들이 곧 여러분의 지평(地平)에 놓여 있을 수 있습니다! 따라서 여러분 안에서 (외경의) 집회서의 예언이 곧 성취될 것입니다: "사람들이 모두 마쳤다고 생각했을 때 그것은 시작에 불과하며

---

[5] 역주, 외경(外經), 지혜서 7장 17절: "그분은 나에게 만물에 대한 어김없는 지식을 주셔서 세계의 구조와 구성요소의 힘을 알게 해 주셨고,"

이제는 다 알았다고 생각하면 더욱 몰라진다"(집회서 18장 7절).

24 저자가 언급하고 있는바와 같이, 여러분들은 이와 같은 값비싼 대가에 의하여 여러분들의 손으로 신령한 지혜의 요소들을 얻어서 장차 인간의 지혜를 가장 고귀하게 취급할 기초를 세우고 있다는 것을 알아야 합니다. 만일 여러분들이 그와 같은 일에 만족하지 않고 그 기초들 위에 어떤 것을 세우려는 제안을 하지 않는다면, 복음서 (누가복음 14장)[6]에 나오는 어떤 사람이 망대를 짓기 시작하였으나 그것을 완성할 수 없었던 것과 같이, 어리석은 일을 하게 될 것입니다. 다시 언급하거니와, 만일 여러분들이 (하나님의 위대한 일들을 기꺼이 이해하려고 하지 않기 때문에) 하나님자신과 천사들의 일들을 이해하려 하지 않는다면, 조롱을 받게 될 것입니다. 그리고 여러분들의 일이 하늘을 향해서가 아니라, 땅을 향해서 짓고 있는 거꾸로 뒤바뀐 바빌론이 될 것입니다. 확실히 여러분들의 일이, 마치 솔로몬이 성전의 바깥뜰을 지은 이후에 제사장들을 위해 성소를, 대제사장을 위해 지성소를 세우는 일을 소홀히 하였더라면, 그의 위업이 불완전하게 될 수 있었던 것과 같이 완전하지 못하게 될 것입니다. 거듭 언급하거니와, 목적을 성취하기 위하여 우리들은 그리스인들의 만성적인 병폐—세네카(Seneca)가 그 증인이 되는—인 사소한 일에 지혜롭게 되었기 때문에 계속 고통받아야 할 것입니다. 감각적인 모든 것들은 마음의 일들과 비교하여, 육체적인 것들은 영적인 것들과 비교하여, 모든 잠정적인 것들은 영원한 것들과 비교하여 사소한 것에 지니지 않기 때문에, 없어지고, 사라질 것들입니다. 제롬(Jerome)[7]이 우리들에게 가르치고 있는 것과 같이, 지상에 있는 것을 배우는 것

---

[6] 역주, 누가복음 14장 28절 이하 참조.

보다 하늘에서 계속되는 역사(役事)들의 지식을 배우는 것이 더욱 좋지 않겠습니까? 그리고 사도가 언급하고 있는 것과 같이, 실제로 우리들이 활용하지 않던 이 세상을 활용하는 것이 무슨 유익이 되겠습니까? 왜냐하면 이 세상의 모습은 사라질 것이기 때문입니다 (고린도전서 7장 31절). 만일 시대가 종말(終末)을 지향하기 시작하였던 그 당시에, 이것이 참된 것이었다 할지라도, 시대가 빠르게 진행되고 있는 지금도 그것이 참된 것이 될 수 있겠습니까?

25 여러분들은 저자가 언급하고 있는 것을 통하여 저자는 여러분들이 진행하고 있는 일을 사소하게 생각하고 있다고 예상하지 않을 것입니다: 반대로, 저자는 여러분들의 일에 최고의 격찬으로 찬사를 보내며, 여러분의 가슴속에 깊이 자리잡고 있는 자연사물들의 진리를 탐구하려는 욕망에 하나님께서 강하게 하시도록 겸손하게 기도하고 있습니다. 그러나 저자는 다음과 같은 측면에서 사물을 이해하고 있습니다: 의약품을 처음 조제할 때 발생하는 실수(의사들이 그렇게 말하고 있는 것과 같이)는 두 번째, 혹은 세 번째 조제에서 교정되지 않습니다: 그러나 만일 최초의 조제에서 생긴 실수를 그 즉시 교정하게 된다면, 두 번째 와 세 번째의 실수는 미리 예방되거나 더욱 쉽게 교정됩니다. 마찬가지로, 만일 하나님의 최초의 학교에서 생긴 실수들이 즉시 교정된다면, 두 번째, 세 번째 학교에서의 실수의 교정은 확실하게 많은 도움이 될 것입니다. 정치와 종교계에는 지금 거짓과 사기로 가득 차 있습니다. 어디에서나 사람들은 진리 대신에 다양한 의견들을 접하고 있습니다. 그들은 함께 덕을 찬양하고 있으나, 덕목의 실천 대신에 덕의 명칭들과 모양을 드러내 보이

---

[7] 역주, 성(聖) 제롬(340?-420)은 가톨릭 신학자로서 라틴어 번역성서(Vulgate)의 완성자였음.

기에 만족하고 있습니다. 그들은 모두 그들의 입술에 하나님을 말하고 있으나, 그들의 가슴속에는 하나님 대신에 금송아지나, 혹은 상상력으로 만들어낸 가공(可恐)의 대상을 숭배하고 있습니다. 심지어 세상에서 보편적으로 시도해 왔던 개혁들도 실재가 아니라, 명칭만을 변경하는 결과를 가져왔습니다. 그러나 그 개혁들도 단 한 가지라도 특별히 엄격한 검증을 거칠 수 없었으며, 마치 진지하고 진정한 향상을 달성한 것처럼 변호되고 있습니다. 모든 것이 맹목적으로 일치하여 수용되기를 소망하며, 모든 것에 감히 의문을 제기하는 사람들에 대해서는, 비록 칭찬 받을 만도 하지만, 원망을 느끼게 되었습니다. 그 결과로 인간의 일상생활에서 진리가 사라지게 되었으며, 진리를 추구하던 사람들은 다양한 견해와 인습에 얽매어 있었기 때문에 번민하고 있었습니다.

26 영원한 진리이신 그리스도께서 "진리를 알지니, 진리가 너희를 자유하게 하리라"(요한복음 8장 31, 32, 36)라고 약속하였기 때문에, 감각적인 사물들의 학교와 지성적인 사물들의 학교에서 진리를 그 형태대로 새롭게 얻기 위한 노력을 하는 사람들은 가장 신성한 일에 종사하고 있는 것이 분명합니다. 그리고 최초의 학교는 두 번째 학교를, 두 번째 학교는 세 번째 학교에 이르는 준비를 하게 하기 때문에, 자연 속에 있는 진리는 확실하게 도덕적이며 영적인 진리들을 준비할 것입니다.

27 우리들은 자연의 영역에서 활동하는 봉사자인 여러분들이 모든 열정으로 맡은 일에 진력할 것을 당부합니다. 인류가 공허하고 피상적이며, 거짓되고 무용한 어떤 철학에 의하여 영원히 조롱 당하지 않기를 명심합시다. 여러분들의 유산은 분명한 소양(素養)과 준비, 그리고 사실들과 그 사실들에 관한 다양한 견해들

의 엄격한 검증에 의하여 풍요롭게 향상된 하나의 스파르타식 유산이며, 여러분들이 제시하고 있는 것과 같이, 정치가들과 신학자들에게서 그 실례를 찾을 수 있습니다. 논쟁을 불러일으키는 철학은 논쟁의 여지가 있는 신학의 모체라고 언급하였던 사람의 말은 매우 적절합니다: 그러므로 우리들은 즉각적으로, 그리고 분명하게 정치에 관하여 오늘날 세계의 통치자들이 스스로 지탱하고 있는 주요한 정치의 이론들은 신뢰할 수 없는 궁지이며, 세상의 모든 사정을 혼란하게 하며, 실제로 붕괴하는 실질적인 원인이 된다고 언급하여야 합니다. 여러분들은 지금까지 자행된 오류가, 비록 오랜 전통의 권위에 의하여 아담 자신으로부터 유래된 것이라 하더라도, 더 이상 용납될 수 없다는 것을 보여 주어야 합니다; 여러분들은 신학자들뿐만 아니라, 정치가들에게 모든 것이 빛과 진리를 의미하는 우림과 둠밈(Urim and Thummim, 출애굽기 28장 30절)에서 회복되어야 한다는 것을 제시하여야 합니다.

28 여러분들은 자연의 사물들을 탐구하는 모든 일들이 잘 진행될 것이며, 그 사물들의 표면에 완전한 신빙성의 확증이 제시되어, 혹 어떤 사람이 독자적인 안목으로 여러분의 활동과 과제를 명상할 뿐만 아니라, 그 자신의 창의적인 가장 정확한 검증에 의하여 그 정확성을 시험하기를 원할 때, 모든 사실들이 여러분들이 제시하였던 대로 정확하다는 것을 발견하게 될 것입니다. 그것은 매우 경탄할만한 선례(先例)가 될 것이며, 국가적으로는 인간사회의 지배하에 있는, 혹은 교회 안에서는 사람들의 양심의 지배와 영향을 받고 있는 모든 사람들이 모든 교리들을 세상의 정사(情事)와 판단에 맡기는데 주저하지 않았던 사도들(고린도전서 4장 3, 4절)의 모범(模範)을 따르며 동일한 방법으로 행하기를 독려할 것입니다.

29 여러분들은 이미 훌륭한 찬조에 힘입어 자연의 영역에 있는 진리를 발견하기 위하여 헌신하여 왔습니다. 저자는 여러분들이 희망을 가지고 세상을 교화하는 일을 지속하도록 권면하고, 만일 그것이 가능하다면, 그 때에 사람들이 심지어 그들의 구원에 관심을 두고 있는 보다 중요한 순간의 일들에서 생긴 실수와 오류들을 두려워하는 것을 배울 수 있습니다. 디오게네스(Diogenes)[8]는 음악가들에게 중요한 것을 환기시키는 일을 하였습니다. 왜냐하면 그들이 악보들을 연주하고 있는 동안, 그들의 태도와 행동을 질서와 조화 있게 하는 것을 망각하고 있었기 때문입니다. 그리스도께서는 바리새인들에게 심판을 일깨워 주었습니다. 왜냐하면 그들이 잔과 대접의 겉모양은 깨끗이 하지만, 그들의 내면에는 불순함과 더러움으로 가득 차 있기 때문입니다 (마태복음 23장 25절). 그는 또한 정치가들에게 심판을 경고할 것입니다. 왜냐하면 그들이 빌라도와 같이 그들의 손을 순결한 피로 깨끗이 씻고 있으나 (마태복음 27장 24절), 다윗과 같이 그들의 손을 죄가 없도록 씻지 않았기 (시편 26장 6절) 때문입니다. 우리들의 어리석음이 얼마나 비통합니까! 우리는 진실 대신에 어두움을 받아들이면서, 각각 서로를, 심지어 하나님 자신을 기만하려고 하고 있으나, 불행하게도 우리들 스스로 기만당하고 있으며, 영원히 진리에 의해 혼란을 일으키고 있다는 것을 수용하지 못하고 있습니다. 종국에는 진리가 승리하여 널리 전파될 것이 확실합니다.

30 가장 자비하신 영국 국왕 폐하(陛下), 세상의 나라들이 런던의 학사원에 의해 출판된 저서들 속에서 당신의 이

---

[8] 역주, 디오게네스(412 ?-323 ? B. C.)는 선한 삶이란 지극히 검소한 삶이라 믿었던 그리스의 철학자이다. 그는 또한 '정직한 사람' (an honest man)을 찾아 그리스 곳곳을 찾아 다녔던 것으로 유명하다.

름을 그 나라들의 건국자의 이름으로 읽을 것입니다. 본인이 언급하거니와, 그들은 거기에서 당신의 이름을 기억하고 그것이 의미하는 것을 이해하는 사람들은 당신의 행위를 찬양하며 칭송할 것이며, 거기에서 만일 왕들이 무기와 반란의 소요, 정치적 음모의 장치들, 허영과 자만심의 환상을 버리고, 그들의 생각을 어디에서든지 평이하고 단순한 진리에 두기 시작한다면, 선한 결과의 참된 소망을 찾을 수 있을 것입니다. 실제로 가장 인자한 왕인 솔로몬의 금언이 확인되고 있습니다: "일을 숨기는 것은 하나님의 영화요 일을 살피는 것은 왕의 영화이니라"(잠언 25장 2절). 솔로몬은 여러분들 이전에 이와 같은 길을 갔으며, 하나님께서는 왕들과 제국들에게 한 때에 평화와 번영을 누리고 있었던 솔로몬의 통치에서 한 실례를 보여주었습니다—다른 한 실례는, 또한 (솔로몬이 한때에 그렇게 번성하였던 것과 같이) 한 사람이 지혜로부터 어리석음으로, 진리에서 허영으로 돌아섰을 때 빠지게 되는 혼란과 비극의 실례입니다. 위대하신 왕이여, 앞으로 나와서 그 길을 인도하며. 당신의 당대의 왕들에게 지혜의 모범을 세우고, 자연의 진리를 탐구하고 있는 당신의 신하들에게 그들이 진행하고 있는 일을 행복하게 계속하도록 명령하십시오.

31 왜냐하면 우리들의 목적이 범 세계적이기 때문에, 그것이 우리들이 추구하는 온 세상의 구원이기 때문에, 우리들은 배[船]의 한 단면이 아니라, 빛과 평화와 진리를 세계의 모든 대륙과 섬들에까지 실어 나르는 배 전체를 원하고 있습니다. 우리들은 우리들 밖에서 사물들의 탐구에 착수하는 일에 만족하지 않을 것입니다; 우리들의 탐구는 함께 보다 원대한 대상들에 지향되어야 합니다: 왜냐하면 사물들의 진리는 우리들 속에 있으며, 하나님나라의 진리는 우리들을 위한 것이기 때문입니다. 만일 우리들밖에 천 가지 세상들

이 있어서 그 모든 것을 이해하고 그 세상들의 보물들과 함께 모든 것을 소유할지라도, 그 진리의 지식을 가지고 있지 않다면, 우리의 훌륭한 교사가 우리들에게 가르친 것과 같이, 그것은 무익한 것에 지나지 않습니다 (마태복음 16장 20절). 만일 사람들이 그 교사가 상인들에게 제시한, "진주를 구하는 사람들은 좋은 진주를 찾을 것이다" 라는 충고를 듣고, 그들이 값진 진주 하나를 발견하게 된다면, 그들은 가서 그들이 소유한 모든 것을 팔아서 그 진주를 사게 될 것입니다"(마태복음 13장 45, 46절).

32 지상의 두 번째와 세 번째 학교에서 하나님의 지혜의 찬란함을 벗기는 문제들에 관하여 더 많은 것이 언급되어야 합니다. 우리들은 사람들이 (그들의 안목을 활용하여) 교회를 위하여 빛, 도래한 빛의 시대와 하나님의 영광이 교회에서 떠오르고 있는 것(이사야 60장 1절 등)을 볼 수 있도록 취할 수 있는 어떤 조치를 제시하여야 합니다. 그러나 아직까지 어두움이 땅을 덮고 암흑이 많은 사람들을 가리우고 있으며(2절), 하나님의 진노가 땅에 진동하고 있기 때문에, 많은 백성들은 불의 연료와 같고, 형제가 형제를 아끼지 않으며, 모든 사람들이 우편에 있는 음식을 움켜잡고 탐닉하고(이사야 9장 19절 등), 여호와의 날이 빛 대신 어두움이며 (아모스 5장 18절), 산들을 넘어뜨리고 바위들을 부수어 가루로 만드는 강한 바람이 끝나고, (그 속에 하나님이 계시지 않는) 지진과 화재가 멈추며, 미풍(微風)이 부는 소리를 들으면서 엘리야의 동굴 입구로 나아가 하나님과 멸망의 회복에 관하여 대화를 나눌(열왕기상 19장 11절이하) 그 때가 올 때까지 사람들이 기다리는 것이 더욱 유익할 것입니다.

33 그 동안에 여러분의 광채가 빛나게 되면, 여러분들은 그 빛의 선구자들이 될 것입니다! 여러분의 길이 빛나는 햇

빛과 같이 더욱 빛나서 완전한 날에 이르기를 빕니다 (잠언 4장 18절).

    마음이 겸손한 사람들 중 한 사람인
        노년에 이른 코메니우스,

이제는 나의 생명이 슬픔에,
    나의 년 수가 비탄에 젖어 있습니다 (시편 3장 10절)

암스텔담,
4월 13일,
1668.

제1장
하나님의 지혜의 학교

세상은 하나님의 지혜의 학교이다 - 그것이 우리들의 출발점이다: 그러므로 나는 세상으로 하여금 그 적합한 이름에 응답하며 창조주의 목적을 달성 하도록 설득하고, 하나님께서 그 목표에 도달하기 위해 계시하시는 길들을 있는 그대로 분명하게 제시하도록 준비하게 할 것이다.

2 세상을 정당하게 학교라고 부르는 것은, 첫째 그 사실 자체에 의하여, 둘째 하나님께서 우리들에게 세상의 창조에 관하여 계시하여 왔던 그의 계획에 의하여, 끝으로 지혜로 세상을 훈련하는 지속적인 하나님의 돌보심에 의하여 제시되고 있다. 학교는 무엇을 위한 것인가? 학교는 유용하고 필요한 것을 가르치고 배우는 사람들의 교제로 정의된다. 만일 이것이 바른 정의가 된다면, 세상은 전적으로 교사들과 학습자들과 훈육의 질서로 구성되어 있기 때문에, 세상이 학교라는 것이 정당하다.

3 왜냐하면 세상에 있는 각 사람은 경험에 의하여 어디에서든지 자기-훈육의 이러한 상호교호의 과정을 수행하게 하는 다양한 보조에 의하여, 그리고 다른 사람들에게 공적이며 개별적인

일들에 대한 개인의 사상들과 생각을 수용하도록 요청하며 유도하기 위해 고안된 방법에 의하여, 모든 것을 차례대로 가르치고 배우며, 혹은 수행하고 있기 때문이다.

4 노동자들의 일터로, 마을 오두막집으로, 도시의 관리들과 군 장교들의 청사로, 왕들의 궁전으로, 제국들의 의회장으로, 부모들이 자녀들과 함께 살고 있는 거주지로, 그리고 사람들을 발견할 수 있는 어느 곳에든지 나가 본다면, 그 사람들─심지어 광야에 고독하게 홀로 있는 사람일지라도─은 가르치는 일과 배우는 일에 종사하고 있음을 발견할 것이다. 그 사람들은 우연히 (가르치며 배우는) 일에 종사하고 있는 것이 아니며, 그들이 그러한 일들 때문에 태어났다는 것이 이 사실로부터 입증된다; 다시 말하면, 각 사람은 자신 속에 알기를 원하고, 알 수 있는 사물들을 탐구하기를 원하는 욕망, 자신이 배웠던 것을 다른 사람들에게 전달하기를 원하며, 심지어 다른 사람들을 설득에 의해 이끌어 가려는 욕망, 혹은 만약 그러한 일이 불충분하여 다른 사람들이 그가 알고, 믿고, 생각하고 있는 것을 기꺼이 수용하려는 태도(態度)를 보이지 않을 경우도, 그들에게 힘으로 강요하려는 욕망을 가지고 태어난다.

5 더욱이 모든 사물들은 훈육을 위해서, 다시 말하면, 사람들이 세상을 훈육의 집으로 부르는 것을 부적절하게 생각하지 않도록 격려하고 설득하며, 강요하는 다양한 방법과 도구들로 가득히 준비되어 있다. 인간성이 그 자체가 생존을 위해 정하고 있는 목적은, 눈(眼)이 보는 것에 만, 혹은 귀가 듣는 것에 만 만족하지 않기[9] 때문에, 가르치는 일과 배우는 일 이외에 그 무엇도 있을 수 없다.

---

[9] 역주, 전도서 1장 8절 참조: "만물의 피곤함을 사람이 말로 다 할 수 없나니 눈은 보아도 족함이 없고 귀는 들어도 차지 아니하는도다."

6 솔론 (Solon)¹⁰에 대한 한 이야기가 있는데, 그는 나이가 들어 갈 때마다 매일 새로운 것을 배우는 것을 자랑으로 여기고 있었다. 만약 우리들이 이러한 특징이 솔론에게 만 있다고 생각한다면, 그것은 잘못된 일이 될 것이다. 왜냐하면 지식을 지향하는 충동은 그에게만 독특한 것이 아니기 때문이다; 그것은, 만약 모든 사람들에게 생생한 형태로 계시되어 있지 않거나, 혹은 계시되어 있으나 보다 좋은 사물들을 지향하고 있지 않다 하더라도, 인간성에 공통된 것이다. 인간의 욕망과 수용력의 무한성을 끊임없이 지속적으로 발전시키려고 하는 것이 인간의 속성이다; 이 속성은 인간에게 부여된 신령한 특징이다; 인간은 유한한 세상에서 스스로 안주할 곳을 발견하지 못하고 있으나, 그의 가슴속에 자극과 동기의 요소를 소유하고 있어서, 실제로 무한성의 심연으로, 즉, 하나님을 향하여 끊임없이 올라가며 투쟁하는 줄기찬 힘을 나타내고 있다. 그러한 목적을 가지고 인간은 세상에 들어 와서, 하나님께서 인간에게 숨겨진 것이 없이 얼굴과 얼굴을 대면하여 스스로 계시 할 그 때가 도래하기까지, 하나님을 추구하며 그의 창조물에 의하여 창조주를 인정하기를 배우는 것이다.

7 왜냐하면 신탁(神託)은 우리들에게 인간이 세상을 발견하려는 것이 영원한 세계에 들어 가야 하는 것 이외에 다른 목적이 없음을 가르치고 있기 때문이다. 우리들은 하나님께서 그의 안에서는 스스로 그의 영원성(永遠性)과 그의 기쁨과 함께 온전하게 행복해 하시는 한편, 자신의 바깥 세상에서는 그의 위대하심을 계시할 것을 창조하는 일에 기뻐하셨기 때문에, 그의 형상을 입은 존재들 (다시 말하면, 합리적인 지식과 지혜를 가질 수 있는 영구불멸한 존재들)이

---

¹⁰ 역주, 솔론(Solon, 640?-559? B. C.)은 아테네의 입법가이자, 그리스의 7현인(賢人)의 한 사람임.

창조되어야 한다는 것이 그에게 기쁨이 되신다는 것을 알게 되었다. 그러나 이러한 존재들은 두 가지 종류가 있었다. 한가지는 단순하고 순수한 영적 존재, 즉, 이미 완전하신 하나님께서 많은 수로 창조하여 높은 곳에서 그의 얼굴을 드러내기 위해 영광의 보좌 앞에 모이기를 원하였던 천사들이며, 다른 한 종류는 육신을 입은 사람들이다. 그리고 그가 결정한 사람들은 즉시 모두 창조되지 않았으나, (그의 다양한 지혜를 제시하기 위하여) 그들을 세대에 따라 각각 다양하게 하려고 하였다. 이러한 과정을 위해 시간이 주어져야 하기 때문에, 하나님은 수 천년의 세월을 예정하였다. 그리고 인간이 물질적인 피조물이 되어야 했기 때문에, 하나님은 인간을 위해서 물질들이 존재하는 소규모의 자리, 인간의 활용에 필요한 모든 사물들, 즉, 인간의 육체와 영혼을 위해 준비한 가시적인 세상을 창조하였다. 또한 인간은 잠시 동안 하나님의 환상으로부터 벗어나서 점차적으로 그것에 도달하여야 했기 때문에, 인간의 시야에서 하나님의 가시적인 피조물의 무한한 다양성을 나타내는 그의 무한한 능력과 지혜와 선하심의 거울을 비춰보며, 그 모든 것을 명상하기 위해서 하나님의 가시적인 위대함과 아름다움과 감미로움을 추구하여야 하는 것이 하나님을 기쁘게 하는 일이다.

8 그러므로 창조주의 목적에서 세상은 영생에 이르는 관문, 다시 말하면, 우리가 하늘의 아카데미에 진급할 수 있기 이전에 보내지는 하급학교에 지나지 않는다. 그리고 하나님은 이 학교에 그의 저서들을 충분하게 준비하였다. 여기에서 배우는 것이 우리들의 과업이지만, 그러나 그의 저서들이나 그의 생명의 목소리에 의하지 않고 학습이 성취될 수 없기 때문에, 그는 영생을 위해 그의 생명의 목소리를 예비하였으며, 여기에서 그의 저서들로 우리들을 교훈

하고 계신다.

9 이 저서들 중에서 하나님은 우리들에게 세 권의 저서들을 주었으며, 그것들은 모두 그의 영원한 속성을 모방한 것으로서 그 자신을 원형(原形)으로 하여 그의 위대하심과 능력과 지혜와 선하심을 제시하고, 우리들로 하여금 그가 바라는 것이 완성되어야 하며, 그리고 우리들이 그의 명령을 행하든 그렇지 않든지 간에 그가 선포한 모든 것이 우리들로부터 발생하여야 한다.

10 하나님의 첫째의 가장 위대한 저서는 하나님 안에서 그의 피조물들을 볼 수 있는 것과 같은 수많은 특징들로 설명되고 새겨진 가시적인 세상이다.

11 두 번째 저서는 하나님의 형상으로 만들어진 인간 자신이다; 인간은 신령한 생명의 호흡으로 영감을 받았다; 다시 말하면, 합리적인 마음이 모든 사물들을 측정하고 이해하도록 만들어 졌다. 인간 자신 속에 내재하고 있는 개념작용에 의하여 모든 사물들을 측정하기 때문에, 어떤 다른 근원에서 보다 그 자체로부터 하나님의 지식, 그 지식의 원형을 얻을 수 있으며, 따라서 하나님은 그 마음으로 존재하시거나, 혹은 여하튼 그 마음속에 숨겨진 영감 속에서 그 마음이 그렇게 형성되기를 바라는 지식을 얻을 수 있다. 그리고 자연적으로 존재하는 모든 사물들은 그 본래적인 근원으로 돌아가기 때문에, 인간도 그 자신이 열망하는 자연적인 운행과 동작에 의하여 하나님과 하나님 안에 있는 것으로 인도되며, 곧 그 열망으로부터 하나님의 존재와 그의 속성을 배우게 된다. 예를 들면, 모든 사람은 각각 생명을 열망하면서 죽음과 멸망으로부터 헤어날 수 있기 때문에, 그가 입은 형상으로 죽지 않고 영생하게 되는 것을 완전한 확증으로 얻게 된다. 또한 인간은 모든 것이 가능한 한 그의 생활 속에서 그와

함께 할 것을 바라며, 어떠한 고난과 어려움도 회피하기를 원하고 있다: 여기에서 인간은 그와 닮은 하나님은 행복하다는 결론을 얻게 된다. 인간은 지혜롭게 되어 가능한 한 많은 사물들을 알기를 원한다 (이 문제에 관하여 우리들이 이미 취급해 왔기 때문에, 세상의 현자들의 토론과 경쟁에서 쉽게 알 수 있다): 그러므로 인간은 그의 원형인 하나님은 가장 지혜롭다고 생각하고 있다. 더욱이 인간은 다른 사물들을 지배할 수 있는 힘을 바라고 있다 (이것은 전쟁하고 있는 왕국들의 갈등과 사람들이 세력의 권리들을 얻기 위해 끊임없이 투쟁하는 일에서 분명하게 나타난다). 그때에 인간은 그의 창조주가 무한한 능력이 있어야 한다고 주장한다. 궁극적으로, 인간은 선하게 되기를, 혹은 적어도 선한 것을 생각하며 그의 이웃들 보다 더욱 선하게 되기를 바라고 있다: 여기에서 인간은 주저하지 않고 하나님이 가장 선하다는 신념에 이르게 된다. 그리고 인간은 다른 피조물들 보다 그 자신으로부터 그의 창조주에 관하여 더 많은 것을 배울 수 있게 된다. 따라서 인간은, 실제로 위대한 세상과 같이 그의 안목에 제시된 것이 아니라, 그의 가슴에 제시된 하나님의 책이다.

12 그러나 하나님은 인간의 손에 세 번째 책, 즉, 자연세계의 책에 관한 해설서로서, 그리고 내면세계의 책인 인간의 양심의 지침서로서 성경책을 주셨다. 하나님은 그 성경을 통하여 모든 방면에, 다소 애매모호한 사물들에 까지 빛을 비춰 주며 우리들에게 모든 사물들의 참된 목적과 활용을 가르쳐 주고 있다.

13 하나님의 세 번째 책에는 우리 인간들이 알기 위해 필요한, 혹은 깨닫지 못하고 지나쳐 버리는 모든 사물들이 포함되어 있으며 그 사물들은 우리들에게 혜택을 주기 위해 준비되어 있다. 그리고 그 책 속에 있는 모든 사물들은 우리 모두에게 필요한

것이기 때문에, 그것들은 하나님에 의하여 오류가 없이 분명하게 제시되어 있다. 그 사물들의 소리가 들려질 수 없는 언어나 말은 존재하지 않는다 (시편 19편 3절). 모든 사람들은 그들의 눈앞에 전개되어 있는 첫 번째 책과 그들의 마음속에 있는 두 번째 책을 소유하고 있다; 만약 모든 사람들이 세 번째 책을 부지런하게 열심히 다루려고 한다면, 그들의 안목으로 면밀히 검토하여 그들의 마음속으로 옮겨올 수 있지 않을까! 모든 사람들이 세 권의 책으로부터 참 지혜의 빛을 얻는 일이 그들의 큰 기쁨이 될 수 있지 않겠는가!

14 하나님은 더욱 평범한 사람들을 위하여, 나중에 세상에 들어오는 사람들을 위하여, 그리고 그의 책들의 해설자들인 교사들을 위하여 어떠한 것도 부족함이 없이 주셨다: 하나님께서 부모들을 허락하신 것과 같이, 교회의 목회자들과 국가의 행정관들과 그밖에 다른 사람들을 임명하여 사람들을 위해서 함께 같은 봉사를 하며, 회중들과 다스리는 사람들에게 필요한 모든 일들을 알도록 하셨다; 결국에는 이 모든 것이 모든 사람들이 수행하여야 하는 일이다.

15 따라서 이 세상의 학교를 위하여 모든 것이 풍족하게 준비되어 있기 때문에, 하나님께서는 이미 하신 말씀을 충분한 의미로 다시 언급할 수 있다: "내가 행한 것 외에 무엇을 더 할 것이 있었으랴?" (이사야 5장 4절).

제2장
무질서한 지혜의 학교

세상의 학교가 인간의 실수로 인하여 크게 무질서하게 되었다.

아! 이 세상의 학교가 그 설립자의 목적과 너무나 많이 달라졌도다!

2 첫째, 사람들은 그들이 세상에 보내진 이유를 거의 생각하지 못하고 있다. 그들의 대부분은 마치 세상에 단지 머물기 위하여 왔으며, 그들이 할 수 있는 한, 오랫동안 살아가는 것 이외에 그 어떠한 생각도 가지고 있지 않다. 그들은 곧 짐승들과 같이 영원성에 아무런 관심도 기울이지 않고 있다.

3 둘째, 그들은 세상에 있는 학교에 보내졌다는 사실을 망각하고 있기 때문에, 교육을 받아야 한다는 아무런 부담도 가지지 않는다. 따라서 대부분의 사람들은, 그렇게 많은 수는 아니지만, 하나님과, 자신들과, 모든 사물들을 깊이 알지 못한 채, 그들의 인생을 마치 짐을 지고 가는 짐승들과 같이 보내고 있다. 그와 같은 사람들은

---

[11] 역주, 시티아(Scythia)는 흑해와 카스피해 동북부에 있던 지방으로 옛 소련영토였다.
[12] 역주, 카피르사람들(Cafres)은 남아프리카 희망봉지역에 거주하는 Bantu족의 한

제2장 무질서한 지혜의 학교 67

시티아지방(Scythia)[11]에서, 혹은 카피르사람들(Cafres)[12]과 같이 문명의 혜택이 미치지 못하고 있는 유사한 부족들에게서, 심지어 그리스도인의 세계에서도 재형성되는 문명의 어떠한 영향도 받지 못하고 있기 때문에, 여러분들은 다만 인간의 형상만을 소유하고 있는 그러한 사람들을 발견할 수 있을 것이다.

4 더욱이 이러한 영향을 받고 있는 사람들 중에서 대다수의 사람들은 인간의 주요한 목적, 다시 말하여, 하나님 안에서 인간의 행복을 추구하며 발견하는 일에 전혀 공헌하지 못하는 사람들의 영향을 받고 있다. 심지어 학문을 갖춘 사람들의 가장 보편적인 관심까지도 물질적인 만족과, 돈을 함께 모으는 일과, 명성이라는 망상을 추구하는 일과, 그리고 그들이 널리 알려지게 될 때에는 공허한 지성적 사색을 즐기는 일에 두고 있다. 우리들의 목적을 이러한 일들에 두고 있다고 할 때, 그것은 매우 제한적이며, 협의적이며, 지극히 공허한 일들인 것이다.

5 심지어 실제로 선한 일에 관심을 집중하여 바라는 결과를 얻기를 기대하는 대부분의 사람들까지도, 앞투스(Aptus)가 "항상 배우기는 하지만, 결코 진리를 아는 것에는 이르지 못하고 있다" 고 언급한 것과 같다. 이와 같은 일은 교회 안에서 와 교회 밖 어디에서든지 본질적이며 필연적인 사물자체만을 제시하고 있는 심각한 무지에 의하여, 이미 고착되어 있는 문제들에 대한 부단한 의심과 불확실성에 의하여, 그리고 결정되지 않았거나, 분명하게 진실 되지 못한 입장에 대한 무모한 확신에 의하여 입증되고 있다. 여러분들은 한 지역, 혹은 다른 지역에서뿐만 아니라, 여러 곳에서 분쟁과 소송과

종족으로 토인중 가장 지적이고 체격도 우수함.

싸움과 전쟁과 살인을 발견하게 될 것이다. 세상 어디에서든지 여러분들은 종교들과 국가들과 가정들과 종파들 가운데에서 갈등을 볼 수 있다; 어디에서든지, 심지어 개개인의 사이에서도 각 각 다른 견해들과 이론들로 불화를 일으키고 있다. 그리고 지혜의 학교인 세상도 그 반대로 거짓과 분노의 자리로 되어 가고 있기 때문에, 요한계시록에서 그리스도가 언급하고 있는 바와 같이, 사탄의 무리(요한계시록, 2장 9절)로 변해가고 있다.

6 끝으로 이와 같은 투쟁의 와중에서 지친 나머지 모든 것이 똑같이 불확실하다고 생각하면서 모든 사물들, 심지어 하나님조차 제쳐놓고 어두움의 심연에서 빛을 정신적 무감각 상태에서 마음의 평화를 추구하는 사람들이 적지 않다. 세상의 학교가 얼마나 병들어 가고 있는가? 라는 것은 지금 어디에서나 공공연하게 지배하고 있는, 혹은 은밀하게 확장하고 있는 그와 같은 불행한 현상인 무신론과, 또한 사람들이 인간이 되기를 거부하고 짐승들이 되어 가는 쾌락주의자들의 거대한 무리들이 있다는 충분한 증거를 우리들이 가지고 있다는 사실이다.

7 만약 우리들이 이와 같은 거대한 악의 원인들을 발견하려 한다면, 이 세상에 와서 스스로 어두움의 왕국을 건설하기 위해 인간을 배반의 죄로 타락시키고, 헤어날 수 없는 어두움과 혼돈으로 둘러싸고 있는 암흑의 지배자인 사탄에게서 발견할 수 있을 것이다. 그러나 모든 지식의 근본이신 하나님께서 인간들이 지은 죄를 회개하도록 하기 위해서 그들을 정죄하고 있다. 하나님은 그의 학교와 그리고 많은 사람들 중에서 교사들을 선택하여 세운다. 하나님은 사람들의 교사들 중에서 몇몇 사람들에게 예언자의 말씀, "내 백성은 잃어버린 양떼로다"(이사야 56장 11절)와 "그 목자들이 그들을 곁길로

가게 하여"(예레미야 50장 6절)와 같은 구절을 통하여 그들이 가르치는 방법을 알지 못하는 것을 분명하게 불평하고 있다. 왜냐하면 그들은 가르치지 못하거나, 혹은 가르친다고 해도, 사람들에게 영생을 준비하기에 적절하지 못한 사실들을 가르치고 있으며, 혹은, 사물들을 쓸모 없게 하거나, 경솔하게 잘못 지도하고 있으며, 또한 그들의 조상들이 대대로 지켜 왔던 입장에서 물러설 수 없는 냉정하고 비효과적인 방법으로 가르치고 있기 때문이다. 사람들이 이러한 교사들에게 익숙하여 그들을 통하여 만족을 얻게 됨으로써, 하나님께서 다른 교사들을 보낸다 할지라도, 그들을 거부하고 이전의 교사들을 선호하게 될 것이다. 이 문제에 관한 하나님의 불평이 다음과 같이 증언되고 있다: "이 땅에 기괴하고 놀라운 일이 있도다; 예언자들은 거짓을 예언하며 제사장들은 자기 권력으로 다스리며, 내 백성은 그것을 좋게 여기니, 결국에는 너희가 어찌하려느냐?"(예레미야 5장 30, 31절).

8 실제로 어두움이 땅을 덮고 있으며, 어두움이 사람들을 가리우고 있다 (이사야 60장 2절). 그리고 사람들이 소경과 같이 담을 더듬으며, 그들이 마치 눈이 없는 자와 같이 낮에도 밤과 마찬가지로 넘어지게 된다 (이사야 59장 10 절). 그 이유는 그들이 암흑에서 걷게 되었음으로 어디로 가고 있는지를 알지 못하기 (요한복음 12장 35절) 때문이다. 실제로 그들은 지금까지 사물들과 그 자신들을 괴롭혀 왔으며, 하나님 자신에 반대하여 저항하고 있기 때문에, "깨닫지 못하는 백성은 패망하리라"(호세아 4장 14절)의 기록과 같이 수많은 혼돈과 재난에 처하게 되었다. 그리고 "나의 백성이 무지함을 인하여 사로잡힐 것이요"(이사야 5장 13절), 또한 "나의 백성이 지식이 없으므로 망하는 도다; 네가 지식을 버렸으니, 나도 버리리라"(호세아 4장 6절); 끝으로, "명철의 길을 떠난 사람은 사망의 회중에 거하리라

(잠언 21장 16절) 등의 유사한 말씀들이 기록되어 있다.

9 따라서 인간을 위해 더 이상 바랄 것이 없겠으나, (만약 하나님께서 마침내 우리들을 불쌍하게 생각하여 도움을 주신다면,) 사람들의 마음으로부터 무지와 불화의 그림자들을 제거하여 세상에서 지혜의 빛을 얻을 수 있는 효과적인 방법을 발견하는 지혜로운 사람들의 신중한 일 보다 더욱 영광스러운 일이 없을 것이다. 우리들은 이 문제에 관한 어떠한 소망이 있을 수 있는가를 발견하기 위해서 지금까지 이 목적에 이르도록 시도해 왔던 것과 그 결과를 먼저 함께 생각해 보자.

제3장
인간문제의 치유를 위한 노력

인간의 문제들을 치유하기 위하여 다양한 방법이 모색되어 왔으나, 지금까지 충분한 어떠한 힘도 찾지 못하였다.

하나님은 여러 가지 면에서 자극을 받으셨으나, 사람들로 하여금 결코 실패하지 않게 하셨으며, 또한 그들도 다 함께 자신들을 실패하게 하지 않으셨다. 첫째로, 하나님은 신탁들이나 자연의 힘들 보다 더 많은 재능을 부여한 사람들을 통하여 다양한 계획과 조언들과, 기적으로 소개된 방법에 의하여 (사람들에게 호소하고 있다): 하나님은 사람들이 그들의 마음속에서 밝혀 왔던 이성의 빛을 따르지 않았기 때문에, 그들의 우둔함을 꾸짖고 있으나, 그들 모두가 경솔하게 짐승과 같이 야만적인 행동을 자행하고 있으며 (시편 94장 8절, 49장 12절 등), 세상은 또한 하늘의 높은 곳에서나 땅의 깊고 낮은 곳 어디에서든지(이사야 5장 12절; 40장 21, 26절) 하나님의 활동의 역사(役事)를 통하여 하나님을 배우는 일에 관해 전혀 주의 깊게 생각하지 않고 있다: 또한 하나님께서는 사람들이 그의 율법으로 제시하였던 모든 경고들을 이상한 것으로 생각하며 (호세아 8장 12절), 그들의 교사들은 백성들에게 거짓 교리들을 가르치고, 또한 백성들은 그것을 그러한 방식으로 사랑하고 있기 때문에, 그들을 꾸짖고 있다. 하나님은 이와 같은 유사한 방법으로 백성들을 책망하여 왔다 (예레미야 5장 3절).

3 하나님은 그의 경고에 따라 선한 것이 이루어지지 않고 있다고 생각하실 때, 사람들에게 질병과 기근과 전쟁과 지진과 홍수와 불을 내리시며, 다른 사람들의 가슴속에 공포를 주시기 위하여 사람들을 멸망시키는 다른 무서운 방법들로 징벌을 내리고 있다. 하나님은 때때로 언어들과 백성들을 분산시키므로 그들이 서로가 더 이상 부패하지 않게 막아 주신다.

4 그때에 하나님은 어떠한 징벌이든지 징벌이후에, 새 빛을 지향하는 새로운 도움을 주신다; 따라서 하나님은 멸시받고 멸망당하였던 그의 종들을 대신하여 다른 예언자들과 사도들과 교사들을 들어 세우시며, 심지어 그의 독생자 아들까지 보내 주시고, 또한 언어들의 혼란을 교정하기 위하여 언어들의 은사를 주셨으며, 이와 같은 동일한 많은 일들에 영향을 미치는 그의 친절과 돌보심으로 다른 악한 의지에 대처하고 정복하는 일을 계속 수행하고 계신다.

5 사람들에 관하여 언급한다면, 그들은 결코 낮은 데로 타락하지 않았으나, 어떤 사람들은 일반적으로 최소한 멸망을 인식하고, 다른 사람들에게도 그것을 인식하도록 가르치며, 심지어 그들이 할 수 있는 데까지 그것을 치유하는 것을 깨달아 알게 하였다. 실제로 저자는 혹 어떤 사람이 세상의 초창기에 살았던 현자들의 사상을 추구하며 대화들을 경청하고, 그들의 저서들을 탐독하며, 행동들을 제어할 수 있다면, 그들이 인류의 만성적인 혼란과 질병을, 그리고, 지금까지 그들의 희망대로 항상 성공하지 못하였다 할지라도, 그것들을 치유하기 위한 다양한 시도들을 탐구하는 일에 전념하여 왔다는 것을 발견하게 될 것이라고 주장한다. 현자들과 그 사실들의 명상을

제3장 인간문제의 치유를 위한 노력   73

....

통하여 이것이 입증되고 있다. 왜냐하면 이와 같은 분별력이 있는 더 많은 사상가들이 열정과 노력과 땀에 사로 잡혀 있는 일 대신에 대부분의 사람들은 그들의 정열적인 활동에 무관심하고, 심지어 자신들을 돕는 그들의 노력에 적개심을 나타내고 있기도 하다.

6 키케로(Cicero)는 다음과 같은 글을 통하여 우리들에게 그의 권위를 보여 주고 있다: "육체의 돌봄과 경영을 지향하는 학문이 오랫동안 모색되어 왔으며, 동일한 학문이 불멸의 신들을 발견하는 일에 전념하여 왔다: 그러나 마음의 양약은 그것이 발견되기 이전에는 거의 요구되지 않았으며, 그것이 알려지게 되기까지 거의 배양되지 않았다; 그것이 많은 사람들에 의해서 환영을 받거나 인정받지 못하였으며, 오히려 다수의 사람들에 의하여 의심받거나 경시되어 왔다." 그는 이와 같은 어리석은 원인을 추구하면서 다음과 같이 첨가하고 있다: "이것이 우리들이 마음과 더불어 육을 괴롭히고 슬프게 하는 것을 측량할 수 있는, 반면에 우리들이 육과 더불어 마음의 만성적인 질병을 느끼지 못하고 있는 이유인가? 왜냐하면 마음은 스스로 돌아보려고 할 때, 돌보는 행위에 전념하게 하는 그 일에 문제를 발생하게 하거나, 하물며 그 자체에 대한 판단을 정확하게 내리지 못하게 하기 때문이다.[13]

7 인류의 부패를 치유하는 일이 세상에 의해 적대적인 것으로 간주되어 왔으나, 그러한 이유로 부분적으로나마 가장 무익하게 되어 왔던 논쟁의 진실이 자연의 빛에 인도되어, 물론 그것이 이루어지지 않았으나, 치유를 모색하였던 사람들에 의하여 밝혀졌다; 그 사람들은 하나님께서 들어 세워 그의 영으로 감동을 받았던 족장

---

[13] Cicero, Tusculum Questions iii.

들, 예언자들, 사도들과 그 밖에 거룩한 사람들, 그리고 성령 자신이 다만 몇 사람들만이, 다시 말하여, 특별한 방법에 의하여 하나님의 자비가 임한 사람들만이 파멸로부터 소생될 수 있다는 사실에 애통하면서 증언하였던 사람들이었다. 에레미야는 "우리가 바빌론을 당연하게 생각하였으나, 그 나라가 온전하지 못하였다" 라고 부르짖고 있다. 이사야는 "누가 우리의 소문을 믿었으며 누구에게 주의 팔이 계시되었는가?" 라고 애도(哀悼)하고 있다. 솔로몬은 모든 새로운 방법을 강구한 후에 "굽혀진 것들은 곧게 될 수 없으며 그들의 많은 죄들이 떠오를 수 없다" 고 불평하였다.

8 하나님의 지혜는 "보라, 내가 너희들에게 예언자들과 현자들을 보내노라! 그러나 너희들이 그들을 죽이고 고통을 주었도다" 라고 말하고 있다. 요한은 다시 "온 세상은 악의 의지로 되었도다" 라고 언급하고 있다. 왜냐하면 사람들의 모든 제도와 환경의 주변에 있는 모든 백성들과 언어들 속에, 사방 여러 곳에서 (하나님이 말씀하신 것과 같이) 어두움이 땅을 캄캄하게 하며 암흑이 백성들을 덮고 있기 때문이다. 따라서 우리들의 고통과 혼란은 치유될 수 없게 되어 있다.

9 그러나 우리들이 몇 가지 측면에서 사람들이 시도하여 왔던 치유에 관한 글들을 생각하면서, 왜 그들이 성공하지 못하였는가에 대해 의문을 제기해 보자. 일곱 가지로 생각해 보면, 가장 일반적인 것은 현자들이 보편적으로 사람들의 어리석음을 부끄러워하도록 촉구하고, 그들로 하여금 그들의 현재의 상태를 인식하도록 감동을 주기 위하여 노력해 왔던 일들을 불평과 비난으로 일관해 왔던 일이다. 그것은 디오게네스(Diogenes)가 길거리에서 등잔을 밝히고 군중들 속으로 한 사람을 찾고 있다고 외치면서 이리 저리로 달려가고

있었던 것과 같은 것이다. 따라서 헤라클레이투스 (Heracleitus)[14]는 인간의 어리석음을 끊임없는 한숨과 눈물과 한탄으로 슬퍼하고 있었다. 정반대로 그가 보았던 어떤 사람이든지 모든 사람을 비웃고 있었던 데모크리투스(Democritus)[15]는 그들을 모두가 어리석고 보잘것없는 것으로 선언하였다. 그 밖의 현자들은 다른 방법들로 언급하고 있었으나, 모두 동일한 의미를 나타내고 있었다. 그러나 그러한 혼란들이 불평(不平)과 비난(非難)과, 혹은 명상에 의하여 (실제적인 치유에 이르지 못하고 있기 때문에) 제거되지 않고 있다는 것을 역사 자체가 우리들에게 가르쳐 왔다. 왜냐하면 대부분의 사람들이 그들의 어리석음 때문에 현자들의 눈물과 조롱의 대상이 되고 있기 때문이다. 심지어 그리스도께서도 이 문제에 관하여 그 자신의 직접적인 말로 증언하였다: "우리가 너희를 향하여 피리를 불어도 너희가 춤추지 않고 우리가 애곡하여도 너희가 가슴을 치지 아니하였다" (마태복음 11장 17절).

10 그때에 좋은 충고로 사람들을 돕기 위한 시도가 있었으며 (사물들의 목적이나 목표들을 탐구하여 목적에 이르는 수단을 결정하는) 철학의 연구가 서서히 잉태되기 시작하였다. 그러나 철학이 마음의 양약으로 생의 안내자로서, 덕의 발견자로서, 부덕의 제거자로서, 그리고 행복의 길을 제시하며 인간을 하나님과 동등 되게 하는 빛으로 측량할 수 없는 찬사들로 하늘에까지 치솟고 있으나, 다만 몇몇 사람들에게만, 그러나 대부분의 사람들에게는 거의

---

[14] 역주, 헤라클레이투스(Heracleitus, 553?-475? B.C.)는 그리스의 철학자로서 "만물은 유전(流轉)한다고 주장하였다.
[15] 역주, 데모크리투스(Democritus, 460?-370? B. C.)는 그리스의 철학자로서 "비웃음의 철학자" (the laughing philosopher)로 불리운다.

혜택을 주지 못하였다; 왜냐하면 대다수의 사람들은 이러한 소리들에 귀를 기울이지 않거나, 그 문제를 전혀 이해하지 못하였으며, 특히 이 방인들의 철학은 매우 불완전하여 인간을 다루는 일에 있어서 근본적인 모든 일들을 무시하고 있기 때문이다. 그것은 세 번째 저서, 즉, 하나님의 신탁들을 포함하지 않고 있다.

11 다음에는 율법들을 정하여 사람들이 규제된 생활을 영위하기 위해 계명을 배울 수 있도록 법에 대한 설명이 제시되었다. 그것은 외형적으로 명령을 준수하기 위한 부적절한 방법은 아니다; 그러나 그것은 내적인 무질서들을 제거하기 위한 그 무엇에든지 유용한 것이 아니다. 왜냐하면 인간의 속성은 그 자체의 본유적인 자유를 망각하지 않으며, 법에 의하여 속박되어 얽매어 있는 것을 꺼리고 있기 때문이다. 따라서 인간들의 법들은 말할 것도 없고, 심지어 하나님의 율법들도 마찬가지가 된다-오히려 그것들이 우리를 괴롭히고 있기 때문에 악한 일을 증가시키며 원한을 촉발하고 있다-우리들은 금지되어 있는 것을 찾으려고 애쓰며 우리들에게 용납되어 있지 않은 것이 무엇인가를 추구하고 있다 (로마서 4장 15절; 5장13절 그리고 7장 7, 8, 9절).

12 법을 파괴하며 어기는 사람들에게 심판이 가해졌으나, 명백한 범법행위 이상의 다른 선한 행위로 인하여 당분간 제재 받지 않았다. 그 행위들은, 지금까지 거의 생소하게 여겨졌던 감옥들, 현상금들, 교수형들의 존재가 충분하게 입증되고 있기 때문에, 완전하게 폐지될 수 없다.

13 사람들이 다른 사람들의 분쟁을 완화하기 위한 다른 방법에 스스로 더 많은 힘을 부가하면 할수록, 그들은 국가 안에서든지, 혹은 종교의 영역 안에서 사람들을 모두 포함해야 하

는 한 가지 명령과 규범을 설정하기 위하여 모든 나라들을 공격하며, 그들을 정복하고 종속시키려는 일에 몰두하여 왔다. 그러나 항상 일정한 경험으로 입증되고 있는 것과 같이, 그것들은 어떠한 선한 결과보다 사정들을 더욱 악화시키는 영향을 초래하게 되었다. 왜냐하면 인간의 속성에는 자유를 사랑하는 힘이 내재되어 있으며, 인간의 마음은 자유를 위하여 만들어 졌다는 것을 확신하고 있고, 그리고 이 사랑은 결코 빼앗길 수 없기 때문이다. 그러므로 어디에서든지, 어떠한 수단에 의해서 든지 그것이 방해를 받고 포위되고 있다는 것을 느낄 때마다, 그 문제를 해결하는 방법을 추구하며 그 자체의 자유를 선언하지 않을 수 없게 된다. 폭력이 사람들을 지배하는 한 가지 요소가 되는 곳에서는 저항과 반대와 항거가 필연적으로 따르게 된다.

14 한 가지 유일한 방안이 있다면 그것은 학교들의 기관이며, 수많은 사람들이 그들 가운데에서 어떤 정치적, 종교적, 혹은 철학적 기반 위에서 일정한 계약을 맺은 다음에, 일정한 공동의 선에 합의하고 그것을 발견하려고 하거나 보호하려고 할 때, 그것을 위한 그들의 자원들과 견해들과 계획들이 통합을 이루게 된다. 이와 같은 방식에 따라서 모든 행위가 자발적이기 때문에, 모든 것이 보다 안정되게 보장되고 있다. 물론 이러한 방식은 공통적으로 추구하는 목적이 오직 보편적인 복지와 안정을 위한 것이며, 그것을 추구하는 방법과 모형이 합법적인 것을 전제로 하고 있다. 그러나 어떤 경우(선을 추구하며 그것을 보호하는 일)에서 든지 인간의 지성은 종종 흐려져 있기 때문에, 혼란을 종식시키려는 이러한 방법조차도 거의 효과를 나타내지 못하고, 오히려 악을 증가시키는 결과를 초래하게 된다. 왜냐하면 우리들이 학교란 그 자체의 목적을 위해서 절대적인 선과 진실을 보존하고 있다는 것을 가정하고 있다 하더라도, 진

실하고 선한 사람들이 그 학교의 일원이 되는 것으로부터 제외된다면, 우리들은 그러한 이유로 공동의 선을 얻게 되어도 유지 할 수 없으므로, 세워진 학교들이 서로 경쟁하게 되고, 사람들은 서로 각각 반대의 입장에서 어려움을 당하게 되기 때문이다. 어떤 사람들은 학교의 범위 내에서 스스로 차단하거나 다른 동료들과 분리하기도 하며, 다른 사람들도 곧 그들의 예를 쫓아서 차례로 그들 자신과 다른 사람들 사이에 장벽과 분리를 조장하게 된다. 따라서 선한 것이 공동의 이익을 위하여 존재하지 못하고 특정한 집단의 개인적인 소유가 되어 버리게 된다.

15 이러한 이유로 인하여, 무질서한 마음에 병들어 있는 사람들이 다른 사람들의 공동의 복지를 간과해 버린 채, 사막으로 나아가서 다른 고독한 곳에 머물러 있다 하더라도, 하물며 우리들의 무질서를 제거하는 일이 그렇게 쉽지 않다는 것은 분명한 일이다; 그와 같은 방법에 따라서 그들은 자신의 것을 찾을 수 있을지 몰라도 공동의 이익은 찾지 못하게 된다. 세상은 여전히 어두움 속에 감 싸여 있다: 그것이 바로 우리들이 애통하는 일이며, 그것이 우리들이 치유를 찾아야 하는 큰 죄악.(다시 말하여, 사람들을 덮고 있는 어두움이다.)

제4장
인간의 무질서의 치유

사람들의 무질서에 대한 치유가 있는가? 만약 있다면 그것은 어떤 성격의 것이어야 하는가?

하나님께서 우리들을 방문하심으로 인한 고통들이 너무나 극심하여 치유의 가능성이 거의 없으며 회복을 위한 노력들이 아무런 효과가 없다는 것이 우리들이 애통해 하는 이유이다. 그러나 우리들은 모든 시도들을 포기하려 하는가? 결코 그렇지 않다! 질병이 계속되고 있는 동안 치료를 위한 모든 노력들이 계속 수행되어야 한다; 우리들이 다음 시인의 구절에서 조언을 얻게 될 때, 우리들의 노력이 배가되고 우리들의 과정들은 다양하게 되어야 한다.

그리고 질병이 변하여 가기 때문에, 우리들의 처방들도 달라져야 할 것이다; 죄악들의 형태가 수없이 있으므로 다루는 양식들도 다양해야 할 것이다.

2 위기를 넘긴 질병에 한때에 치료하는 일에 어려움이 많았으나, 지금은 보다 부드럽고 손쉬운 처방을 하게 되는 의사는 행복하다. 그렇다면 아마도 그 과정에서 그렇게 오랫동안 우리들을 괴롭혀 왔던 고통들을 덜게 할 시간을 누가 알겠는가? 최소한 청소년들이 당하는 고통의 긴 시간동안에도 그들은 나이가 들어가는 것이

곧 치료가 된다는 것으로 보장받게 될 것이다. 만약 그때에 지금까지 시도하지 않았던 방법들로 그 문제를 취급하려는 제안이 제시된다고 할 때, 우리들은 어떤 환경에서든 모든 일을 그렇게 신중하게 여겨오지 않았던 것을 보이지 않도록 하기 위해 그 일에 전념해야 한다.

3 의사들이 자신들의 실수이든, 혹은 다른 사람들의 실수이든 간에 실수를 하게 될 때, 한 가지 방법으로 치료하여 성공하지 못하게 된다면, 처음과 반대되는 다른 과정들을 시도해서 효과를 얻는 것이 그들의 관행이다. 그 때에 그들은 심지어 그들에게 절망을 안겨 주었던 질병들일지라도 그들이 최선을 다함으로써 가장 온전한 치유들을 발견하게 된다.

4 같은 이치로, 우리들도 하나님의 도움으로 우리들의 문제를 다루려는 소망을 그리워하며, 지금까지 사람들에 의해 시도해 왔던 방법들에 의해서 입증할 수 있는 실패들이 무엇인가를 재고(再考)할 수 있기 때문에, 우리들은 그 문제들을 좋은 것으로 할 수 있거나, 혹은 변경할 수도 있다.

5 세 가지 일들에서 우리들이 잘못을 저질렀던 것 같다: (i) 일반적인 평범한 고통에 대해 특별한 치유들을 추구해 왔다: 우리들은 이러한 방법으로, 그리고 어떤 민족, 언어, 종교, 종파로부터 불규칙성의 문제에 대해서 도움을 요청해 온 것이 사실이지만, 하나님의 계획들은 항상 우주적인 개혁을 지향하고 있다는 것을 깨닫지 못하였다.

(ii) (우리들이 앞 장의 방법론, 제 3, 4, 5 에서 살펴 본바와 같이) 인간성과 배치되는 강력한 방법들을 활용해 왔다.

(iii) 그렇지 않으면, (예를 들어, 방법론 제1, 2, 6, 7에서와 같이) 질병을 물러가게 하는 충분하지 못한 나약한 방법들을 활용해 왔다.

제4장 인간의 무질서와 치유 81

6 만약 우리들이 사람들의 혼란들을 인종과 언어와 가문을 불문하고 모든 개인들에게 미칠 수밖에 없는 보편적 범위의 질서 있는 치유에 이르게 하는 것을 발견하고 적용할 수 있다면, 만약 이러한 것들이 너무나 온건한 것이어서 어떠한 사람도 마주 대항하지 못하고, 또한 너무나 강해서 어떠한 사람도, 비록 원한다 할지라도, 저항할 수 없다면, 그 때에 우리들은 확실히 모든 일이 신속하게 앞으로 진행할 것이며, 혹은 최소한 종전보다 더욱 신속하게 진행되기를 소망할 수 있다.

7 우리들은 사람들에게 일반적으로 관심이 있는 모든 것이 보편적이어야 한다고 선언하는 이유가 무엇이든 그것을 보장하여야 한다. 온전한 몸이 상처로 쇠약하고 수종증(水腫症)과 열병으로 고통 당할 때, 우리들은 코와 발에 붕대를 감는 대신에 온 몸에 약으로 처방함으로써, 몸의 각 부분을 통해 확산되어 있는 약의 효과가 유해한 체액들을 제거하여 각 부분들이 재 결집하며 활력을 회복할 생명력의 원인이 될 수 있다. 그러므로 인간사회의 온전한 바탕이 병들어 있을 때, 여러분들은 한 사람의 회복으로부터 전반적인 회복을 기대한다면 실망하게 될 것이다: 왜냐하면 옆에 있는 부분들이 계속해서 새롭게 감염된다면, 치료의 과정이 진척될 수 없으며; 비록 향상의 조짐이 있다 하더라도 지속될 수 없고, 그 때에 살아있는 부분들과 몸체들이 죽음을 함께 하게 될 것이다.

8 그리고 태초에 완전한 장치로 모든 만물을 창조하셨던 하나님께서 그것들이 병들어 갈 때 완전한 배상을 위해 필요한 수단을 모든 방법으로 제공하신다. 왜냐하면 하나님께서 사람마다 누구든지 세상에 태어날 것이며, 태어난 사람들은 이 낮은 학교[16]에 보내고, 그들을 위해 최초로 제공한 이 책들을 완전하게 보존하며, 다양

하고 경이로운 방법으로 모든 사람들을 양육하고 벌하기도 하며, 그리고 그때에 더욱 더 새로운 축복으로 그들에게 용기를 주기 때문이다. 하나님은 누구든지 멸망하지 않고 모든 사람들이 회개하여야 할 것을 원하신다 (베드로후서 2장 9절).

9 하나님의 책들을 생각하면서, 저자는 하나님의 도움의 실례로서 책들에 관하여 무엇인가를 언급할 것이다: 하나님은 그 책들을 처음에 밝혔던 설명들로 만 남겨 두는 것이 아니라, 매일 매일 그 의미를 더욱 더 명쾌하게 설명하신다. 왜냐하면 세상의 책은 각 나라와 각 시대에서 모든 사람들에 의해 읽혀지도록 공개되어 있기 때문이다. 우리들 보다 먼저 있었던 사람들과 우리 다음에 올 사람들은 선하고 혹은 죄가 있든지 간에 똑같이 동일한 땅, 동일한 하늘, 동일한 별들을 보아 왔으며, 그리고 보게 될 것이다: 그러나 우리들은 우리 조상들보다 사물들을 더욱 명쾌하게 지각할 수 있으며, 우리의 후손들은 우리들보다 보다 더 명쾌한 지각력을 가질 것이다.

10 그리고 비근하게, 본래적이고 내재적인, 아직도 터무니 없는 개념들에 의해 왜곡되지 않은, 다시 말하여 우리들의 이성의 신령한 기초가 되는 그러한 우주적 개념들은 남성과 여성을 위해서, 어린이와 노인을 위해서, 헬라인과 아랍인을 위해서, 그리스도교인과 회교도를 위해서, 종교인과 비 종교인을 위해서 똑같이 남아 있으며; 그리고 옛부터 지금까지 더욱 풍부한 보고로 전래되고 있다.

11 끝으로 저술된 하나님의 말씀은 이 세상과 지옥의 모든 장치에 반하여 순수하게 보존되어 있으며, 그리고 (시편

---

[16] 역주, 여기에서 낮은 학교(a lower school)는 '자연의 학교'를 의미하고 있다.

49편과 그 밖에 다른 곳에서와 같이) 모든 나라들과 모든 민족들에게 호소하는 모든 사람들의 공동의 이익을 위해서 그 말씀을 정중하게 탐독하는 사람들에게 신비하게 밝혀지고 있다. 왜냐하면 사람들의 사악(邪惡)에 분노하시는 오래 전의 하나님께서 모든 사람들을 제외하고 다만 선택된 사람들 (시편 147편 20절)에게 만 기꺼이 서술된 율법을 주신다고 할지라도, 마침내 그의 승리의 목소리를 준비하시며, 또한, 하나님은 모든 사람들의 주(主)가 되시므로(로마서 10장 12절), 모든 피조물 (마태복음 28장)에게 복음이 선포되어야 할 것을 명령하시며, 땅 끝까지(로마서 10장 12절) 율법을 전파할 것을 원하셨기 때문이다. 그런데, 만약, 오늘날까지 많은 사람들이 그러한 온전한 법에 결핍되어 있다면, 그것은 하나님의 목적에 의해서 되어 지는 것이 아니라, 사람들이 그들의 상처로 인하여 하나님의 계획을 거부하기 때문이다.(누가복음 7장 30절)

12 하나님은 그의 속성으로 보아 모든 것의 하나님이시기 때문에, 그의 피조물들의 복지를 위해 말하고 행한 모든 것은 그것들에게 바르게 속하며 그들의 공동의 활용을 위해 존재한다. 그때에, 선한 것을 (다른 사람들에게 어떤 일이 발생할지를 늦게 생각하는 사람들에 의해서) 그들의 목적에 전용함으로써, 일반적으로 마귀로부터, 그리고 아담으로부터 거절당하는 일이 생기기 때문에, 모든 사물들은 흩어지며 산산이 부서지게 된다. 왜냐하면 자신이 하나님과 분리되어 있다고 보고 있는 마귀는 어디에서든지 *그가* 할 수 있는 분리와 분파의 원인을 제공한다. 그러나 반대로 하나님은 그 자신이 하나님이시며 (그가 선한 모든 것의 근원이며, 처음이자 나중 되시며, 그리고 중간이기 때문에) 변하지 않기 때문에, 모든 사물들을 한데 모으시고, 그것들―하늘과 땅, 천사들과 사람들, 모든 백성들, 모

든 사물들, 모든 축복들, 모든 시간들-을 영원과 함께 통합하신다. 왜냐하면 무한한 존재(存在)는 유한한 모든 것들을 포함하고, 만약 그것들이 그 안에서 그와 함께 있다면, 모두 하나일 것이며, 그렇지 않다면, 그것들은 멸망하기 때문이다. 왜냐하면 지상의 모든 동물들 중에서 노아(Noah)의 방주에 들어갔던 것들은 구원을 받았으나 들어가지 못한 것들은 멸망당한 것과 같이, 인간의 혼란의 홍수에서 구원받아야 하는 모든 것은 하나님이 명하신 질서로 되돌아가야 하며 그렇지 않으면 멸망할 것이기 때문이다.

13 따라서, 하나님은 모든 사물들이 하늘과 땅에서 하나가 되기를 바라며; 그 목적을 위해서 그의 아들을 보냈으며, 그를 통하여, 그리고 그 안에서 모든 사물들을 한데 모으기를 원하였다(골로새 1장 20절). 그리고 아들의 피를 통하여 화해를 이루었던 하나님께서는 이 은혜를 모든 나라들에게 주었으며 그것을 모든 피조물에게 선포하도록 하였 (마태복음28장). 이러한 주님의 목적을 이룩하기 위하여 사도들이 모든 땅으로 가서(로마서 10장) 모든 사람들을 모든 지혜로서 양육하고 가르치며, 그리고 모든 사람들을 그리스도 예수 안에서 완전하게 되도록 하기 위해 모든 열정을 바쳤다(골로새 1장 27, 28, 29절).

14 그 후에 그리스도교인들이 이러한 명령과 모범을 잊어버리고, 이러한 많은 빛을 다른 사람들과 공동으로 소유하기 위해 더 넓게 전파하는 대신에, 자신들에게 드리워 지기를 원하였으며, 그 때에 그들은 각각 분노를 일으키며 당파를 지어 서로 싸우기 시작하였다. 심지어 그리스도교인들 중에서도 처음 사랑과 믿음의 불꽃이 꺼져 갔거나, 희미하게 되어 연기로 사라지게 되었다. 그러나 하나님은, 만약 우리들이 이방인들과 심지어 지상의 땅 끝까지(이사

야 49장 6절) 빛이 되도록 보내신 구원의 지도자를 본 받기 위해 되돌아간다면, 꺼져 가는 장작들을 빛과 불꽃으로 다시 태울 수 있다. 왜냐하면 그는 세상으로 들어온 모든 사람들에게 빛을 발하게 하며, 어두움이 그를 알지 못한다 할지라도(요한 1장), 어둠 속에서도 빛나게 하신다. 그러므로 그때에 우리들은 무엇보다 인간의 행운을 위해 추구되는 모든 치료가 우주적인 속성이 될 것을 지켜보아야 한다.

15 그러한 치료가 어떠한 것으로 입증되든지 그것은 확실하게 폭력적이 아니라, 가능한 한 온유한 것이어야 한다. 왜냐하면 우리들은 어떠한 선도 지금까지 시도해 왔던 점령과 강제의 방법으로, 전쟁, 논쟁, 심문, 투옥, 노예, 창과 불에서의 폭력으로부터 올 수 없다는 것을 확증해 왔다. 애매모호하고 완고한 모든 절차는 영혼(spirit)을 달래는 것이 아니라 자극하며, 종파의 장벽들을 제거하는 것이 아니라 고착하며, 빛을 발하게 하는 것이 아니라 꺼지게 하는 경향이 있다.

제 5 장
무질서의 치유를 위한 빛

인간의 무질서의 어두움에 우주적인 빛보다 더 이상 효과적인 치료를 제시할 수 없다.

우리들은 이미 인간마음의 보편적인 변형을 성취하기 위하여 우주적이며, 너그럽고, 강력한 치료가 필요하다는 것을 목격해 왔다; 우리들은 곧 그러한 치료를 발견할 수 있는가를 살펴 보아야 한다. 그리고 만약 우리들이 체계적인 탐구에 의해 이것을 추구한다면, 그 치료가 빛과 유사한 것이어야 한다는 것을 지각할 것이다. 세상에서 그렇게 충분할 정도로 모든 사람들에게 공통적인 것, 즉 모든 사람들과 모든 사물들에게 그렇게 기쁨을 줄 정도로 하늘의 빛인 태양과 같이 그 것들을 형성하고 변형시키는 그 어떤 것도 발견할 수 없으며, 그리고, 시편 19편에서 언급하고 있는 것과 같이, 그 밝음과 열로부터 숨길 수 있는 것이 아무 것도 없다. 또한 그 빛이 모든 사람들의 눈에 아름답고 명쾌하기 때문에(전도서 11장 7절), 그 무엇도 태양으로부터 숨기기를 원하지 않는다. 모든 사물들에 침투하는 빛의 영향에 의해서 모든 것이 강하고 열렬하게 유지된다. 따라서 빛의 전달자인 태양은 온 세상에서 발생(發生)과 재생(再生)의 모든 과정의 지배자이자 통치자로 믿어지고 있다.

2 만약 지혜의 빛이 모든 사람들에게 빛을 주며, 그들의 눈으로부터 오류의 어두움을 사라지게 하며, 그리고 그들에게 세상의 근본적인 진리와 선을 계시하기에 충분한 유사한 광채(光彩)를 비출 수 있다면, 그때에 우리들이 소망할 비슷한 결과가 이 세상의 사람들의 가슴속에 도래하게 될 것이다. 만약 하나님이 그의 책 속에서 사람들에게 새겨주며 계시하기를 기뻐했던 모든 사물들이 함께 모아져 통합되고 사람들의 관심을 집중시킬 정도로 정렬되어 있어서 모든 사람들이 목격하고 이해할 수밖에 없으며, 그 누구도 인정과 사랑을 거부할 수 없게 된다면, 이 일이 성취될 것이다.

3 만약 이러한 종류의 우주적 지혜의 빛이 밝혀질 수 있다면, 그것은(마치 동쪽에서 떠서 서쪽으로 이르는 태양광선과 같이) 인간의 전 지성의 세계를 관통하여 광채를 확산하고 인간들의 가슴에 기쁨을 일깨워 주며 그들의 의지를 변형시킬 수 있을 것이다. 왜냐하면 만약 그들이 자신들의 운명을 보고 세상의 운명이 그들 앞에서 이와 같은 최상의 빛으로 명백하게 나타나며, 실패 없이 선한 목적을 향해 인도할 수단을 활용하는 법을 배운다면, 그들이 왜 실제적으로 그것들을 사용하지 않아야 하는가?

4 인간인 우리들이 지각하고 있는 한 우리들을 위해 선한 모든 것을 사랑하기 때문에, 우리들의 행위의 여주인이자 여왕인 우리들의 의지가 언제나 그리고 어디에서든지 그 목적의 하인이 되는 이성과, 그리고 이성의 지시라면 무엇이든지 따르고 있기 때문에, 의지는 그것을 추구하여 얻을 우리들의 힘을 선하고 유용한 명령이 되는 것으로 알고 믿게 된다. 인간은 하나님의 형상으로 창조되어 선한 것이면 무엇이든지―실제로, 혹은 겉으로 선하든 간에―사랑하지 않을 수 없기 때문에, 이러한 방법으로 행동하지 않을 수 없다.

5 만약, 그때에, 마음에 우주적인 빛이 밝혀져 거기에서 사람들이 진실로 선한 모든 사물들을 볼 수 있고, 하늘아래에 있는 모든 사물들이 제 자리에 위치하여 하늘아래에 머물러 있다는 것을 인정하게 된다면(그렇지 않으면, 실제로 그것들이 사라져 멸망하게 된다), 그러한 선한 것들을 추구하며 반대되는 악을 피하려는 강렬한 욕망이 실제로 빛나게 될 것이다.

6 그때에 우리들은 어떻게 그러한 빛이 하나님과 인간양자를 위하여 즉시 일어날 것을 소망해야 하는가? 하나님을 위해서; 하나님께서 이 세상에 충만하게 하신 셀 수 없고 측량할 수 없는 축복이 그렇게 많은 사람들 안에서 더 이상 파멸될 수 없거나, 최소한 무용하게 남겨둘 수 없으며, 모든 만물 안에서 그의 이름이 영화롭게 되고 모든 사람들에게 그의 나라가 임하며, 그의 뜻이 모든 사람들에 의해서 하늘에서 이루어 진 것같이 땅에서도 이루어 질 것이며, 그리고 모든 사람들이 그의 나라와 그의 권세와 영광이 영원토록 증거 할 것이다. 아멘!

7 그리고 인간들을 위해서; 우리들은 확실하게 이것을 소망해야 한다. 볼 눈을 가진 모든 사람들은 볼 수 있도록, 들을 귀를 가진 모든 사람들은 들을 수 있도록, 이해 할 가슴을 가진 사람들은 이해할 수 있도록, 하나님을 찬양할 혀를 가진 사람들은 그의 이름을 부를 수 있도록 해야 할 것이다. 그리고 어떤 사람도 밝은 빛 가운데서 더 이상 볼 수 없게 해서는 안되며, 어떤 사람도 평탄한 길에서 더 이상 방황하지 않도록 해야할 것이며, 어떤 사람도 그 앞에 놓여진 행복의 징표를 놓치지 않고 더 이상 완전히 욕망에 빠지지 않도록 해야할 것이다. 모세가 (민수기 11장 29절), "모든 주의 백성들이 예언자들이 되었으면 좋겠다" 라고 말했으며, 하나님께서 (신명기 32장 29

절) "그들이 지혜가 있어서 그들의 패배를 깨달았으면 좋겠다" 라고 말씀하셨다.

8 그때에 하나님은 우주적인 빛의 우주적인 길을 갈망하지 않는 사람의 친구가 될 수 없다. 그러므로 어떤 사람도 우리들의 소망대로 잘못을 발견하지 못하게 될 것이며; 만약 그렇게 위대한 하늘의 은혜의 가능성을 소망하지 못한다면, 무모한 모험을 비난할 더 강력한 시험이 있을 것이다. 지금부터 이 문제를 탐구해 보도록 하자.

제6장
우주적 빛의 소망

세상의 종말 이전에 우주적 빛의 도래를 신뢰하지 않을 수 없는 소망이 있다.

만약 우리들이 하나님과 인간의 속성과 역사가 지금까지 진보해 온 과정에서 보여준 것과 같이 그것들을 고려한다면, 혹은 우리들이 영생이 오기 전에 세상의 마지막 상태에 대한 하나님의 예언에 관심을 갖게 된다면, 모든 확증에 의해서 과거에서 보다 미래에서 더욱 위대하고 선한 일들을 위한 소망이 나타나게 될 것이다.

2 왜냐하면 첫째, 세상의 건설과 경영이 마치 희극(喜劇)과 같기 때문이다. 실제로 모든 곳에서 하나님의 지혜가 인간의 노래로 불려지는 것이 (잠언 8장) 희극이다. 처음에 구성의 전개를 불완전하게 이해하고 있는 관객들을 점점 유도해서 마침내 모든 동작이 더욱 더 정확하게 대단원에 이르게 하는 방법이 희극의 가장 좋은 특성이다. 처음에 전개되었던 것과 관객들의 눈앞에서 순간마다 전개하여 끝날 때까지 회상되는 모든 것들이 그 자체를 관객들의 지성에 설명하고 있기 때문이다. 또한 만약 연극인이 모든 관객들에게 복잡했던 행운과 모험들이 행복한 결말로 끝나는 것을 보여 준다면 그는 박수 갈채를 받을 것이기 때문이다. 그렇다면 우리들이 하늘의 예술가

로부터 기대하지 말아야 하는 것이 적절한가?

3 둘째, 한 인간의 생애(生涯)와 일치하는 세상의 모든 역사(歷史)는 필연적으로 최고의 발전단계에 도달해야 한다. 인간의 창조는 몸과 팔 다리의 물질적인 요소들로 시작하여 여기에서 감각들이 최초로 활동과 경험을 하게 된다; 그 다음에 이성이 사물들의 원인들을 탐구하고, 마지막으로 지성이 사물들의 전망을 나타내는 더욱 완전한 순수성에 이르고, 노년에 이르게 되면 최고의 명쾌함에 도달한다. 비근한 예로, 세상도 처음에는 기계적인 기술로, 그 후에 감각작용으로, 그리고 최종적으로 이성의 활용으로 마침내 보다 순수한 지혜의 단계에까지 발전해 왔다. 만약 그것이 우리들에게 더욱 분명하게 되려면, 우리들은 우리들의 안목에 더욱 충분하게 자리잡아야 하는 그 무엇이 확실하게 남아 있어야 한다.

4 세상의 첫 단계에서 생활의 유지와 관계가 있었던 기술들-농업, 목축 기르기, 옷 만들기, 집짓기 등-이 발전되었다. 그 당시에 낙원에서 추방되었던 인간은 벌거숭이, 배고픔, 혹독한 기후로부터 보호를 희구(希求)해야 했다. 그때에 사람들의 수가 증가하여 식구들이 흩어져 거주하였고, 그 다음에 그들이 깊이 생각했던 문제는 경제의 문제였다. 홍수 이후에 국가정치학이 니므롯(Nimrod)[17]으로부터 시작되었다. 곧 그후에 아브라함의 시대에 전쟁술이 시작되었다. 그리고 모세의 시대에는 에집트인들로 시작된 문자의 시대가 도래하여 페니키아인들, 갈대아인들, 페르시아인들에게 확산되어 놀랍게 번성하였다. 그러나 마술사들이 그들의 신비들을 보호하며 신비의 비밀을 만들어서 그것들을 일반사람들에게 억지로 소개하였다. 마

---

[17] 역주, 창세기 10장 8-9절을 참조.

침내 헬라인들 중에서 문자들과 철학이 공립학교에서 가르쳤을 때, 지식이 공공의 소유가 되었다. 그 이후에 알렉산더 대왕의 전쟁의 결과로 그들의 학문이 거의 쇠퇴하였으나, 로마인들 중에서 처음에 웅변술(雄辯術)이, 그리고 후에 철학이 연마(鍊磨)되기 시작하였다.

5 그후에 복음이 선포되어 종교의 연구가 세계로 확산되어 (그리스도께서 세상에 태어났을 때 그는 반대파가 반대하는 표적이 되었기 때문에, 누가복음 2장) 굉장한 논쟁을 불러 일으켰으며, 이 논쟁들은 교회의 내부와 외부에서 분열과 종파와 이단과 새로운 종교들에 문제점을 제기하였다. 여러 세대들이 계속되어 오는 동안 미개시대가 도래하였으나, 콘스탄틴노플이 함락된 후에, 다양한 서재에서 열렬한 연구의 활기로부터 빛이 발산되어 이탈리아, 골(Gaul), 독일과 유럽의 다른 지역으로 확산되었다. 그 빛은 어두움의 세력의 저항과, 예리한 갈등과, 사람들을 당파와 종파로 분열시키는 일이 없지 않았으나, 처음에는 더욱 순수하게 언어의 빛으로, 그 후에 철학의 빛으로, 그리고 마지막에는 종교의 빛으로 확산되었다.

6 이러한 경쟁이 그 자체의 효과를 가져 왔다: 모든 논쟁자는 진리는 자신의 편에 있다고 생각하여 고대의 유물을 증거로 제시하면서 승리를 위해 노력하였다; 따라서 어디에서든지 발견될 수 있었던 증거의 모든 자료가 검토되었다(그 당시에 인쇄술을 발견하였던 노력이 강력한 도움으로 작용했다). 모든 시대의 기념비적인 산물로부터, 심지어 하나님의 말씀의 보고로부터, 그리고 수 없는 사실들을 추론하는 인간의 이성의 실험들로부터 매우 괄목할만한 형식으로 확실하게 우주적인 빛에 이르는 통로가 만들어 졌으며, 이것이 실제로 적지 않게 숭고하고 참된 빛에 의해서 이루어 졌다. 그러나 다양한 사람들에 의해 다양하게 적용되고 해석되었던 많은 사실들과 이론

들이 잘못된 활용으로 기반(基盤)을 잃고 혼미하게 되었으며, 그리고 일정한 결론에 이르지 못했던 논쟁들이 점차로 증가하였기 때문에, 더욱 순수하고 명백하게 계시 된 진리가 모든 사람들에게 동일한 면들을 제시하며, 의심과 분열을 종식하게 될 보다 고상한 단계의 것이 분명하게 필요로 하게 된 것이다.

7 우리들은 하나님께서 우리들에게 (자연세계의) 빛의 창조로 점진적인 빛의 증가의 기대와 모범을 제시하였다고 가정할 수 있다. 실제로 그 빛을 하나님께서 첫째 날에, 그러나 차별이 없는 동일한 량(量)으로 창조하였다. 하나님의 창조의 과정에서 나흘째 되는 날에 그는 그 빛을 크고 작은 여러 개의 구면체(球面體)들로 구분하여 그것들을 하늘 곳곳에 일정한 거리로 분산하고 일정한 자리를 정해 주었다. 마지막 날에 하나님은 주의 등잔이라고 부르는 (잠언 20장 27절) 지성의 빛, 즉 인간의 영혼(spirit)을 만들었다. 그리고 그 밖에 모든 다른 사물들의 창조는 질서 있게 배열(配列)되어 있기 때문에, 보다 적은 것에서부터 보다 위대한 것으로 가장 위대한 것으로, 보다 낮은 것에서 더욱 더 높은 것으로, 그리고 선한 것에서 보다 선하고 가장 선한 것으로 진보가 있었다. 그러므로 하나님께서 반복하여 "하나님이 그가 만드신 것을 보시고 보시기에 좋았더라"(창세기 1장 31절)라고 여섯 차례나 말씀하였다. 왜냐하면 하나님이 모든 사물들의 창조의 끝에 지고하게 선한 것을 두지 않았더라면 크게 기뻐하지 않았을 지도 모르기 때문이다. 그렇다면 우리들은 자신이 창조한 모든 것을 통치하시는 하나님께서 그 자신과 다르지 않게 되는 것을 염려해야 하는가? 확실히 그들은 세상의 종말에 관하여 단지 추한 것과 혼란과 어두움과 비참한 것에 불과한 것으로 상상하고 기대하며 예견하면서 하나님의 질서 있는 활동의 진보를 이해하지 못하고 있

다. 마치 하나님은 처음에 좋은 포도주를, 그리고 나중에는 좋지 않은 포도주를 제공하는 사람과 같을 지도 모른다. 그러나 오히려 하나님은 최후를 위하여 가장 좋은 것을 보존하기 때문에, 그의 지혜가 신선한 찬미의 선물과 그의 선한 찬양을 받아 드릴 이유들이 결코 결여되어 있을 수 없다.

8 그러나 사람들은 네 가지 왕국에 대한 다니엘의 예언에서 이것과 반대되는 논쟁을 발견한다: 첫째 금의 왕국, 둘째, 은의 왕국, 셋째, 놋쇠의 왕국, 넷째, 철과 흙의 왕국이었다. 해답은 그들은 왜 그리스도의 왕국이 될 우주적 왕국을 따를 것을 읽지 않는가에 있다. 산에서 돌이 날아들어 와 지상에 폭력적 행위로 가득 차 있었던 폭정을 산산이 부셔버린다는 것은 무엇인가? (다니엘 2장 44, 45절). 그리스도께서 지금까지 그의 적들 가운데서가 아니라, 그의 발아래 둔 적들을 통치하실 때 (시편 110편 2절; 히브리서 10장 23절; 고전 1장 15, 25, 26절), 왕국의 주권과 세력과 위대함이 하늘아래 높은 곳에 있는 성도들의 무리에게 돌아 갈 것이다(다니엘 7장 27절). 그러나 우리들은 조금 후에 이러한 예언들을 생각할 것이다.

9 왜냐하면 (하나님이 그의 모든 창조에서 따르고 있는)통합적 방법의 성격은 우리들에게 종국에는 빛의 가장 높은 단계를 약속하려고 하시기 때문이다. 또한 특수하고 개별적인 사물들을 전체 혹은 종결로, 보다 적은 결말을 보다 위대한 결말로, 마침내 모든 결말을 결말의 종결로 한데 모으는 것이 그의 방법의 본질이기 때문이다. 그러므로 분산되어 있는 사물들과 사례들을 모으고 생산하는 하나님의 축복과 인간의 발명들이, 지금 우리들이 목격하고 있는 것과 같이, 현재 수 없이 성숙되어 있을 때, 우리들은 왜 전 과정의 정점을 관찰하지 말아야 하는가? 인용되어 수집된 실례들이 하나의 규범

으로 정립되었고; 규범들의 집합체가 예술, 과학, 혹은 지혜가 되었고; 예술과 과학의 집합체가 (철학, 신학, 그 밖의 학문의) 체계를 이루고 있다; 그렇다면 우리들이 예술 중의 예술, 과학 중의 과학, 지혜 중의 지혜, 빛 중의 빛이 마침내 소유되어야 하기를 소망하는 것을 금할 어떤 이유가 있는가?

10 우리들은 이러한 소망이 모든 사람들의 마음속에 침투하기를 동경하고, 지금까지 이룩하였던 모든 것보다 더욱 위대한 것을 항상 끊임없이 추구하면서 자연적 본능에 의해 보다 높은 곳으로 전진하도록 노력하여야 한다. 저자는 이 열망을 모든 사람들, 즉 하나님을 아는 모든 지식의 살아있는 형상들인 그들 속에서, 그리고 무엇보다 새로운 책들의 저자들과 독자들 속에서 명백하게 계시되는 것을 배우며 아는 욕망을 의미한다. 왜냐하면 많은 사람들을 위해서 확실하게 대중적으로 그리고 그들의 명예를 위해 글을 쓰는 사람들 (내가 의미하는 것은 이미 서술한 것을 단지 복사하며 결실이 없이 다시 재탕하는 사람들이 아니라, 실제로 서술하는 사람들)은 우리들이 이미 가지고 있는 것은 충분하지 않지만, 함께 더욱 새롭고 모험적인 것이 우리들의 탐구를 위해 기다리고 있다는 것을 선언하고 있기 때문이다. 그들은 선각자들의 작업을 새롭게 하며 때때로 큰 고통과 엄청난 영적 혼란으로 그들의 작업들을 반복하고, 그리고 그들이 아직까지 다루지 않았거나 혹은 불완전하게 다루어 왔던 그러한 주제가 여러 가지 방법에서 보다 쉬운 형식으로 더욱 신빙성이 있게 제시될 수 있다고 확신하고 최소한 그렇게 소망하기 때문에 저술을 계속하게 된다; 그때에 그들은 시도를 하며 그들이 한 것을 다른 사람들의 판단에 맡기게 된다. 새로운 책들에 애착을 가지고 있는 사람들은, 그것들이 좋게 만들어 졌다고 하더라도, 어떤 결점의 내적 중

요성을 지적한다. 왜냐하면 만약 그들은 모든 것이 이미 적합하게 제시되어 있다고 이해할 때, 그것에 매우 만족하여 더 이상 참신한 대가와 수고를 하면서 스스로 새로운 문제와 어려움을 일으키지 않으려 하기 때문이다.

11 그때에 세상은 보다 풍족한 빛의 길을 찾고 있으며, 그리고 그것을 찾으면서 그 빛이 결여되어 있다는 것을 보여준다. 만약 이러한 동경이 만족할만한 그 무엇도 소망하지 못하고 우리들의 가슴에 새겨진다면, 그 때가 그 동경이 산산이 파괴되는 바로 그 시간이다. 하나님과 우리들의 속성이 아무런 목적이 없이 무엇을 만들지 않는다. 만약 그때에, 이 동경이 없어지지 않고 남아 있다면, 만족할 수 있는 우리들에게 아무런 목적이 없이 주어지지 않는다.

12 나는 이 점에 관하여 제시할 해답을 알고 있다: 그것은 우리의 창조주 하나님께서 사람들의 마음속에 영원히 보다 위대하고 선한 것들을 동경하는 것을 심어 주었던 것이다. 그러므로 사람들의 눈으로 전망을, 그들의 귀로 듣는 것을, 혹은 그들의 열망으로 열망의 대상에 결코 만족할 수 없다는 것을 이해하고 있는 사람들은 스스로 그들의 열망을 영원성 (모든 사물들이 함께 모여 있어서 모든 사물들의 충만함과 목적을 발견할 수 있는 곳)으로 지향하도록 자극을 받게 될 것이다. 그러나 현재의 생활에서—심지어 그밖에 아무 것도 믿을 수 없기 때문에—우리들이 여기에 존재하고 있는 동안, 이 세상에서 우리들에게 부여될 수 있는 지고한 목적에 이를 때까지, 우리들의 동경에 더욱 풍부한 양식이 공급되고, 그 이후에는 다만 높은 영원성의 결실만이 남아 있을 수 있다. 왜냐하면 하나님의 완전한 지혜가 일련의 완전한 단계들과 정도를 요구하기 때문이다. 그리고 자연에는 진공(眞空)이 있을 수 없다는 사실이 가장 섬세한 기술

의 발견을 가능하게 하였던 것과 같이, 우리들은 인간의 영적인 공허로부터 사람들의 도피와 그것을 채우려는 인간의 끊임없는 열망은 하나님께서 보다 고상한 기술을 주셔서 우리들이 찾고 발견할 수 있는 경우일 수 있다는 것을 부당하게도 믿지 않을 수 있기 때문이다. 그리고 만약 이렇게 된다면, 우리들은 왜 우리들의 열망을 전지(全知)의 영역으로 확대하지 말아야 하는가? 나는 가장 고귀한 의미에서 지상에서 우리들의 학문을 위해 제공되어 제시된 세 종류의 저서들 속에 포함되어 있는 충만한 모든 사물들의 지식을 의미한다.

13 그리고 사탄이 태초부터 모든 사물들을 알기를 원하는 인간의 열망을 타락시켰고, 무모한 탐구의 죄로 인하여 어두움 속에 머물게 하였으며, 그리고 (빛을 회복하기 위해서 하나님과 하나님에 의해 제공된 방법에도 불구하고) 결코 그 어두움을 열렬하게 가중시키는 일을 멈출 수 없기 때문에—이것이 사실이기 때문에, 우리들은 하나님께서 창조물의 전 우주가 승리와 환희를 어두움의 왕자에게 보다 빛의 창조주에게 돌려야 한다는 것을 바라 보게 할 그의 빛을 그렇게 증가하지 않으리라는 것을 능히 믿을 수 있는가? 그리고 영원성에서가 아니라, 인간이 하나님과 고투하고 있는 여기 자연의 극장(theatre)에서, 우리의 하나님과 그분의 아들의 승리가 완전하게 되기 위해서는 적을 패배시켜야 한다. 왜냐하면 사탄은 인간에게 생명을 약속하고 혼란과 죽음을 안겨 주지만, 하나님은 거의 죽음에 이르렀던 것을 영생(永生)으로 변화시켰기 때문이다. 사탄은 우리들이 하나님과 하나가 되도록 약속하고 우리들을 하나님과 분리시키고 있지만, 하나님은, 물론 우리들이 그와 분리되어 있다고 하더라도, 우리들을 보다 그와 더욱 가깝게 다시 연합하였으며, 신비하게도 우리들과 영원히 하나가 되었다. 사탄은 우리들이 선과 악의 지식으

로 하나님과 같이 되어야 하는 것을 약속하였으나, 선을 악하게 그리고 악을 선하게 생각하면서 우리들을 그 자신과 동일하게 만들었다. 실제로 하나님은 선을 선으로, 악을 악으로 인정하면서 우리들을 그 자신과 같게 한다; 우리들은 악한 것을 미워하고 선과 함께 기뻐하게 하면서 선한 것을 추구하며 그것을 영원히 향유할 수 있다. 그리고 사탄이 사람들을 무모하게 분리시키는 것을 계속하고 있는 것처럼 하나님은 마침내 사람들이 자유를 얻었다는 것을 깨닫게 될 때까지 부단히 그들을 자유하게 하며, 부끄러움이 없이 죄악에 있는 사탄은 그 자신이 영원히 혼란에 빠져 있다는 것을 깨닫게 된다.

14 우리들의 자비하신 하나님의 기쁜 약속이 우리들에게 충분한 확신을 주고 있다는 사실이 발생할 것이다. 왜냐하면 하나님의 신탁(神託)이 세상의 저녁때에 (이전의 빛과 비교하여 그늘에 가려 희미하지만 낮과 밤이라 부를 수 없는) 빛, 즉 탁월한 (par excellence)빛으로 명명되어야 하는 빛이 나타날 것을 예언하기 때문이다. 약속된 빛의 결과는 모든 사람들을 교회로 회심시키고, 그때에 여호와가 모든 지상을 지배하는 왕, 하나의 주 그리고 한 이름이 될 것이다 (스가랴 14장 7, 8, 9절). 다른 예언자에서 이것이 더욱 분명한 말씀으로 선언되어 있다: "마지막 때에 주의 집이 서 있는 산이 다른 산들의 꼭대기가 될 것이며, 언덕보다 높이 솟을 것이며 모든 민족들이 그 밑으로 모여들 것이다. 많은 백성들이 가서 말하기를 "자, 가자, 우리들 모두 주의 산으로 올라가자, 야곱의 하나님의 집으로 올라가면, 그가 우리들에게 주의 길을 가르칠 것이다" (이사야 2장 2, 3, 5장). 그리고 민족들의 회심(回心)을 광범위하게 묘사하고 있는 다른 곳에서 하나님은 다음과 같이 말씀하신다: "예루살렘아! 일어나라, 빛을 비추어라, 주의 빛이 와서 주의 영광이 너에게 떠올랐다. 보라, 어

두움이 땅을 덮으며, 짙은 어두움이 민족들을 덮을 것이다. 그러나 너에게 주님이 떠오르며 그의 영광이 너에게 보일 것이다! 이방나라들이 빛 속으로 걸어오고, 왕들이 떠오른 광명으로 올 것이다." "해는 더 이상 낮으로 밝히는 빛이 아니며, 달도 더 이상 밤을 밝히는 빛이 아닐 것이다; 그러나 주님이 너에게 영원한 빛이 되고 하나님이 너의 영광이 될 것이다"(이사야 60장 1, 2, 3, 19, 20절). 그리고 다시 "달의 빛이 해의 빛처럼 밝아지고, 그 날에 해의 빛이 일곱 배나 밝아져서 주님이 그의 백성들의 상처를 싸매어 주고, 매 맞은 상처를 고쳐 주신다"(이사야 30장 26절). 그때에 하나님이 모든 민족들과 언어로 흩어졌던 이스라엘을 모을 때, 그들이 와서 그의 영광을 볼 것이며 모든 형제들을 데려 올 것이다(이사야 66장 18, 19, 20절). 그때에 하늘나라의 복음이 세상 모든 곳에 전파되어 종말이 오기 전에 모든 민족에게 증언될 것이다 (마태복음 24장 14절). 왜냐하면 복음은 영원한 것이어서 지상의 거주자들에게, 모든 나라와 부족과 언어와 민족에게 선포될 것이며, 그때에 모든 사람들이 하나님을 경외하고 영광을 돌리며 하늘과 땅과 바다와 물의 근원들을 만든 그분을 찬양할 수 있기 때문이다(요한계시록 14장 6, 7절). 그때에 물이 바다를 채우고 있는 것과 같이 하나님의 지식이 땅에 가득하게 될 것이다 (이사야 11장 9절). 그때에 하나님이 모든 사람들에게 한 마음과 한 길(道)을 줄 것이다 (예레미야 32장 29절). 그리고 그는 백성들의 입술을 변화시키며 그들을 정결하게 할 때, 그들은 주님의 이름을 부르며 한 뜻으로 그를 섬길 것이다 (Sophon 3장 9절). 그때에 이 세상의 왕국들이 우리 주님과 그의 그리스도의 나라가 될 것이며(요한계시록 11장 15절), 한 무리와 한 목자가 있을 수 있다(요한복음 10장). 그때에 어두움의 왕자인 사탄이 더 이상 민족들을 잘못 인도하지 않을 것이며, 심연에서 사슬로 매이게 될 것이다(요한계시록 20장). 그리고 성경은 그러한 의미에서 지상에서 그 때까지 교회의 영광스러운 상태에 관하여 더 많은 것을 예언할 것이다.

15 그러나 우리들은 아직까지 세상과 교회의 이러한 조건을 보지 못한다; 우리들은 모든 사람들에게 밝혀진 찬란한 빛을 보지 못하며, 어두움의 왕자의 세력이 속박되어 있는 것을 보지 못한다. 하나님의 충고와 계획에 의해서 이미 결정되었고 그의 말씀에 의해서 예언된 모든 것이 먼저 충만하게 되고 완성되어야 하는 것이 필요하기 때문에 모든 것은 창조된 대로 남아 있는 것이다.

제 7 장
우주적 빛의 목적

만약 우리들이 우주적인 빛의 날이 가까이 오고 있다는 것을 믿는다면, 우리들은 빛의 길들을 마땅히 검토해야 할 것이다.

어두움 이후에 위대한 빛의 여명을 그렇게 깊게 만든 것은 태초에 하나님께서 어두움으로부터 밝게 할 외형적인 빛을 주신 것과 같이, 세상의 종말에 예수 그리스도의 얼굴에서 빛을 나타낼 하나님의 지식과 영광의 빛을 만드신 그 분의 권세로 된 것이다(고린도전서 4장 6절). 그럼에도 불구하고, 나는 빛의 아들들이 스스로 그들의 기도와 활동으로 그 빛이 떠오를 것을 생각하고, 그들의 이성의 지극한 노력으로 빛의 길들과 방법을 검토하는 것이 매우 가치 있는 과제라는 사실을 제시해야 할 것이다. 나는 만약 우리들의 마음이 그렇게 큰 모험을 행사하는 일을 주저하지 않는다면, 우리들은 보다 큰 확증을 가지고 그 일에 착수해야 하며, 그리고 만약 하나님께서 그 빛을 기꺼이 활용하도록 하신다면, 그에게 우리들의 겸손한 도움을 요청하면서 우리들로 하여금 그의 지혜를 볼 수 있고, 그의 전능이 우리들 앞에서 평탄하게 할 방법으로 더욱 신속하게 모든 것을 비쳐줄 지고한 빛이 밝혀져야 한다는 것을 의미한다.

2 그리고 우리들이 선한 양심(良心)으로 이러한 빛이 도래할 길들을 검토하고, 또한 양심적으로 검토해야 한다는 신념으로 다음 사항들을 확인하도록 하자.

3 어떠한 선한 일이든지 그리스도교인들이 하나님으로부터 정당하게 원하며 요청하고, 또한 그들이 얻기 위해 노력하는 것이 바람직한 것이다. 왜냐하면 "구하라"라고 하신 분이 또한 "두드리고 찾으라"라고 말씀하셨다 (마태복음 7장 7절). 따라서 우리들은 그로부터 필요한 것을 요청하고, 그의 약속이 이루어 질 때까지 기다리는 동안, 우리들 자신이 아무런 노력도 하지 않고 요청 만하며 기다려야 하는 것이 하나님의 뜻이 아니다. 오히려 우리들이 요청하는 것과 두드리는 것과 기다리는 것이 매우 진지하다는 것을 입증(立證)하기 위하여 해야 할 모든 일을 또한 실천하는 것이 하나님의 뜻이다; 다시 말하여, 우리들은 하나님을 만나기 위하여 밖으로 나가야 하고, 그가 간직한 선물을 받기 위하여 손을 내밀어야 한다. 그렇지 않으면, 우리들은 한 가지에 집중하여야 하는 일들을 분산시키며, 간청해야 할 때 찾고 두드리는 것을 거부함으로써 하나님을 시험하는 일을 면치 못하게 될 것이다. 다음 실례들이 이것을 증명한다. 우리 주님은 우리들에게 "아버지여, 당신의 이름을 거룩하게 하옵소서"라고 기도하는 방법을 가르쳤다; 그러나 만약 한 사람이 그렇게 기도를 하는 일에 만족하여 동시에 하나님의 이름을 거룩하게 부르지 않고, 오히려 다른 사람들이 모든 가능한 방법으로 그 이름을 거룩하게 하는 일을 목격하고만 있다면, 그 사람은 하나님을 조롱하는 일을 면지 못하게 될 것이다. 그러므로 우리들이 "당신의 나라가 임하소서"라고 기도해야 할 때, 동시에 스스로 하나님의 나라를 찾아야 한다(마태복음 6장 33절). 우리들이 "당신의 뜻이 이루어지이다"라고 기도할 때, 우리들

자신이 그것을 깨닫지 못한 채 하나님께서 이것을 우리들 안에서 행하여야 한다는 것을 의미하는 것이 아니라, 오히려 그가 우리들에게 그의 모든 뜻을 행할 의지를 부여하고, 이것을 위해 노력하도록 우리들 자신을 사로잡고 있는 정신적 상태가 곧 우리들의 기도의 실재라는 것을 의미한다. 우리들이 "우리에게 일용할 양식을 주옵시고"라고 말할 때, 우리들이 손을 벌리고 하늘로부터 양식이 내려오기를 기다리는 것이 아니라, 모든 사람이 수고로 양식을 벌어서 이마의 땀으로 먹고 있는 동안 하나님이 축복을 더 하신다는 것을 의미한다. 우리들이 "우리에게 우리의 죄를 사하여 주옵시고"라고 기도할 때, 우리들은 동시에 죄가 생기지 않도록 스스로 맹세하며, 혹은 우리들이 약하여 우연히 죄를 짓게 된다 할지라도, 즉시 사죄하고 죄를 짓지 않도록 결단해야 한다. "우리를 시험에 들지 말게 하옵소서"라고 말할 때, 우리들 자신이 시험에 들지 말며 하나님을 시험하지 않도록 그와 같은 말로 맹세해야 한다. 끝으로, "우리를 죄에서 구하옵시고"라고 말할 때, 우리들이 죄(罪)로부터 벗어 나서 죄에 빠지지 않도록 주의하기를 가르침을 받고 스스로 맹세하는 것을 의미한다. 틀림없이, 그때에 우리들이 동경해 왔던 빛의 시대가 도래할 시기에 멸망할 세상의 회복을 위해 하나님께 기도하며 소망할 때, 동시에 그 시대가 빨리 도래할 것을 서원하는 일을 이해하여야 한다.

4 더욱이 우리들은 자유스럽게 해야하는 어떤 일이든지, 그 일들을 수행해야하는 방법과 원리들을 또한 자유롭게 이해하고, 이해를 위하여 탐구하는 일도 자유롭게 하여야 한다. 하나님이 우리들에게 비합리적인 명령을 내리지 않은 것과 같이, 우리들도 비합리적인 방법으로 행동하는 것을 명하지 않는다: 반대로, 하나님께서 우리들이 그렇게 하지 않기를 원하신다. 우리들이 이러한 모든 일들

의 원리를 추구하며 이해해야 하고, 그 중 한 가지라도 신속하게 행하는 것을 배워야 하는 것이 당연하다. 예를 들어, 지금 여기에서 우리들 각자는 이웃에게 진실되고 선한 것을 가르치며, 거짓되고 악한 것을 반대하도록 경고하며, 그러한 행동에 대한 올바른 경우와 사례를 알아야 한다. 그렇다면, 우리들은 모든 경우에 모든 사람들에게 진실되고 선한 것을 지적하여 그들이 거짓되고 부패한 것으로부터 효과적으로 돌아 설 수 있게 하는 방법을 강구하게 하는 것은 무엇인가? 우리 그리스도교인들 각자는 자신의 역량에 따라서 그리스도의 나라를 확장하고 악마의 나라를 멸망시켜야 한다: 그렇다면 우리들은 사람들에게 이러한 노력에 동참하여야 할 것을 설득하기 위하여 모두가 하나가 될 수 있는 한가지 방법을 추구하지 않아도 될 수 있는가? 우리들은 모든 사람들과 함께 평화를 추구해야 한다: 그때에 우리들은 왜 우리 모두 하나가 되어 다른 사람들, 혹 가능하다면, 모든 다른 사람들에게 평화의 방법들을 지적하지 않아도 되는가? 만약 우리들이 우리들의 마음을 아무런 장애를 받지 않고 어두움으로부터 진리를 발견하고 그 반대의 세력으로부터 그 진리를 변호하는 일에 진력해 왔을 때 그것이 세상 여러 곳에서 발견되어 보호되어 왔다면, 우리들은 왜 또한 자유롭게 그 진리를 확대하지 말아야 하는가? 그리고 만약 진리가 되시며 어떠한 사람도 그 진리에 무지하게 되는 것을 원치 않는 하나님의 평화 안에서 우리들이 이 자유를 가지고 있다면, 왜 모든 사람들의 눈앞에 진리를 옮기는 방법을 자유롭게 추구하지 말아야 하는가? 이 모든 일들은 서로 각각 하나가 되어야 하며 분리될 수 없다.

5 끝으로 우리들은 항상 하나님을 경외할 때, 하나님의 섭리에 의해 주신 선한 것들을 보장받기 위하여 이 선한 일들을 활용할 권한을 부여받았기 때문에, 이러한 것으로 지혜 있는 사람은

적합한 임무를 가지게 된다. "지혜 있는 자에게 교훈을 더하라, 그가 더욱 지혜로와 질 것이요" (잠언 9장 9절) 라는 성경구절이 있다. 만약 우리들이 하나님의 선하심이 우리들에게 지혜를 증진하게 하는 기회를 생각하고 이해하며 따르기를 거부한다면, 그때에 우리들은 어리석게 될 것이다. 왜냐하면 하나님은 우리들에게 앞으로 올 것을 볼 수 있고, 그것이 도래하는 방법을 이해할 수 있도록 하나님께서 우리들에게 빛의 길들을 계시하는 것을 시작하기 때문이다. 따라서 우리들은 하나님께서 확실하게 인도하는 어디에서든지 하나님의 발자취를 따르며, 그리고 이곳 저곳에서 빛을 발하는 빛의 여러 광선들이 어떻게 빛의 아버지이신 하나님의 호의에 의하여 한 중심으로 모일 수 있는가를 생각해야 한다. 빛의 아버지이신 하나님께서 등불을 밝힐 때마다 빛을 감추시는 것이 아니라, 집안에 있는 사람들을 위하여 촛대 위에 밝혀 둔다. 그때에 촛대가 하나님의 집에서 빛을 밝히고 순수하게 지키는 노력을 다하는 하나님의 친구로서 역할을 한다; 이 빛들이 더욱 더 많고 위대할 수록, 그는 더욱 더 충분히 이러한 역할을 감당하게 된다.

6 그때에 우리들은 하나님을 기쁘게 하며 세상을 유익하게 하는 과제를 과감하게 시도할 수 있다. 우리들은 항상 피상적으로 보아 생소한 일을 비난하는 습관을 가진 사람들의 불평에 주의를 기울이지 말아야 하며, 그리고 이러한 경우에는 "지혜가 너의 도움을 기다리는가?" 라고 확실하게 말할 수 있어야 한다. 왜냐하면 우리들의 대답은 지혜는 항상 우리의 도움을 기다리며, 기다리되 끝까지 기다릴 것이기(잠언 1장 20절과 그밖에 다른 구절) 때문이다. 비록 그 지혜가 늦게 도래할지라도, 우리들은 결국에는 실수로 인하여 확산될 수 있는 미궁(迷宮)이 스스로 밝혀져서 더 많은 오류와 실수 (가능한

모든 종류의 실수들로부터)에서 벗어나게 될 법칙과 원리들을 한데 모으게 될 것이다.

7 만약 사람들이 "사람들의 마음에 비추어 변화시킬 진리의 광선을 발하는 것이 인간의 기술 안에 있는 것인가?"라고 말한다면, 그 대답은 "사람들의 마음을 비추는 것은 빛의 아버지의 임무이다"라고 할 것이다: 그러나 그것이 기적과 같은 수단에 의해 성취될 것을 기대할 만한 이유가 되는가? 동시에 우리들은 하나님께서 주신 수단을 받아들여 검증하고 증진해야 하지 않는가? 실제로 우리들은 하나님의 도움이 없는 인간의 노력은 전적으로 헛된 것이라는 것을 알고 있다: 그러나 인간의 노력들이 하나님에 의해서 증진될 때 헛되게 되지 않는다. 우리들은 하나님의 역사(役事)의 유일한 과정에 의해서 가르침을 받아 왔으며, 하나님께서는 그의 내적인 활동을 증진하면서 외적인 수단을 활용하는 데 익숙하여, 그 이전에 파견한 사자(使者)들의 수고로 그 자신이 도래할 목적을 위해 길을 준비하고 있다.

8 그렇다면 결론은 명백하다: 만약 어떠한 사람도 하나님께서 인간에게 봉사할 능력이나 영감을 가지고 있다는 것을 믿는다면, 하나님께서 주시는 도움을 거부하지 말아야 하는 것이다. 그리고 하나님이 미워하는 어두움에 대항하여 싸울 때 빛의 아버지에게 우리들의 도움을 요청할 목적과 소망을 가지고 우리들은 빛의 속성을 탐구할 것을 시도할 것이며, 그때에 우리들은 빛의 길을 가르치는 기회를 곧 그러한 길들로부터 도출할 수 있게 된다.

제 8 장
빛과 어두움의 형태

빛이란 무엇이며, 빛의 형태는 얼마나 많은가? 빛과 반대되는 어두움은 무엇이며, 그 형태는 얼마나 많은가?

1. 일반적으로 빛은 사물들 위에 확산하며 사물들을 분명하게 드러내어, 결과적으로 사물들의 위치와 동작(動作)을 형성하고, 다른 사물들과의 거리와 다른 사물들과의 비교를 분명하게 나타낸다고 생각된다.

2. 반대로 어두움은 사물들을 감싸고 숨기며 몽롱하게 하여, 결과적으로 우리들은 주위를 둘러싸고 있는 것들과 그 종류나 크기들과 더욱이 사물들이 각각 다른 사물들과 어떻게 관계를 맺고 있는 것 등을 알 수 없게 한다.

3. 따라서 양자는 서로 상반되는 것으로 반대의 속성과 행위를 나타내는 것이 분명하다. 왜냐하면 빛은 그 자체와 다른 사물들 두 가지를 밝게 드러내며, 명상을 위해 그 사물들을 펼쳐 보이며 공개적으로 제공하는 반면에, 어두움은 그 자체와 다른 사물들 양자를 거두어 들이고, 감싸며 또한 숨기기 때문이다. 그러므로 빛으로부터 사물들의 지식이 생기고, 어두움으로부터 아무 것도 알지 못하게 된다. 빛은 우리들이 관찰하는 사물들과 자신들의 영혼(spirits)에게

기쁨과 즐거움을 주지만, 어두움은 슬픔과 근심을 안겨 준다. 빛은 생명의 형체를 가지고 있지만, 어두움은 죽음의 형체를 나타낸다. 그러므로 성경은 "빛은 실로 아름다운 것이라 눈으로 해를 보는 것이 즐거운 일이로다"(전도서 11장 7절)라고 언급하고 있다.

4 빛도 어두움도 한 가지 종류가 아니다. 하나님의 신탁에는 실제로 세 가지 종류의 빛이, 그것이 세 가지 종류의 어두움에 의해 훼손되거나, 혹은 분명하게 밝은 빛을 나타내고 있든지 간에, 선포되어 있다. 그 빛은 결과적으로 영원한 빛, 외면의 빛과 그리고 내면의 빛으로 되어 있다.

5 영원한 빛은 인간의 감각에 의해 접근될 수 없는 영광이다; 하나님께서 그 안에 거하시며(디모데전서 6장 16절), 하나님께서는 빛 안에서 그 자신을 모든 행복의 근원과 그리고 그의 외부에 존재하며 존재할 수 있는 모든 사물들의 원리들 양자를 명상하신다; 하나님께서 빛 안에서 생명과 행복을 영원토록 기뻐하신다. 이 빛 안에서 하나님의 모든 피조물들은 그의 은사에 의하여 아름다운 환상으로 그를 명상하며, 하나님 안에서 종말이 없는 기쁨의 충만을 즐거워하면서 해야할 몫과 할당을 부여받는다. 이러한 영원한 빛에는 하나님의 빛의 근원이 자리를 잡지 못하게 하는 상반된 영원한 어두움이 있다(왜냐하면 하나님은 빛이며 그 안에는 어두움이 없기 때문이다. 요한일서 1장 5절). 그러나 피조물들이 하나님과 바른 관계를 맺게 되어있다 할지라도, 만약 그것들이 그의 빛을 차단하게 되어 어떠한 광선도, 최소한 그의 빛이 빛나는 것을 영원히 볼 수 없게 된다면, 남아 있는 것은 공포와 분노의 심연만이 남아 있게 된다(시편 49편 20절: 마태복음 25장 30절).

6 외면의 빛은 우리들의 육체가 지각할 수 있는 밝은 빛이다: 외면의 빛에 의하여 하나님은 자연세계에 나타난 이러한 그의 현장을 비추어 왔다. 그 빛은 하늘의 별들에 의하여 그리고 본래적으로 태양에 의하여 세상을 비추고 있다. 창조자가 이러한 빛들을 빛나게 하기 이전에는 모든 생명체와 운동과 그리고 형태가 갖추어 있지 않은 무형의 공허와 거대하고 굉장한 심연만이 있었을 뿐이었다. 그리고 그 빛이 그 자체의 길을 나타내지 못할 때마다 모든 것이 마치 땅의 깊숙한 내부와 밤에는 외부의 표면과도 같이 어두움에 묻혀 있었기 때문에, 그와 같은 곳에서는 어떠한 즐거움도 남아 있지 않았다.

7 내면의 빛은 이성적인 피조물들의 마음속에서 밝아오는 밝은 빛으로서 그 피조물들의 모든 부분들을 조명하며 그 자체의 길로 인도해 간다. 이 빛은 다시 인간의 세 가지 내적 부분들, 즉 지성, 의지, 애정에서 밝은 광선을 드러낸다.

8 지성에서 밝히는 빛은 사물들의 합리적 지식이다. 만약 한 개인이 그 빛에 의하여 사물들의 진리를 따르며 내적인 이치들과 원리들을 명상할 때, 그는 영혼의 평온한 행복을 얻게 된다. 이 빛은 점점 타오르는 빛이기 때문에 지혜라 불리어 진다: 왜냐하면 그것은 존재하고 있는 모든 것의 참된 지식이며 현명하고 전체적인 빛의 활용을 나타내기 때문이다. 그리고 이 빛과 반대되는 어두움은 사물들의 무지이며, 실제로 마음의 무감각한 혼란으로부터 오는 어두움이다. 혹은 심지어 마음이 내적 충동에 의해 자극을 받아 여기 저기로 방황하며 서두르고 있지만, 그 마음은 어떤 방향이든지 아무런 진척도 이루지 못하고, 오히려 어떠한 장해물도 극복하지 못한 채, 바위나 파손된 틈 사이에 걸려 떨어지거나 마침내는 사라져 버리게 된다.

9 내면의 빛의 두 번째 발달은 의지 안에서 발견된다. 만약 한 사람이 의지에 의해서 사물들의 선함을 추구하여 그 달콤함을 맛보게 된다면, 그의 즐거움을 위해서 거룩하고 청결한 사물들을 소유하기 된다. 그리고 빛과 반대되는 어두움은 마음의 불결을 나타낸다: 성경에서는 마음이 불결하게 더럽혀진 사람들은 그들의 기쁨을 어두움의 활동에서 찾고 있기 때문에, 그들을 어두움의 자식들이라고 부른다.

10 내면의 빛의 세 번째 발달은 양심, 혹은 애정에서 발견된다. 애정은 진리를 알고 거룩하게 분별하는 의식으로부터 도래하는 마음의 평화와 행복으로 이루어진다: "의인을 위하여 빛을 뿌리고 마음이 정직한 자를 위하여 기쁨을 뿌렸도다"(시편 97편 11절). 이러한 빛과 반대가 되는 어두움은 거짓과 나쁜 의지를 인정하는 마음의 고통이며, 이러한 고뇌는 지옥의 영원한 어두움을 미리 경험하는 일이다.

11 우리들이 사람들에게 어두움의 모든 유형들을 인정하고 반대하도록 가르치기 위해서는 무엇보다 먼저 지성적 빛의 길들을 찾아야 할 것이다. 왜냐하면 만약 이러한 빛이 청결하게 활활 타올라서 의지에 앞서 횃불을 들게 된다면, 그 빛은 의지로 하여금 빛을 따르게 하며 애정에 평화가 오게 하기 때문이다. 그러므로 우리들은 그리스도의 그러한 말씀에서 "네 몸의 등불은 눈이라 네 눈이 순전하면 온 몸이 밝을 것이라"(누가복음 11장 34절)라는 교훈을 얻게 된다.

12 그러면 우리들은 우리들의 탐구를 유도하는 외면의 빛에 의하여 지성적 빛의 길들을 탐색할 것이며, 외면의 빛은 감각기관을 그 길로 삼고 내면의 빛을 조화와 관계성으로 보존

하게 된다: 우리들은 우리의 연구에서 제외할 영원한 빛을 현재에 우리들이 접근할 수 없는 것으로 남겨 둘 것이다.

13 반면에 다음 공리(公理)들을 분명하게 언급해 둘 것이다:

(i) 보다 큰 세상이 빛의 아버지에 의하여 볼 수 있는 빛으로 준비되어 있는 것과 같이, 보다 작은 세상, 즉, 인간의 세상도 또한 그 빛으로 갖추어 있다.

(ii) 세상의 빛이 그 것과 반대되는 어두움을 가지고 있는 것과 같이, 마음의 빛도 또한 어두움을 가지고 있다.

(iii) 세상의 빛이 모든 감각기관의 대상들 가운데서 밝아지는 것과 같이, 마음의 빛도 영혼의 다른 재능들 가운데서 밝아지며 그것들을 능가한다. 왜냐하면 세상의 외면의 빛이 없이는 세상의 어떠한 아름다움(美)도 존재하지 않는 것처럼, 마음의 빛이 없이는 어떠한 아름다움도 지각될 수 없고, 경이로운 하나님의 모든 솜씨도 아무런 증거 없이 남아 있을 수 있기 때문이다. 여러분이 세상으로부터 빛을 빼앗길 때, 여러분은 또한 온화함과 운동을 빼앗기게 되며, 운동에 의해 존재하고 있는 모든 사물들과 함께 모든 사물들의 발생과 그 발생으로부터 생긴 모든 사물들의 다양한 형태와 생명도 빼앗기게 될 것이다. 그러므로 만약 여러분들이 마음으로부터 지성을 빼앗긴다면, 마음에 사물의 형상과 형태가 비어 있기 때문에, 또한 마음을 빼앗기게 된다. 끝으로 만약 여러분들이 선한 양심과 마음의 기쁨을 빼앗기게 된다면, 가장 부정한 혼돈의 혼란만이 남겨진 것을 알게 될 것이다.

제 9 장
빛과 어두움과의 투쟁

빛과 어두움 사이의 지속적인 투쟁에서 빛의 최종적인 승리와 환희가 올 때까지 서로가 번갈아 가며 얻기도 하고 잃기도 한다.

빛과 어두움은 상반되고 서로 각각 모순되기 때문에, 양자는 서로 상대방과 함께 전투(戰鬪)에 임하게 되지만, 보다 강한 힘을 가진 전투요원이 보다 약한 자, 즉 빛이 어두움을 틀림없이 지배하게 된다. 왜냐하면 빛은 적극적인 것이어서 진실 되고 참된 활동을 시작함으로써 강력한 영향력을 행사하는 반면, 어두움은 다만 빛의 결여(缺如)에 불과하기 때문이다. 그러나 존재의 발아(發芽)의 가능성을 소유하고 있는 결여 혹은 비존재(非存在)는 가능한 한 존재의 속성을 모방(模倣)하고 있다. 다시 말하면, 어두움은 그 자체를 사랑하고 동경하며, 변호하고 보존하며, 스스로 싸우기도 하고, 그리고 반대되는 무엇이든지 미워하고 회피하며, 혹은 만약 전적으로 회피할 수 없을 때, 서로 마주 싸우기도 하고 그 자체의 주입(注入)에 의하여 빛의 밝음을 가능한 한 희미하고 흐리게 한다.

2 그때에 빛과 어두움 사이에서 전쟁이 끝나지 않고, 서로 각각 특별하고 고유한 독점(獨占)을 획책하기 위하여 노력한

다. 우리들은 외부의 빛과 어두움의 사례에서 어떻게 이러한 일이 발생하는지를 살펴보면서, 실례(實例)로 내부의 빛에 관하여 보다 쉽고 정확하게 판단할 수 있을 것이다.

3 하나님께서 이 세상을 위해 최초의 빛을 밝히기 이전에, 비록 생명의 영(靈) (그리고 곧, 그 영이 모든 사물들과 생명의 씨앗들을 조성하는 형성적인 힘에 더하여)이 세상의 물질 속에 이미 스며들어 가 있었다할지라도 (창세기 1장 2절), 어두움이 모든 사물들을 덮고 있었다. 그러나 이 빛이 그 어두움의 가운데에서 밝혀져 깊은 수렁에서 운행(運行)하면서 안개와 같은 증기(蒸氣)와 증발(蒸發)에 강력한 영향을 주기 시작하면서, 그리고 그것들을 매우 신속히 청결하게 하였기 때문에, 첫째 날에 빛에 의하여 완전한 운행이 이루어지게 되었다. 둘째 날에는 넓은 창공(蒼空)의 모습이 맑고 깨끗하게 나타났다. 우리들은 그것을 하늘 혹은 공기, 다시 말하여, 넓은 공간의 빛의 자리(場)라 부른다. 어두움이 물러갔으나 공중에는 어두운 그림자들이 빽빽하게 드리워져서 세상물질의 다양한 부분과 그 배후에서 빛의 자리대신에 어두움의 자리를 차지하기 시작하였다. 왜냐하면 물과 땅은, 본래의 자리에서 제한된 공간으로 단축되어 존재하게 되면서 요구하였던 것만큼 이렇게 단축된 물질과 혼돈의 정도로 어두움에 빼앗기게 되었기 때문이다. 따라서 우리들은 오늘날까지 이 정도의 확증된 물질만을 차지하고 있다.

4 모든 전체적인 물질의 내부들에서부터 빛이 완전하게 차단되어 몽롱하고 불투명한 것에 침투할 수 없기 때문에, 우리들은 이것을 적절한 표현으로 어두움, 다시 말하여, 전반적인 빛의 부재(不在)라고 부르고 있다. 만약, 그때에, 여러분들이 이러한 어둡고 불투명한 것에 빛을 옮겨온다면, 그 빛은 실제로 어두움의 표면을 밝

게 할 것이지만, 빛이 비취는 면에서만이 밝게 될 것이다. 그러한 이유로 인하여, 빛이 세상을 온전하게 비추어 줄 수 없기 때문에, 어두움이 그 반대쪽을 요구하고 있다. 그리고 이러한 위치에 자리잡고 있는 어두움을 그림자라는 특별한 이름으로 부르게 된다. 만약 여러분들이 그 위치로부터 그림자를 몰아 낼 목적으로 빛을 밝히게 된다면, 그림자는 차례대로 그 위치를 변경하지만 완전하게 없어지지 않고 그 반대쪽으로 남아 있게 된다.

5 그러므로 그림자와 어두움은 세상에서 완전히 제거될 수 없다; 그것들은 빛에 따라 위치만을 변경할 뿐이다. 빛이 비취는 곳마다 어두움이 그 자리를 양보하고, 빛이 없는 곳마다 즉시 어두움이 그 뒤를 따라온다. 우리들이 아침의 여명과 저녁의 황혼이라고 부르는 그 시점을 제외하고 양자사이에 그 무엇도 도래하거나 올 수 있는 것이 없다. 그러므로 빛은 가장 밝게 중심점이나 중앙에, 그리고 어두움도 마찬가지로 가장 깊게 그 중심점에 오게 된다: 그때에 광활한 땅에는 빛과 어두움이 혼합하여 빛이 양보할 때마다 어두움이 깔리고, 빛이 어두움의 심장에 보다 맹렬하게 침투할 때에 빛이 지배하면서 서로 경합을 벌이게 된다. 왜냐하면 어두움은 빛의 침투를 거역할 수 없으나, 빛이 사라질 때 빛의 자리를 차지할 수 있기 때문이다. 우리들은 낮과 밤의 교차(交叉)와 연속에서 이러한 일이 계속 진행하는 것을 목격할 수 있다.

6 이러한 관계들이 인간의 마음의 빛과 어두움으로 사로잡고 있다. 하나님께서 마음을 창조하였을 때, 그는 마음속에 모든 종류의 지식의 씨앗을 심어 주었다. 우리들은 이 씨앗들을 내재적인 능력, 자연의 섬광(閃光), 자연적 빛의 부싯돌 등의 명칭으로 알고 있다. 그러나 이 부싯돌이 불을 붙일 수 있기 전에는 필연적으로 어두

움(우리들이 모든 것을 알지 못하는 유아들 속에서 볼 수 있는 것과 같이)이 인간 마음의 심연에 깔려 있다; 그러나 이 어두움이 실제로 빛이 일어날 때 먼저 걷히게 된다. 왜냐하면 감각기관의 도움으로 다양한 관찰들에 의해 다양한 사물들(예를 들어, 부싯돌 위에서 강철을 치는 것)과 관계를 맺게 되기 때문이다. 불꽃이 일어나서 점점 화염(火焰)으로 피어날 때, 그것들이 마음의 어두움을 제거할 수 있으며, 물론 장애물의 전체가 즉시 없어지는 것이 아니기 때문에, 즉시 그 전체가 아니지만, 부분적으로 단계에 따라 제거될 수 있다.

7 이러한 일은 우리들의 마음에서 무지의 어두움이 빛의 지식과 인지와 대항하여 싸우는 이유로 발생한다: 여기에서는 어두움이 약화되고 희박하게 되지만, 거기에서는 다시 어두움이 한데 모여 짙어져서 빛을 혼미하게 감싸게 된다. 그러므로 하나님께서 이 세상에서와 같이 우리들의 마음속에서 모든 어두움을 제거하고 땅을 하늘과 같이 밝게 하여 그의 선택을 위해 마음의 눈으로부터 모든 베일을 제거할 시간이 올 때까지, 한가지 부분이 밝게 비쳐지면 다른 쪽이 희미해지는 것을 발견할 수 있다. 그리고 하나님의 가장 거룩한 신탁이 세상과 우리들의 마음의 축복이 미래의 생활에 내려질 것이라고 예고하고 있다.

8 지금까지 본 장(章)에서 입증된 몇 가지를 함께 살펴보자:
(i) 인간의 마음의 상태는 세상이 처해 있는 조건과 같다: 하나님께서 우리들에게 영원히 주시기를 원하는 모든 것들을 비존재의 심연에서 존재의 안정에 이르기까지 인도하기 때문에 마음은 어두움으로 시작하여 빛으로 끝난다.

(ii) (태초의 어두움과 끝 날의 빛)의 경계사이에 놓여있는 그 무엇이든지 이 두 가지 요소들로 구성되어 있으며; 그리고 빛이 어두

움을 몰아낼 때까지 빛과 어두움 사이에는 항상 갈등이 있으며, 그리고 있을 것이다.

(iii) 빛은 어두움을 몰아낼 힘을 가지고 있지만 어두움은 빛을 몰아내지 못한다. 왜냐하면 빛이 비추이는 무엇이든지 거기에서 그림자가 희미해지며 사라지기 때문이다; 그러나 다른 한편 어두움은 빛을 몰아낼 힘을 가지고 있지 못하다.

(iv) 결과적으로, 세상에서나 마음에서 어두움이 세력을 얻게 될 때마다, 빛이 그 터전을 잃고, 다시 말하면, 어두움에 양보하여 확실하게 활동하는 데 실패함으로써 그러한 일이 발생하게 된다.

(v) 따라서 빛이 어두움과 대면하여 항상 승리하는 것이며, 경험이 증거하는 것과 같이, 모든 실수는 진리를 발견하기 위한 기회를 제공한다.

(vi) 그러므로 만약 빛이 일관성이 있게 그리고 줄기차게 그 광채를 확산하는 일을 계속한다면, 어두움은 숨겨질 자리를 찾지 못하고 그 자리로부터 사라지지도 못하게 될 것이다.

(vii) 그때에 빛의 속성을 지속적으로 탐구하는 우리들의 과제만이 남게 되고, 그리고 우리들이 할 수 있는 한, 그 빛이 가장 가깝게 접근할 수 있는 것으로 강하게 확산되어 스며들고, 침투할 수 있는 길들을 찾으며, 마침내 어두움의 왕국을 공격하여 그것을 정복하고 하나님의 도움으로 빼앗을 수 있다.

제 10 장
빛의 확산의 길

빛이 생겨서 널리 확산되는 빛의 길들에 관하여.

여러분들은 빛이 확산되는 길을 알고 있는가? 하나님께서 욥에게 그의 마음속에서 발견하는 일에 실망하지 말고, 오히려 탐구하는 열망을 자극하도록 요청한다. 왜냐하면 같은 책에서 하나님께서 고래를 잡는 일이 불가능하다는 것에 관하여 말하며 인간의 생각으로 땅의 깊이를 측정할 수 없다는 것을 보여 줄 때, 그리고 그 밖에 다른 책에서도 다시 그가 별들을 숫자로 셀 수 없다고 말하며 유사한 사실들을 설명할 때, 그는 그러한 일은 난해한 일이지만 인간의 노력과 기업이 이러한 문제들을 해결하려는 진일보를 이미 나타내고 있어서, 제시된 이러한 과제들은 실제로 불가능하지 않다는 것을 보여 주고 있기 때문이다. 우리들이 북쪽을 항해함으로써 갈고리(낚시)로 고래 잡는 법을 발견하였으며, 지리학자들은 땅의 원을 그려서 땅의 깊이를 측정하는 법을 알아냈으며, 천문학자들은 인간의 눈으로 지각할 수 있는 별들(왜냐하면 하나님께서 아브라함에게 보여 주었던 별들은 볼 수 없기 때문에)을 가시거리 내에서 셀 수 있는 법을 발견하였기 때문이다. 그리고 광학기술자들이 빛의 길들에 관하여 이미 익혀 왔던 것은 쓸모 없는 것이 아니다. 왜냐하면 그들은 우리들에게 수학적인 정확성으로 빛의 범위와 혹은 빛에 의하여, 빛 안에서 활동하고 있는 것(내가 이미 빛의 속성과 본질에 관하여 언급했던)을 제시하여, 우리들의 정보와 지식에 대해 의심의 여지를 남겨 놓지 않았기 때문이다.

2 그러면 우리들이 외부의 진리의 길들에 관하여 이미 구분하여 왔던 것으로부터 그리고 그 길들을 내부의 진리와의 비교로부터 우리들이 정립하고자 하는 과학의 기초들을 얻을 수 있는지를 살펴보자. 자연은 우리들에게 예술에 이르는 길들을 지적하고 있는 것과 마찬가지로, 예술도 우리들이 원하는 절차에 이르는 길들을 제시한다. 그렇지만, 우리들은 빛의 속성과 관련된 모든 문제들을 설명할 수 없을 것이다(왜냐하면 그것이 현재의 우리들의 작업이 아니기 때문이다). 그러나 우리들은 직접적인 탐구에 공헌할 유일한 것들을 몇 가지 정리(定理)로 제시하여 수학적인 방법으로 가능한 정확하게 그것을 증명할 것이다. 그러나 만약 우리의 연구들이 상도(常道)에서 약간 벗어나게 될지라도, 빛의 명상은 그와 같이 중요한 문제이기 때문에, 그 문제에 약간의 시간을 할애하는 어려운 일로 지성적 마음을 싫증나게 하는 일은 없어야 하며, 따라서 그렇게 해왔던 일이 그 마음에 후회의 원인이 될 수 없다.

정리 I

3 빛은 그 자체 내에 빛을 밝히는 주체와 빛을 발산하는 객체와, 그리고 그 빛이 관통하는 중간매체를 가지고 있다─(그러므로 낮의 빛은 태양으로부터 공기를 통과하여 땅에 비춰진다: 같은 이치로, 모든 다른 빛은 빛을 발산하는 물체로부터 투명한 모든 것, 혹은 밝은 물체를 통하여 불투명한 모든 것을 향해 비춰진다). 그러므

로 지성의 빛인 지식도 사물들로부터 감각기관을 통하여 마음속으로 들어오게 된다.

4 추론(推論) I. 그러면, 자연의 빛에는 세 가지 물체들이 있으며 이것들은 빛을 주는 것, 빛을 전달하는 것, 그리고 불투명한 물체들로 구분된다(빛을 주는 근원을 떠나서는 빛이 발산하지 못하고, 빛을 전달하는 요소가 없이는 빛의 통과가 있을 수 없으며, 그리고 불투명한 것, 혹은 빛을 받아들이는 요소가 없이는 빛의 흐름이 없게 된다). 그러므로 사물들이나 감각기관들, 혹은 마음이 결여된 곳에는 지식의 빛이 있을 수 없다.

추론(推論) II. 빛의 전체적 속성은 통과하는, 다시 말하여, (어떤 것이 어떤 근원으로부터 어떤 매체를 관통하여 어떤 목적지에 이르기까지 통과하기 때문에) 동작으로 구성되어 있다; 그러므로 사물의 지식도 통과하는 것으로 그 통과에 의하여 부분적으로 알려진 것과 부분적으로 알려져 있지 않은 것을 마음에서 명상함으로써 알려진 것으로부터 미지의 것으로 이동한다.

추론(推論) III. 또한, 빛의 전체적 속성은 감각기관에 의해서 서로 분리되어 있는 사물들을 하나로 연결하는 일을 목적하고 있기 때문에, 그 사물들을 추구하거나 회피하는 일에 관하여 결정을 내릴 수 있다. 그러므로 사물들의 지식은 그 자체를 위해서가 아니라, 그것이 제공하는 이득과 즐거움을 위하여 추구된다.

정리 II

5 그때에 빛에는 통과하는 것이 있기 때문에, 그리고 통과하는 것이 있어서, 그것이 통과하는 것으로부터, 통과에 의하

여 통과하는 마지막 지점에 이르게 된다; 이러한 통과에는 일정한 모형들이 있다. 설명한다면, 통과하는 것은 태양의 광선들이다; 그것이 통과하는 근원은 빛을 내는 물체이고, 그것이 통과하는 요소는 투명한 매체이며, 그것이 통과하는 목표는 투명하고 광채가 나는, 혹은 불투명한 객체가 된다. 통과하는 모형들은 직접적이며 간접적인 것들이다. 그러므로 사물들의 지식에도 그 객체, 혹은 대상은 통과하는 사물들의 외형이나 형태들이다: 이것들이 통과하는 근원은 사물들 자체이고, 그것들이 통과하는 수단은 몸의 감각기관들이며, 그리고 그것들이 통과하는 목표는 마음이다. 마음의 한 부분은 관통하여 빛이 통과하도록 되어 있으며 그것에 아무런 주의를 기울이지 않는다: 다른 부분은 대단히 밝은 광채를 발산하는 빛, 즉, 관심과 판단을 하게 된다: 또 다른 부분은 불투명하여 빛을 분산하는, 즉, 그 자체의 목적을 위하여 빛을 발하며 신속하게 중진하는 지성을 분산한다.

6 정의(定義) (1) 광선은 빛의 형태이자 형상이다(만약 여러분들이 태양, 달, 촛불과 같은 빛을 발산하는 물체를 향하여 거울을 놓는다면, 거울에 나타난 빛을 발산하는 물체의 형상을 볼 수 있기 때문에 이것을 증명할 수 있다). 그렇다면 그러한 형상이 거울에 반사되었던 광선을 제외하고 어떠한 근원으로부터 올 수 있는가? 그리고 따라서 빛에 의해서 마음에 소개되어 알려지게 된 것과 마음에서 빛을 발하는 모든 것은 사물들의 형태이자, 혹은 형상이다.

(2) 빛을 주는 물체는 그 자체로부터 광선을 분산시키며 이러한 물체는 태양, 달, 별들, 촛불 등이다. 그러나 우리들은 빛을 주는 물체뿐만 아니라, 빛으로 채워져 있거나, 혹은 빛을 발하는 어떤 것도 그 자체의 빛의 힘에 의하여 광선을 발산한다. 왜냐하면 만약 어떠한 빛이 비춰진다면, 우리들은 빛 이전에 거울에 비춰진 모든 물체들을 볼 수

있으나, 만약 빛이 없다고 할 때 아무 것도 볼 수 없기 때문이다. 그렇다면 이러한 이유는 무엇인가? 그것은 빛으로 충만해 진 물체들이 광선을 발산하지만, 빛이 없는 물체들은 광선을 발산하지 못하기 때문이다.

(3) 투명한 물체는 광선들을 손상하지 않고 전달하는 물체이다. 그것은 공기, 물, 유리, 뿔, 배아(胚芽)등이다. 그러한 물체들의 다른 명칭은 맑은 것을 의미하는 희랍어 디아파노우스(diaphanous, 투명한)로 사용된다.

(4) 광채가 나는 물체는 광선들을 손상하지 않고 광선을 반사하고 그 물체로부터 광선을 내 보내는 물체이다. 평면을 가지고 있는 모든 거울들은 이러한 물, 기름, 광채가 나는 금속, 불투명한 것으로 된 유리등을 반사한다.

(5) 불투명한 물체는 광선을 훼손하며 멀리하거나, 혹은 오히려 광선을 돌려보내며 인접한 물체들 위로 광선을 분산시킨다. 이러한 일은 흙과 돌과 나무 등과 같은 단단하고 두꺼운 표면을 가진 물체들에 의해서 일어난다.[18] 또한 사람들의 마음이 진리의 광선에 여러 가지로, 그리고 일정하지 않게 반응하는 것도 마찬가지이다. 어떤 사람들은 나태하며 완만한 동작을 취한다; 그런 사람들은 확고한 이해를 얻지 못하며 무엇을 받아들인다고 해도 그것을 활용하지 못하고 지나쳐 버린다. 다른 사람들은 그들이 수용한 것을 환기하는 좋은 기억력을 가지고 있다. 또한, 그 밖에 다른 사람들은 그들이 수용한 것 무엇이

---

[18] 만약 어떤 사람이 태양광선을 한 가지 방법으로 관통하여 전체적으로 차단된 어두운 방으로 옮기게 된다면, 빛의 세 가지, 즉, 투명하고, 광채나며, 불투명한 대상의 영향은 그것에 관심이 있는 사람에 의해서 알 수 있게 된다. 왜냐하면 만약 광선이 반대쪽에 있는

든지, 즉, 원인과 결과에 관련이 있는 모든 것을 구분하며 검증하고, 그리고 모든 지식을 합리적으로 증가시킴으로 논증적이고 혹은 논쟁적인 마음을 가지게 된다.

(6) 직접적인 광선, 즉 직사광은 그것과 반대되는 물체의 표면 위에 수직적으로 비취게 된다. 불투명한 광선은 옆으로 비취게 된다. 대낮에 태양은 사람들의 머리 위에서 빛을 발산하며 직접적으로 사람들을 향하고 있다; 그러나 태양은 투명한 광선으로 지평선으로부터 빛을 발산하며 대상을 향하게 된다.

7 빛을 주는 대상과 광선에 관한 공리

(1) 빛이 관통하도록 빛을 주는 객체는 하나님께서 주신 하늘에 있는 해, 달, 별들이나, 혹은 인간의 기술로 만든 촛불, 횃불 등이다. 그러므로 마음에 빛을 주는 물체들도 또한 하나님께서 주신 것이나 혹은 사람들이 제공한 것들이다. 하나님께서 주신 물체들은 지성의 시야에 놓여있는 하늘의 등잔과 같이 걸려 있다:―(i) 세상과 세상에 속한 모든 것: (ii) 내재적인 관념으로부터 광선을 발산하는 인간의 마음―그러한 이유로 솔로몬은 그것을 하나님의 등잔이라 부른다 (잠언 20장 2절 이하): (iii) 또한 솔로몬이 "율법은 빛이다"(잠언 6장 23절)라고 말한 것에 관하여 서술한 방법이 있다. 인간이 창안한 횃불은 인간의 예술작품이며 인간의 천재성에 의해 서술된 책들이다;

벽을 관통하게 된다면, 틈 사이에 있는 공기가 관통하면서 섬광을 전달하고, 그리고 방 속에 아무런 흔적도 없이, 즉, 어두움을 분산시키지 않고 섬광을 발산하기 때문이다. 만약 광선이 거울에 비취게 된다면, 여러분들은 반대쪽 벽에 반사된 태양의 형상을 보게 될 것이다: 끝으로, 만약 동일한 광선이 벽이나, 혹은 다른 굴곡이 있는 표면에 비취게 된다면, 그것이 다시 되돌아 와서 방 전체에 빛을 발하게 할 것이다.

그러나 인간의 저술들과 창조들은 우리들의 등잔이 하늘의 빛보다 열등한 것과 같이 하나님의 것보다 더욱 열등하다.

(2) 빛을 주는 물체 안에 있는, 그리고 그 물체의 한 부분이 되는 무엇이든지 정도의 차이가 있겠지만 역시 빛을 주고 있다. (태양과 촛불은, 비록 어떤 부분들이 그림자로 드리워 있어서가 아니라, 다른 부분들보다 빛을 덜 발산하기 때문에, 태양자체에서 검은 반점(斑點)을 발견할 수도 있지만, 전체적으로 가장 미세한 분자들을 통하여 빛을 낸다.) 같은 이치로, 하나님에 의해 세상에, 마음에, 혹은 성경에 서술되고, 언급되고, 영감을 주는 모든 것은, 비록 그 진리가 어떤 부분에서는 다른 부분들에서 보다 더욱 명백할 수 도 있지만, 진리인 것이다. 함께 연결된 이러한 모든 것은 각기 서로를 밝혀 주며, 또한 완전하고 보편적이며 그리고 진실 되게 밝은 광채를 발산하는 한 가지 빛만을 만들어 낸다.

(3) 빛을 주는 모든 물체는 광선을 발산한다. (이것은 "빛을 주는 물체"의 정의를 통해 확증된다.) 그러므로 진실한 모든 것은 그 자체가 발산하는, 그리고 그것에 의해 알려질 수 있는 개념이나 형태를 가지고 있다.

(4) 빛을 주는 모든 물체는 항상 광선을 발산한다. (다시 말하면, 광선은, 어떤 사람이 유의하든 혹은 하지 않든지 간에, 계속적으로 끊임없이 빛을 주는 물체로부터 발산한다. 그러므로 태양도, 그것이 태양으로 존재하는 한, 그리고 모든 불꽃도, 그것이 계속하여 타고 있는 동안, 광선을 발산하지 않을 수 없다. 따라서 모든 사물들의 진리는 그 특징과 활동과 반응을 통하여 스스로 계시한다.

(5) 빛을 주는 모든 물체는 모든 방향으로 광선을 발산한다. (우리들이 공리 2에서 살펴 본바와 같이, 빛을 주는 물체에서 그 자체가 빛

을 주지 않는 분자는 있을 수 없다. 따라서 빛을 주는 물체, 예를 들어, 태양으로부터 발산하는 광선은 단 한가지가 아니라, 결과적으로 무한수(無限數)의 광선을 발산한다.) 그러므로 진실한 모든 것은 전체로 뿐만 아니라, 최소한의 모든 부분들을 통하여 그 자체를 진실하게 계시한다.

(6) 어떤 물체가 빛을 주는 특성을 많이 가지면 가질수록 더 많은 광선을 발산한다. 그러므로 달보다 더 많은 빛을 주고 있는 태양은 더욱 밝은 광채를 발산하고, 별들보다 더 큰 달은 그 자체 보다 큰 표면과 더욱 많은 양의 광선을 가지고 있기 때문에, 더 밝은 광채를 발산한다. (왜냐하면 물체는 더욱 강력한 광선을 발산함으로 더 많은 양의 빛을 발산하기 때문이다.) 따라서 진리는 본질적으로 (다른 사물들보다) 더욱 진실하기 때문에 마음에 각인(刻印)되고-그러한 종류의 진리는 물리적인 실험에서와 마찬가지로 더욱 많은 통로에 의해 우리들의 감각기관에 들어오기 때문에, 우리들의 공통된 개념들이 된다.

(7) 모든 광선은 일직선을 따라 전달된다. 그리고 불투명한 물체가 그 광선을 차단할 때마다 광선은 예리하게 굴절하게 된다. 우리들은 모든 그림자 안에서 이러한 현상을 관찰한다; 그림자는 광선이나 광선들을 차단한다. 왜냐하면 광선을 발산하는 빛을 주는 물체와, 광선을 차단하는 불투명한 물체와 광선들이 도달하지 못하게 하는 그림자가 낀 혹은 어두움이 가린 물체들은 항상 동일한 직선에서 발견된다. 그러므로 진리의 광선은 그것이 각인이 되는 마음을 향해 직접적인 과정을 만든다; 그러나 그 광선은 진리와 마음사이의 장벽으로 나타나는 거짓에 의하여 차단되기도 한다.

(8) 어떠한 광선도 무한대로 확장하지 못하고 가능한 범위에서 확장한다. (이것은 그 규모가 적은 것이기 때문에 비교적 가느다란 광선

을 발산하는 별들에서 증명된다: 이 광선들은 천문학자들의 기구의 도움이 없이는 볼 수 없다. 그러므로 만약 밤에 촛불이 완전히 넓은 공간에서 비춰질 때, 그 광선들은 가깝게 서 있는 사람들에게 더욱 쉽게 도달하게 되지만, 약간 멀리 떨어져 있는 사람들에게는 어렵게 비춰지며 매우 멀리 있는 사람들에게는 전혀 이르지 못한다; 즉, 그 촛불은 그 사람들에게 광선으로 닿을 수 없게 된다. 그러므로 진리의 광선들도 만약 너무 멀리 떨어져 있게 되면 볼 수 없게 된다. 왜냐하면 만약 한 물건이 그렇게 멀리 떨어져 있어서 나에게 지각될 수 없다면 어떻게 영향을 줄 수 있는가?)

(9) 광선이 빛을 주는 물체에 가까이 있으면 있을수록 그것은 더욱 강하게 발산한다; 그 광선이 빛을 주는 물체와 멀어지면 질수록 거리의 정도에 비례하여 더욱 약하게 된다. (이것은 곧 다음에 제시할 공리를 따른다; 빛은 그 자체의 근원에서 가장 많은 광채를 발하기 때문에, 광선이 그 근원으로부터 떨어져 있게 될 때에 더욱 약하게 된다. 이것은 빛에서 멀리 떨어져 있는 거리에서 촛불의 도움으로 책을 읽는 사람들은 정도에 따라 다양하게 빛의 도움을 받는 이유가 된다. 왜냐하면 빛으로부터 한 발짝 거리에서 책을 들고 있는 사람은 두 발짝 떨어져 있는 사람보다 두 배의 빛의 양을, 세 발짝 떨어져 있는 사람보다 세 배의 빛의 양을, 그리고 네 발짝 떨어져 있는 사람보다 네 배의 빛의 양을 가지게 되기 때문이다). 따라서 진리도 마찬가지로 가까운 정도에 따라서 더욱 분명하게 빛을 나타낸다.

(10) 빛을 주는 모든 물체는 그 광선을 원형의 구면체(球面體)로 발산한다. (다시 말하면, 빛은 모든 방향으로 그 광선을 발한다. 우리들은 이 사실을 밤에 방에 켜진 촛불에 의해서 증명할 수 있다: 그 촛불은 즉시 온 방안을 위에서 밑에서, 그리고 모든 방향에서 밝게 비춘

다.) 따라서 진리도 모든 방향으로 그 형태와 외형을 확산하여 지식을 갈망하는 모든 사람들이 함께 공유하도록 제공된다.

(11) 그때에 모든 빛은 활동을 위해 일정한 한 범위를 차지하고 그 범위를 넘어서 확산하지 않는다: 빛이 크면 클수록 범위가 커지며, 빛이 적으면 적을수록 범위가 적어진다. (이것은 적은 빛이 작은 공간을 비추기에 충분한 반면에 보다 큰 빛이 큰 장소를 필요로 하는 이유가 된다. 왜냐하면 방을 비추기 위해서는 촛불이 충분하지만, 보다 넓은 장소를 밝게 하기 위해서는 많은 촛불이나 큰 횃불이 필요하기 때문이다. 세상을 밝히기 위해서는 태양이, 비록 그 용적이 거대하다고 할지라도, 충분하지 못하기 때문이다.) 따라서 명백한 진리의 문제들은 그 활동을 위해서 충분한 범위를 차지하고 있는 반면에, 비교적 불분명한 진리의 문제들은 보다 적은 범위를 가지고 있다. 그리고 큰마음은 많은 진리의 문제들을 필요로 하는 반면에, 보다 협소한 마음에는 적은 지식으로 차 있다.

(12) 광선은 그 자체의 범위 내에서는 결코 사라지지 않는다. (왜냐하면 그 광선이 투명한 물체에 의해 전달된다면 광선은 가능한 한 그 범위에 이르기까지 자유롭게 확산되며; 만약 그 광선이 반사된다면 사라지지 않고 다른 반대의 방향에서 길을 만들고; 만약 그 광선이 꺾어진다면 보다 작은 광선들로 분리되거나, 그 세력을 보다 많은 대상으로 옮겨가게 하기 때문이다.) 따라서 진리는 영원하다; 만약 사람이 진리를 소홀히 여긴다면 그대로 남을 것이며; 만약 그 진리를 이웃 사람에게 전달한다면 그에게 옮겨가게 될 것이며; 만약 그 진리를 분석하고 검증한다면 그것은 더욱 밝게 빛을 발하며 중대할 것이다.

8 맑고 투명한 것에 관한 공리

(13) 맑고 투명한 모든 물체는 광선들을 발산하고, 불투명한

모든 물체는 광선을 사로잡아 모아 둔다. (이것은 맑고 투명한 것에 관한 정의로부터 분명해 진다.) 따라서 진리는 우리들의 감각기관을 통하여 그 길을 만들고 있지만, 그 진리 자체를 지성과 기억속에 두게 된다. 왜냐하면 만약 코끼리가 나의 안목에서 멀어지게 될 때, 그 작은 인상은 안목에서 사라지게 되지만, 나의 지성과 기억으로부터는 없어지지 않기 때문이다.

(14) 맑고 투명한 매개체의 도움이 없이는 빛은 불투명한 대상을 통과할 수 없다. 같은 이치로, 진리도 감각기관의 길이 없이는 지성에까지 통과할 수 없다.

(15) 빛의 통과는 그러한 고체에 의해서가 아니라, 불투명체에 의하여 방해를 받는다. 왜냐하면 유리는 매우 단단하고 두껍고 굵은 물질이어서 맑고 투명하기 때문에 광선을 전달하게 된다. 따라서 진리가 지성으로 들어 갈 때 육체적인 특성을 가진 감각기관에 의해서 방해를 받는 것이 아니라, 그것들이 포화가 되어 방해를 받게 될 때, 전체의 물질이나 혹은 그러한 물질의 깨끗하지 못한 상태에 의해서 방해를 받게 된다.

(16) 투명한 물체들은 그 자체는 물론이지만 하물며 다른 물체들도 빛을 밝힐 수 없다: 그러나 그 물체들은 그 자체에 접근한 빛을 받아들이고 불투명한 물체에까지 전달한다. (이것은 자기 확증적 이다.) 따라서 우리들의 감각기관은 자연에 의해서 그 자체로부터 진리의 지식을 받아들일 수 있는 것이 아니라, 그 감각기관이 수용하여 지성에 전달한 사물들에 의해서 전달되어 지식을 만든다.

(17) 빛을 청결하게 받아들일 수 있는 투명체는 전체적으로 채색되지 않은 그 자체가 순수한 것이 되어야 한다. 따라서 감각기관도, 만약 지성에 진리를 청결하게 전달해야 한다면, 그 자체가 상반되는

풍문과 특징으로부터 순수하고 자유롭게 되어야 한다.

(18) 두 가지 형태인 투명한 매개체는 빛을 굴절시키며 사물들의 거짓 외형을 나타낸다. (예를 들어, 흐르는 물에 고정된 막대기가 서 있을 때, 그 일부는 공중에서 볼 수 있고 나머지는 물을 통해서 볼 수 있으므로, 실제로 그렇지 않지만 구부러지게 나타난다. 왜냐하면 물을 통해 볼 수 있는 부분은 공기 중에 있는 것보다 다른 색채로 보다 더욱 굵게 보이기 때문이다.) 따라서 사물들의 감지도, 만약 사물들로부터 직접 우리들에게 도래하는 것이 아니라 어떤 간접적인 교훈에 의해서 발생한다면, 일반적으로 곡해되고 현혹시키는 개념을 생산하게 된다.

(19) 그러므로 우리들이 빛의 굴절에 얻게 되는 무엇이든지 위치, 형태, 색채에서 왜곡되게 나타난다. (왜냐하면 그것이 실제의 것보다 높거나 낮은 위치에, 크거나 작게, 혹은 다른 색채로 보이기 때문이다.) 따라서 편견의 방법에 의해 도래하는 어떠한 지식도 곡해된 지식이다.

9 빛을 반사하는 광채가 나는 물체, 즉 사물들의 거울들에 관한 공리

(20) 모든 거울은 광선을 받아들이고 반사한다. 따라서 모든 집중의 행위는 수용된 진리를 지성에 각인 시킨다.

(21) 거울도, 만약 보다 강한 광선을 받아들인다면, 강한 것을 반사하고, 보다 약한 것을 수용한다면 약하게 반사한다. (우리들이 강하고 혹은 약한 광선을 의미하고 있는 것은 공리 8에서 분명하게 제시하고 있다.) 거울을 촛불의 폭 범위 내에 놓아둔다면, 여러분은 빛을 선택하는 방향에 따라 매우 강력하게 반사할 수 있을 것이며; 같은 거울을 몇 피이트 정도 옮겨 놓는다면, 반사가 더욱 약해지고 있다는 것을 목

격할 것이다. 따라서 우리들의 관심을 사물에 더욱 가깝게 집중하면 할수록, 그것이 지성에 더욱 많이 각인될 것이고; 관심을 적게 기울이면 기울일수록 지성에 대한 인상이 많이 각인 되지 않을 것이다.

(22) 어떠한 거울도 그것이 수용하는 것 이상으로 빛을 주는 물체, 다시 말하면, 빛을 주는 물체의 완전한, 혹은 부분적인 형상을 더 많이 반사할 수 없다. (예를 들어, 만약 태양전체가 거울에 광선을 보낸다면, 거울은 태양전체를 반사하지만; 태양의 절반만이 거울에 비쳐진다면, 그 절반만이 반사될 것이다.) 따라서 많은 사물들에 관심을 기울이고 제시하는 정도로 지성에 전달된다.

(23) 납작하고 평평한 거울은 한 사물의 평평한 인상을 준다 (크지도 않고 적지도 않은, 표면이 볼록하지도 혹은 오목하지도 않은 거울들이 있다.) 따라서 가능한 한 많은 관심을 집중한다면, 한 사물을 정당하게 평가하는 일을 위해 매우 충분하다.

(24) 볼록한 거울은 실제보다 작은 인상을 만든다. 따라서 사물들에 대해 부정확하게 기울여 진 관심은 사물들을 일시적인 방법으로 수용할 뿐이며, 따라서 사물들의 비중과 중요성을 이해하지 못한다.

(25) 깨어 졌거나 혹은 비뚤어진 거울은 곡해된 혹은 비뚤어진 사물들의 형상을 제시한다. 따라서 또한 여러 가지 대상들 중에서 산만하게, 혹은 사물들에 불균형하게 적용된 관심은 산만하고 불균형한, 그리고 곡해되고 터무니없는 개념들을 만들어 낸다.

10 빛을 차단하거나 저지하는 불투명한 물체에 관한 공리

(26) 불투명한 모든 물체는 빛의 광선을 잡아 둔다, 다시 말하면, 그 광선들이 앞으로 나아가는 것을 방해한다. 따라서 지성도, 진리가 지성의 한계를 넘어 더욱 침투해 가는 수단을 가지고 있지 않기 때문에, 그 자체 안에 진리를 잡아 둔다.

(27) 불투명한 모든 물체는 광선을 잡아 두고 있기 때문에, 광선들을 환원시켜 다시 빛이 되게 한다. (왜냐하면 광선의 모든 속성은 빛의 속성과 마찬가지로 운동 그 자체이기 때문에, 일정하게 고정시킨다는 생각으로 그대로 놓아 둘 수 없기 때문이다: 그것은 반사에서와 같이 분산되지 않고 다른 방향으로 발산하거나, 혹은 그렇지 않으면, 태양광선이 반향을 일으켜 분산된다고 언급했을 때와 같이 그 전체가 인접해 있는 다른 대상들에게 분산된다.) 따라서 지성도 진리가 그곳에 남아 있는 것과 같은 방법으로 사물들의 진리에 머물러 있지 않고, 교육에서와 같이, 그 진리를 다른 사람들에게 반사하거나, 혹은 곧 그 자체와 다른 사람들을 위해서 새로운 근원들로부터 새로운 교훈을 수집하여 지식의 빛을 증가시킨다.

(28) 빛이 광선들을 발산하여 불투명한 물체에 닿을 때마다 그 빛이 되돌아오거나 굴절된다. (이 문제를 연구하는 과학자들은 빛을 두 종류, 즉, 투사(投射)하는 빛(incident light)과, 굴절되는 빛(refracted light)으로 구분한다. 그 빛이 광선들을 분산시키는 불투명체에서 즉시 굴절시키는 광선으로부터 빛을 발할 때 투사한다고 하며; 그 빛이 다시 일정한 방향으로 어떤 불투명체에 부딪쳐서 빛을 비추다가 굴절되어 반사될 때 굴절되었다고 부른다.) 따라서 지성적 이해력은 사물로부터 직접 오게 되는 지성적 이해뿐만 아니라, 추리의 과정에 의하여 작용하는 것으로 구분되며, 그것은 즉시 차례대로 새로운 추리의 과정을 낳게 한다.

(29) 반사된 빛은 거의 투사하는 빛이 아니다: 만약 한 가닥의 빛이 다른 것과 함께 작용한다면, 그 전체는 어느 쪽 하나 보다 더욱 크게 작용하게 된다. (왜냐하면 여러분들이 한 권의 책을 읽을 때 그 책을 태양광선을 향해 놓게 된다면, 벽으로부터 반사된 빛이 책의 쪽들

을 비추게 하기 위해 책을 벽을 향해 놓을 때보다 확실히 더 많은 양의 빛을 얻을 수 있기 때문이다. 그러나 여러분들이 태양으로 투사한 빛을 벽에서 굴절된 빛과 합친다면 더 많은 빛을 가지게 될 것이다.) 따라서 즉각적으로 지각된 사물들로부터 도래한 지성적 이해는 추리로부터 도출된 어떤 추측이나 결론보다 더욱 분명하지만, 진리에 대한 다양한 방법으로 사물들의 지성적 이해력을 보다 확고하고 분명하게 하는 그 어떤 추리나 실험에 뒤지지 않는다.

(30) 빛이 많은 양으로 흘러 나갈 때 마침내는 그림자와 어두움 속으로 사라진다. 따라서 추리의 빛도 마찬가지이다: 그 추리의 빛이 경험과 감각기능으로부터 멀어 질수록 더욱 희미하게 된다. 그리고 우리들은 이러한 현상이 종교의 빛에서도 일어나는 것을 알 수 있다. 왜냐하면 사람들이 율법과 본유적인 개념들을 통하여 하나님으로부터 최초로 받아들여서, 다양한 방법으로 다양한 전통에 의하여 인류에게 전파된 하나님의 지식의 빛이 마침내 이방인들 가운데서 뿐만 아니라, 심지어 교회의 심장부에서까지 그림자로 사라지게 되었기 때문이다. 또한 사람들은 빛의 근원인 율법을 소홀히 하여 왔으며, 그리고 그들 가운데서 전통의 빛을 차용하여 변경시키면서 밝고 투사하는 빛과 더욱 멀리 떨어지게 확산시켰기 때문이다.

11 사물들의 조명(照明)에 관한 공리

(31) 빛이 발할 때마다 그 빛은 점점 확산한다. (예를 들면, 횃불이 불꽃으로부터 켜질 때―처음에 어두운 부싯돌에서 불꽃을 당겨 붙이면 타오르기 시작하고, 그때에 유황을 더하면 화염이 일어나서 마침내 횃불이나 소나무 통에 불이 피어나 밝게 타오르게 된다. 그리고 밤이 낮으로 바뀌게 될 때, 먼저 동이 터서 반쪽 햇빛이 떠오르고, 그후에 떠오르는 해의 광채가 나며, 마침내 떠오른 태양의 찬란

한 빛이 퍼지게 된다.) 마찬가지로 우리들이 확실한 지식이 터득되기 이전에 혼돈된 지식을, 분명한 지식 이전에 희미한 지식을, 그리고 마침내 정확한 지식의 발달단계를 통하여 지식이 풍부하게 밝혀진다.

(32) 빛은 그 올바른 길에서 대면하는 무엇이든지 볼 수 있게 한다. (빛은 그림자 쪽으로 비춰서 없어지게 하는 힘을 나타낸다). 마찬가지로 이성이나, 혹은 모든 것의 올바른 개념이 지성을 밝고 빛나게 하여 무지를 밝혀 준다.

(33) 빛은 접촉하지 않고는 그 자체의 길을 만들 수 없다 (바꾸어 말하여 빛은 광선으로 닿지 않은 어떤 것도 밝히지 못한다). 따라서 사물들의 개념이 감각력의 도움이 없이 세상과 일치하지 못한다면, 세상에 그 길을 제시할 수 없다.

(34) 빛의 광선은 직접 대면하여 위치하고 있는 사물들을 향해서는 직접적으로, 그리고 비스듬히 자리하고 있는 사물들을 향해서는 비스듬히 비추지만, 결코 그 위치를 바꾸게 할 수 없다. (그러므로 자오선(子午線)에 있는 태양은 가장 강렬한 힘으로 빛을 내고 떠오르지만, 지평선에 있을 때는 강한 빛을 발하지 못하고, 그리고 땅 아래로 넘어가게 될 때는 전혀 빛을 나타내지 못한다.) 따라서 관심을 형태와 개념들에 집중하게 된다면, 그것들이 관심 속에 쉽게 각인 되지만, 그렇게 적극적인 관심을 기울이지 않는다면 강렬한 인상을 만들지 못하고, 더욱이 전혀 관심을 보이지 않는다면 무엇에든지 아무런 영향을 주지 못한다.

(35) 여러 가지 빛들이 광선을 함께 모으게 될 때에 보다 큰 빛을 발하게 된다. (이것은 한 방에 하나의 촛불보다 여러 개의 촛불들이 더욱 밝게 비추는 것에서 확인된다.) 따라서 마음도 마찬가지 경우를 갖는다; 알려질 수 있는, 혹은 알려지고 있는 사물들의 수가 많으면

많을 수록, 더 많은 지식의 빛을 소유하게 된다.

(36) 그러나 더 큰 빛은 약한 빛을 흐리게 하거나 흩어 버린다. (태양이 하늘에 떠 있을 때는 달과 별과 타는 촛불의 빛이 찬란한 빛에 비하여 미약하기 때문에 알아 볼 수 없게 된다.) 따라서 마음도 마찬가지로 고상하고 숭고한, 그리고 신령한 것이 영혼(spirit)을 불태울 때, 그것이 곳곳에 확산되어 열등한 일과, 사물에 대한 열망과 사고와 개념이 점점 흐려지게 된다.

(37) 큰 빛은 뜨거운 열을 생산하는 힘을 가지고 있다. 그러므로 만약 지성에 큰 빛이 있다면, 강한 의지의 성향이 선한 일들을 지향하여 분명하게 나쁜 것으로 지각된 일들을 강하게 배격하게 된다.

(38) 빛의 광선들은 한 지점으로 함께 모이게 되어 한가지 길에서 하나로 합치며 집광(集光)될 수 있다. 이러한 결과는 투명하고 오목한 도구에 의하여 빛의 광선들을 함께 모아 힘을 합치게 함으로써 발생한다. 유사한 절차에 의하여 마음의 능력도 감각의 기능과 형상의 수집을 통하여, 그리고 한 가지 주제에 집중함으로써 응집될 수 있다.

(39) 이러한 방법으로 집광된 빛은 대단히 높은 잠재력으로 빛을 내며 달아오른다. (그러므로 우리들은 볼록렌즈가 가장 차갑고 얼어붙은 물질들을 녹일 수 있다는 것을 알게 된다.) 따라서 지성의 광선도, 만약 한 지점에 모이게 된다면 가장 강하게 정신을 지향하여 집중할 수 있기 때문에, 지성을 열정적으로 불타게 할뿐만 아니라, 의지에 불꽃을 붙여 밝게 한다. 그리고 이러한 일은 심지어 지성의 광선들이 열성적으로 집중할 가치가 없는 많은 문제들―세속에서, 불결하고 해로운 문제들―까지도 관심을 가지게 될 때 사실로 나타난다.

(40) 빛은 원칙적으로 빛을 주는 사물에서, 그리고 그 다음 이차적으로는 빛을 받은 물체들에서 발견될 수 있다. 따라서 진리도 원칙적

으로 사물들 속에서, 그 다음 이차적으로 사물들을 빈틈없이 수용하여 이해하는 사람들의 마음에서 발견할 수 있다.

12 사물들을 관찰하는 시야와 직감력에 관한 공리

(41) 빛을 주는 사물들은 시야에 마주치게 된다. 따라서 지성에 감지될 수 있는 모든 사물들이 제공되어 마음을 지향하여 집중하게 된다.

(42) 빛은 단독으로 그리고 스스로 우리들로 하여금 볼 수 있는 행위를 하게 하는 것이 아니라, 빛을 받아들이는 구조와 동작과 모형을 가지고 있는 눈의 협동을 필요로 한다. 따라서 진리가 감각기관을 통하여 지성에 제시된다고 해도, 그것 자체가 우리들의 지성을 활용하는 의무를 자유롭게 하는 것이 아니라, 반대로 지성의 협동을 요구한다.

(43) 눈이, 만약 볼 수 있다면, 보아야 할 사물들을 지향하여야 하며, 같은 이치로, 지성도 이해하여야 할 사물들에 집중해야 한다.

(44) 눈은 비춰지는 것을 요구하지 않으며, 오히려 보아야할 사물들을 필요로 한다. (그러므로 한 거울이, 만약 그림자에 위치하고 있다면, 빛 가운데에 있는 사물들의 형상을 될 수 있는 대로 빛에 세워져 있었을 때 보다 훨씬 더 분명하게 반사한다.) 그 이유는 빛을 내는 광선들이 반사된 빛으로 채워진 광선들 보다 더욱 강하기 때문이다. (정의 2와 공리 29.) 만약, 그렇다면, 그 자체의 광채를 발하는 빛이 눈에 닿게 된다면, 눈은 그 빛에 의해 흐려진 다른 사물들을 볼 수 없게 된다(공리 36). 따라서 깊숙한 곳에 눈을 가진 사람들은 다른 사람들보다 잘 보게 되고, 먼 거리에 떨어져 있는 물건을 빛나는 빛을 통해서 보기를 원할 때, 손으로 그들의 눈을 가려서 가능한 한 태양의 밝기를 차단시킬 수 있다. 그리고 우리들이 어떤 사물을 분명하게 이해

하기를 원할 때, 마음에 근심하거나 어렵게 할 필요가 없으며, 오히려 마음에 이해하여야 할 사물에 대한 참된 설명을 분명하게 제시하여야 한다. 그 때에 마음은 지체없이 분명하게 그것을 수용할 것이다.

(45) 눈은 눈의 직감력을 구면체(球面體)의 과정과 방향으로 향하게 하지 않고 그 앞에서 직선으로 바라보게 한다. (우리들은 이미 공리 10에서 빛은 구면체로 광선을 비추지만, 눈은 같은 방법으로 활동하지 않는다는 것을 언급했다. 눈은 그 앞에 놓여져 있는 사물들의 광선들만을 수용할 수 있다. 그러므로 눈은 보고자 하는 사물과 그 부분으로 직접 돌리도록 해야 한다). 같은 이치로, 마음의 집중력도 자연적으로 한 가지 대상을 향하게 된다. 만약 여러분들이 동시에 여러 가지 사물들을 보려고 한다면, 그 중 한가지라도 정확하게 볼 수 없을 것이다. 왜냐하면 감각이 여러 가지 사물들을 포착하게 될 때, 그 중에 어느 한 가지라도 보지 못하기 때문이다.

(46) 빛과 마찬가지로 직감력도 그 자체의 활동영역을 가지고 있으며 그 이상으로 확장할 수 없는 것이다. 직감력의 과정은 피라밋의 형태를 띄고 있어서 그 기반은 보이는 사물의 직경이며, 그 꼭대기는 눈의 중심을 나타낸다. 눈의 범위에서, 혹은 학생에게 사물의 형상이 제시될 때, 만약 그 물건이 가까이 있을 때에는 더욱 크게 보이지만, 멀리 떨어져 있게 되면 더욱 더 작게 나타난다. 따라서 지성도 사물들이 (그 중력에 비하여) 먼 거리에서 가깝게 근접해 있지 않는다면 그 사물들을 세부적으로 지각하지 못한다.

(47) 만약 눈의 직감력이 순수해 진다면, 눈은 순수하게 모든 방해가 되는 영향으로부터 틀림없이 자유롭게 된다(편견을 가진 뒤틀린 사람들은 그들의 눈이 노란 색의 역정(逆情)으로 채색되어 있기 때문에, 모든 사물들을 노란 색으로 보고 있으며, 우울증에 있는 사람들은

모든 사물들을 그림자로 드리운 것처럼 관찰하고 있음을 알 수 있다.)
.따라서 사물들을 완전하게 관찰하기 위해서는 마음이 모든 선입견으로부터 자유롭게 되어야 한다.

(48) 눈은 그 앞에 제시된 사물이외에는 아무 것도 보지 못하며, 다만 제시된 것만을 보게 된다. (다시 말하면, 눈은 사람들이 제시하는 것을 보며, 그 이외의 것을 보지 못한다. 따라서 사람들은 제시하는 사물들의 양과 위치와 모양과 색채만을 보게 된다. 만약 여러분들이 한 사람을 제시하면 그 사람을 보게 되고, 한 사람 전체를 제시하면 그 전체를, 사람의 한 부분을 제시하면 그 부분만을, 사람을 서 있는 대로 제시하면 서서 있는 사람을, 사람을 누워 있는 상태로 제시하면, 누워 있는 사람을, 일어나 있으면 일어 선대로, 굴러 떨어져 있으면 떨어진 대로, 흰 것을 제시하면 흰 것을, 그리고 검은 것을 제시하면 검은 것을 보게 된다). 같은 이치로, 정상적인 건강한 마음의 지성은, 그 것이 어떠한 방식으로 느끼든지 간에, 밝은 빛으로 제시되어 있는 그대로 수용할 것이다. 왜냐하면 모든 거울과 모든 눈과 그리고 모든 지성은 빛을 주는 모든 사물들을, 그것들이 어두운 것이든, 아름답고 추한 것이든, 죽은 것이나 살아있는 것이든, 하늘이나 땅이든지 간에 똑같이 수용하며 제시하기 때문이다.

제 11 장
어두움의 유형

빛을 반대하는 어두움의 유형들

 우리들은 빛의 길들이 열려 있음을 살펴보았다: 지금부터 숨겨진 어두움의 길들을 생각해 보자: 물론 어두움의 길들이 그렇게 많이 있지 않고 옆길이나 숨겨져 있는 장소들이 많이 있다 하더라도, 만약 우리들이 태풍으로 그러한 곳으로 접어들게 될 때 그것들을 간과하지 말아야 한다. 그러면 어두움이 어디에서, 어떻게, 어떠한 세력으로 우리들의 빛을 지배하게 되는 가를 간단히 살펴보도록 하자.

1 직사광선이든 굴절광선이든 빛이 없는 곳에는 깊은 지하 동굴 속과 같이 어두움이 짙게 깔려져 있다. 마찬가지로 사물들의 어떠한 지식도 스며들지 않는 마음속에서는 무지가 지배하게 마련이다.

2 투사광선이 들어가지 못하지만 반사광선이 비추는 곳마다 어두움 (예를 들면, 산 깊숙한 곳이나, 나무 밑이나, 집의 구석에서와 같이)이 깔려 있다. 따라서 만약 한 사람이 간접적인 정보로 어떤 사물을 지각한다면, 그가 소유한 지식은 매우 애매모호하며 불분명하게 될 것이다.

3 내면이 차단되어 있는 모든 불투명체는 (마치 가운데에 돌멩이 하나가 있는) 어두움이 담겨 있는 그릇이다. 그러므로

감각기관이 차단되어 있거나, 사물들의 명상에 활용하지 못하거나, 활용하는 방법을 알지 못하거나, 혹은 무시하는 사람은 그 자신 속에 어두움으로 채워져 있음에 틀림없다. 따라서 어두움의 왕자가 사람들의 눈앞에 지상의 부(富)를 가져다가 감각기관을 채워주기 때문에, 보다 선하고 참된 부의 종류들을 볼 수 없게 된다.

4 불투명체가 빛 속에 위치하고 있을 때, 한쪽만을 비추게 되고 다른 한쪽은 어두움이 남게 된다(이러한 것은 빛 속에 있는 달과, 지구와 혹은 다른 물체에서도 일어난다). 따라서 세상에서 그 자신의 몸과 육체적인 일들에 둘러 싸여 있는 사람은 그 자신이 지혜의 빛을 모으기 위해 관심을 가지는 동안 빛이 비춰지지만, 세속적인 일에 영향을 받으며 어두움에 빠져 있게 된다면, 그렇지 못하게 된다.

5 빛으로부터 떨어져 있는 모든 것은 그 모든 행위에 있어서 어두움으로 싸여 있다. (그러므로 태양으로부터 멀리 떨어져 있는 소는 즉시 그 앞쪽에 그림자를 드리우게 된다.) 따라서 지성도, 만약 그 자체만을 향해 있어서 사실들과 동떨어져 있게 된다면, 참된 지식보다 환영의 어두움을 만들어 낸다. 인간의 의지가, 만약 하나님과 그의 참된 빛으로부터 떨어지게 된다면, 그 자체의 기쁨을 위해 어떠한 또 다른 쾌락을 얻게 된다 할지라도, 사실 대신 어두움의 책임을 면하지 못할 것이다.

6 그림자와 어두움은 거짓으로 실재적이고 적극적인 존재를 요구하지만, 실제로 그것을 소유하지 못한다. (왜냐하면 양자는 빛 자체보다 더욱 실재적이고, 더욱 구체적이고, 더욱 감촉할 수 있는 것을 당연하게 원하고 있지만, 다만 실재적 존재의 부정에 지나지 않기 때문이다. 빛이 그것들 위에 비출 때, 양자는 없어지게 되고, 무 존재라는 것을 인정하지 않을 수 없다.) 따라서 무지와 오류는 스

스로 만족하며, 경쟁자[19]가 없는 동안에 지식과 진리를 구하고 있지만, 지식과 진리가 그것들을 덮고 있을 때는, 안개가 태양에 의해 흩어지는 것과 같이 사라지게 된다.

7 그림자는 그 위에 드리워지는 어떤 불투명체의 모양을 나타내며, 그러한 모양을 띠고 있으면서 더욱 돋보이게 한다. 따라서 무지와 오류도 일반적으로 무지하고 타락한 사람들을 만족시키며, 그들 안에서 자신들의 참된 형상을 발견하고 있지만, 그렇게 알려져 있는 그 어떠한 것도 실제보다 다르게 보인다.

8 빛은 그림자나 어두움을 두려워하거나 혹은 도망가지 않지만, 어두움은 빛을 두려워하고 빛으로부터 쫓겨간다. 마찬가지로 한 사람이 소유하고 있는 명백하고 확실한 지식은 다른 사람의 무지를 교정할 수 없으며, 어떤 문제에 대한 그의 실수를 바르게 할 수 없다. 실제로 자신의 일관성과 지속성이 부족하기 때문에 무지하고 타락한 사람들은 일반적으로 진리의 빛을 피하거나 거절한다.

9 빛이 떠나감에 따라 어두움이 오며, 빛이 증가할 때 어두움이 사라진다. 따라서 만약 한 사람이 지식의 빛을 모으기를 거절한다면, 그는 자신을 덮을 어두움의 길을 놓게 되는 것이다. 또한 그가 진리에 대하여 확실하고 명백하게 할 수고를 하지 않는다면, 그의 마음에 오류의 길을 놓게 될 것이다. 반면에 만약 한 사람이 지식과 진리의 빛에 대하여 수고한다면, 바로 그 행위에 의해서 그는 무지와 오류의 그림자에서 벗어나게 될 것이다.

10 그림자나 어두움이 빛으로부터 멀어질 때, 멀어진 것만큼 자신의 위치를 추구한다. 따라서 무지와 오류는 스

---

[19] 역주, 여기서는 빛을 의미한다.

스로 탐구와 검증의 최소량을 대면하는 위치의 정도를 알게 된다.

11 빛이 점점 커지면서 불투명체가 그 빛을 더욱 반대하면 할수록, 그림자가 더욱 더 짙게 깔린다. 따라서 한 사람에게 비추는 진리의 빛이 더 밝아 졌을 때, 그가 더욱 무모하게 거역하면 할수록 그 자신에게 도래하는 맹목성은 더욱 더 완전하게 나타난다.

12 빛을 주는 사물이 불투명체보다 더욱 작으면 작을수록, 이것에 비례하여 그것은 불투명체를 덜 강하게 조명하고, 그림자가 점점 더욱 더 커지고 확산하는 원인이 된다. 다른 한편, 빛을 주는 사물이 불투명체보다 더욱 크면 클수록, 이것은 불투명체를 더욱 많이 비춰주며, 마침내 그림자가 점점 감소하여 함께 사라지는 원인이 된다. 따라서 오류로 점철되어 있는 마음에서 빛이 거의 오류를 제거할 수 없으나, 오히려 그 오류가 증가하게 된다; 그러나 많은 양의 빛의 유입은 보다 큰 조명의 원인이 되어, 오류를 감소시키며, 마침내 함께 사라지는 원인이 된다. 그러므로 빛의 길과 어두움의 길과 그 이론의 적용을 다음과 같이 제시한다.

제 12 장
빛의 길들의 연합

빛의 길들이 어두움을 효과적으로 강력하게 사라지게 하기 위해 연합하여 적합하게 적용될 수 있고 적용되어야 하는 방법.

드디어 시력(視力)의 방법들이 지성적인 빛의 과정에 응용될 수 있다는 것을 곧 제시할 수 있다. 그러나 이러한 사실이, 만약 우리들이 실례들을 들어 많은 문제들을 제시한다면, 더욱 분명하게 나타나게 될 수 있다.

문제 I. 빛을 주는 사물이 빛을 더욱 밝게 비춰주는 원인

이 결과는 세 가지 노력에 의해 나타난다: 첫째, 빛의 모든 부분을 빛을 발하게 함으로써, 즉, 불꽃 (등잔에서 불결한 것으로부터 생기는)에서, 혹은 불꽃주위와 둘레에서(제 2장, 공리, 2) 그림자를 낼 수 있는 모든 사물들을 제거하는 일; 둘째, 구름이 짙게 깔려 있는 것이 아니라, 반대로 가능한 한 간단하게 빛이 분명하게 통과하는 물체를 만들어 제련하는 일(공리 13, 14, 15, 16, 17): 셋째, 투사(投射)하는 빛과 함께 다시 반사하는 빛을 받아들이도록 빛을 향해 대상을 정확하게 향하도록 하는 (공리 29) 노력이 필요하다. 따라서, 그때에, 만약

(1) 하나님의 역사(役事)와 말씀과 언급에서 발견할 수 있는 모든 것이 인간의 마음을 조명하는 일에 적용할 수 있으며; (2) 이러한 종류의 사물이 분명하게 해 주는 감각기관(感覺器官)을 통하여 마음에 새기는 일; (3) 마음이 (빛에) 주의 깊은 관심을 가지고 향하게 한다면 또한 지성(知性)에 큰 빛이 밝혀질 것이다.

문제 II. 한 대상을 강력하게 조명하게 하는 원인

이 문제는 첫째 문제와 같이 세 가지 과정에 의하여 해결된다.
(1) 더욱 많은 양의 빛과 강력한 빛을 생산할 수 있는 빛을 주는 다량(多量)의 사물을 선택해 보자 (공리, 5, 6, 11). (2) 빛을 조명할 수 있는 대상을 빛의 범위 내에 위치하여 가능한 한 빛을 내는 사물과 가까이 하자 (공리 9, 10, 11). (3) 빛을 내는 사물을 빛을 향하게 하는 방법으로 돌려놓음으로 직사광(直射光)과 수직광선(垂直光線)이 그 위에 비추도록 해 보자 (공리 29, 34). 여러분들이 이러한 방법으로 빛을 향하여 옮기는 물체는 강력하게 빛을 받을 것이다. 따라서 만약 여러분들이 인간의 마음에 강력하게 빛을 받게 하기를 원한다면, 빛을 주는 모든 사물들 중 가장 많은 양의 빛을 발하는, 즉, 하나님의 말씀이나, 가능한 한 많은 빛을 주는 사물들 중 가장 위대한, 즉, 자연이나, 혹은 마음의 내적 개념(槪念)들 중 한 곳에 마음을 향하게 하고, 또한 마음을 이러한 모든 것의 중심에 두게 될 때, 사방에서 그 광선들이 마음에 비추며, 동시에 모든 면에서 마음의 집중력이 그 사물들을 향하게 될 것이다. (만약 여러분들이 이렇게 한다면) 마음속에서 큰 빛이 일어나지 않을 수 없게 된다.

문제 III. 한 사물을 볼 수 있게 하는 원인

(1) 한 사물을 머리 뒤에서가 아니라 눈에 제시하도록 하자.(공리 43, 45).

(2) 눈을 크게 열어 보자 (공리 41, 42). (3) 사물에 광선을 발할 수 있는 빛을 제시하도록 하자 (정의 2와 그 추론). 지성에서 위와 동일한 일이 수행되도록 하자.

문제 IV. 그 크기가 어떠하든, 한 사물을 전체로 볼 수 있게 하는 원인

사물을 전체로 시각의 조직에 제시한다면, 그 사물을 전체적으로 보게 될 것이다 (공리). 따라서 만약 여러분들이, 제시하고자 하는 무엇이든지, 전체로 (그 사물의 한쪽 끝에서 다른 쪽 끝까지, 그 사물의 처음에서 끝까지, 꼭대기에서 밑에까지, 그리고 오른쪽에서 왼쪽에까지) 지성에 제시한다면, 지성은 그것을 전체적으로 지각하지 않을 수 없다.

문제 V. 한 사물을 (그 질이나 속성에서) 그 실제로 볼 수 있게 하는 원인

여러분들은 사물을 그 모든 부분들의 자연적 위치를 순서를 바꾸지 않고 (공리 23, 24, 25), 그리고 증기에 의해 손상되지 않은 채 순수하고 단순한 매개체를 통하여 (공리 17, 18, 19) 시각조직에 제시함으로써 실제의 모양을 볼 수 있을 것이다. 만약, 그렇다면, 같은 방법으로 여러분들은 선택한 물건을, 그 자체와 무관한 어떤 증명이나 이전에 내려진 판단에 개의치 않고 현재의 모습대로, 그리고 독자적으로, 마음의 눈앞에 제시 하다면, 그 마음은 그 사물을 있는 그대로 보게 될 것이다.

문제 VI. 한 사물을 분명하게 볼 수 있게 하는 원인

그 사물이 (1) 밝은 눈앞에; (2) 밝은 빛과 굴절하지 않도록 분명하게 빛을 전달하는 매개체로; (3) 정확한 거리로 제시되어야 한다. 따라서 만약 여러분들이 사물들을 분명하게 이해하기를 원한다면, 그 사물들을 (1) 통찰력이 있는 마음에, (2) 적합한 방법에 의해 분명한 방법으로 제시하라, (3) 그러면 관심이 집중되어 적합한 시간을 따르게 된다면, 마음은 그것을 실패하지 않고 지각할 것이다.

문제 VII. 한 사물을 구별하여 볼 수 있게 하는 원인

사물은 전체적으로 그리고 일반적으로 뿐만 아니라, 각 부분들을 가장 큰 것에서부터 가장 미세한 부분에 이르기까지 모든 부분과 각 부분으로 제시되어야 한다. 이렇게 하기 위해서는 충분한 시간이 필요로 한다. 왜냐하면 여러 가지 부분들의 하나 하나를 비추게 하기 위해서는 한 쪽에서 다른 쪽으로 빛이 통과되어야 하기 때문이다. 이러한 운동이 점증함에 따라서 한 순간에 이루어지는 것이 아니라, 시간의 전 과정이 요구된다. 그리고 만약 모든 부분들을 구별하여 관찰하려면, 하나 하나의 부분들을 지체없이 관찰하는 것이 필요하다. 그리고 지성도 이밖에 다른 어떤 방법에 의해서 사물들 속으로 스며들 수 없다.

문제 VIII. 먼 거리에 있는 사물들을 가까이 있는 것처럼 포착할 수 있는 원인

사물을 눈 가까이 다가오게 할 때, 만약 움직이게 할 수 없는 사물이라면, 여러분 자신이 사물에 가까이 가거나, 혹은 만약 그렇게 할 수 없거나 하기를 원치 않을 때, 망원경을 사용하라; 그 망원경의 도움으로 여러분들은 그 사물을 보다 훌륭하게 자세히 관찰할 수 있을 것이다. 따라서 만약 우리들이 지성과 멀리 떨어져 있는 사물에 관심이 있다면, 우리들은 그 사물을 가까이 옮겨서 면밀하게 검토하는 수고를 하여야 한다. 그렇지 않으면, 우리들은 범조화(Panharmony)의 망원경을 사용하여야 한다. 범조화(汎調和)에 의하여 그 자체로, 그리고 직접적으로 지식의 대상이 될 수 없는 사물도, 그럼에도 불구하고, 가능한 한, 그것과 유사하게 병행(竝行)을 이루는 사물들에 의해서 알려지게 된다.

문제 IX. 보지 말아야 하는 사물을 볼 수 없게 하는 일

그 사물이 어느 때에도 눈앞에 포착되지 않도록 영원히 차단하든지, 혹은 볼 수 없게 하려면, 빛을 통해서 분명하게 눈에 나타나지 않게 하거나, 다른 방법으로 감추게 하자. 따라서 우리들이 알기를, 혹은 이해하기를 원하지 않은 그 어떠한 것도 감각기관에 도달하지 않도록 수고를 해야 한다; 그렇지 않으면, 우리들은 최소한 다른 방향에서 볼 수 있는 사람들의 관심을 돌려야 하거나, 혹은 어떤 충분한 해독을 가져오는지를 유의하여 그 자체의 악의 영향이 폐기되도록 하여야 한다.

문제 X. 한 사물을 생생하게 불꽃이 타오르며 빛을 발하게 하는 일

(유리와 보석과 얼음과 뿌리와 같은) 단단한 고체의 본질은 일정한 과정에 의하여 오목형의 모양으로 바뀌어야 한다; 그 때에 그것은 직접적으로 비추고 있는 모든 태양광선을 원추형(圓錐形)으로 만들고 (그리고 이 광선들은 가장 큰 힘을 발산하기 때문에 우리들에게 가장 분명한 실례를 제시한다); 그것은 빛을 조명하고 타오르는 모든 광선의 성질들을 일치점에 한데 모아서 밝은 빛으로 예리하게 시야에 영향을 준다; 혹은 일정한 간격의 시간이 허용될 때, 집중된 빛의 광선들은 사물(실제로 연소성(燃燒性)을 가지고 있을 때)에 불이 타오르게 한다. 지성적인 사물들과 (그리고 무엇보다, 천체들의) 광선들이, 만약 집중력과 상상력과 같은 원대한 노력으로 지각되어 가장 깊숙한 중심점에 한데 모이게 한다면, 유사한 잠재력을 요구하게 된다. 왜냐하면 지성적인 광선들은 마음에 신뢰를 전달하고 그것을 불꽃으로 고착하는 빛으로 채워 주기 때문이다. 그리고 만약 다만 우리들이 그러한 기술을 완벽할 정도로 고상하게 고양하여 사람들로 하여금 유리와 기타 다른 물질들과 마찬가지로 완전하게 형성된 영향력을 행사할 수 있게 한다면, 이것은 (마음의 영역에서) 마음을 설득하고 감동시키는 기술에 의하여 우리들이 지금까지 자연적인 빛의 영역에서 언급하여 왔던 것보다 더욱 빨리, 그리고 더욱 확실하게 성취될 수 있다.

문제 XI. 모든 면에서 어두움이 사라지게 하는 일

이것은 어떠한 기술 내에서 발생하지 않고, 다만 신속하게 사라질 빛과 어두움에서 발생한다(공리 1, 6, 9. 제 9장). 그러므로 사물들이 알려지도록 제시된 마음으로부터 어두움이 신속하게 사라지게 해야 할 것이다: 왜냐하면 눈이 빛을 찾고 있는 것과 같이 일치하는 다른 감각기관들도 그들 자신의 적합한 양식을 추구하며, 마음은 감각기관을 통하여 동일한 일을 하고 있기 때문이다.

문제 XII. 빛의 광선이 미치지 못하는 장소로 빛을 옮기는 일

이것은 광선을 반사하는 거울의 도움으로 할 수 있다 (공리 20, 등) 왜냐하면 직사광선이(땅과 동굴의 지하 천장과 같은 굽은 통로로) 들어갈 수 없는 곳에서 반사광선은, 비록 방향이 일정하지 않은 곡선이 많이 있다 하더라도, 그 자체의 길을 만들 수 있으며; 많은 거울들은, 비록 빛의 손실과 감소가 없이는 어떠한 결과도 얻을 수 없음에도 불구하고, 다양한 위치에 자리하면서 사용될 수 있기 때문이다. 또한 그렇게 완벽하게 광채가 나는 거울을 얻을 수 있는 것도, 그리고 그렇게 순수한 반사를 할 수 있는 것도 가능하지 않지만, 광선이 어떤 부분으로 흩어지게 되어 있어서 빛의 반사과정에서 손실되는 것이 있기 때문이다. 따라서 만약 어떤 사람이 무지와 오류의 동굴 속에 깊숙이 파묻혀서 그 주위와 바깥쪽에 확산되어 있는 한 가닥의 희미한 진리의 빛조차 허용되어 있지 않다 하더라도, 매우 잘 연결된 논쟁의 체계에 의하여 빛이 그 지역까지 스며들 수 있기 때문에, 마침내 그 사람은 진리의 광선을 알아내기 시작한다.

문제 XIII. 어두운 것에 익숙한 눈을 빛을 지탱하는 일에 익숙하게 하는 일

오랫동안 지하 감옥에 갇혀 있어서 빛에 익숙하지 못하였던 사람들이 갑자기 빛으로 나오게 되면서 앞을 보지 못하게 되는 일들이 기록되어 있는 실례들에 의해서 잘 알려져 있다. 같은 사례들이 오류의 어두움에 익숙했던 사람들에게 종종 발생하기 때문에, 만약 진리의 빛이 예상하지 않게 그들에게 제시된다면, 그들은 빛을 피하게 되고 싫어하게 되면서 도망하게 되거나, 혹은 미친 듯이 마주 싸우게 된다. 우리들은 이러한 곤경에서 어떤 충고를 할 수 있는가? 우리들은 공리 31에서 매우 알맞은 충고를 발견할 수 있다. 그것은 빛, 특히 천체의 빛(과 그리고 이것이 잘 알려져 있다)이 (우리들이 완전하게 눈을 보지 못하거나, 우리들의 무지에 무감각하게 되지 않도록) 갑자기 밝은 광선으로 제시되지 않고, 점차적으로 소개되어야 한다는 것이다. 왜냐하면 사람들은 어두움에서 그림자로, 그림자에서 빛으로, 일반적인 빛에서 지혜의 빛으로, 그리고 마침내 지혜의 빛의 영광에 이르기까지 점진적인 단계들에 의하여 진행되어야 하기 때문이다. 그렇지 않으면 그들의 발견은 성취될 수 없다. 따라서 만약 세속적인 사람들이 하늘의 것을, 육욕(肉慾)에 어두운 사람들이 영적인 것들을, 그리고 믿지 않은 사람들이 신앙을 형성하게 될 때, 이러한 결과는 실제로 단계적으로 진행되어야 한다: 우리들은 알고 있는 사물들로 시작하여 알지 못하는 것으로 점진적으로 유도해 나가야 한다. 우리들은 이러한 현명한 절차의 실례들을 그리스도와 또한 사도들에게서 찾는다.

그러나 우리들은 빛의 길에 이르는 이러한 사색들을 우리의 보편적 계획에 적응시킬 수 있다.

문제 XIV. 세상을 위해 더 이상 위대한 것이 있을 수 없는 가장 위대한 지성의 빛을 밝히는 일

가능한 소유할 수 있는 빛을 주는 모든 사물들을 함께 모으게 된다면, 가장 위대한 빛이 있을 수 있다. 그러나 우리들이 이미 (공리 1) 살펴 본대로, 마음에 빛을 비출 수 있도록 빛을 주는 사물들은 세 가지 신령한 은사들, 즉 자연, 성경, 그리고 우리들 모두에게 주어진 공통개념들이다. 그러면 만약 이 세 가지 은사들이 함께 모아 단 한 가지 빛으로 결합된다면 (우리들의 지성은 하늘에 존재하는 해와 별들을 한꺼번에 그리고 동시에 함께 빛날 수 있도록) 우리들은 가능한 가장 위대한 빛의 불꽃을 가지게 될 것이다. 그 빛을 능가하여 영원한 빛 이외에는 우리들의 욕망이 도달할 수 있는, 우리들의 인생의 조건에 적합하지 않은 그 무엇도 있을 수 없다.

문제 XV. 한 대상에 더 이상 위대한 것이 있을 수 없는 가장 위대한 빛을 주는 일

지성적인 빛의 대상은 사물들의 이해로 가득 채울 수 있는 인간의 마음이다. 따라서 이러한 가장 위대한 빛의 가장 가능한 대상은 이러한 보편적 빛에 의해 함께 빛을 받을 수 있는 모든 사람들의 지성일 것이다.

문제 XVI. 모든 사람들의 눈을 이러한 빛으로 향하게 하는 원인

이것은 어떤 심오한 기술을 필요로 하지 않는다. 보편적인 빛이 세상의 집을 넘어 자유롭게 광선을 확산하기 위하여 감추어 있는 상태로서가 아니라 촛대에서 빛을 발하게 된다면, 그 자체의 힘으로 사람들의 안목을 향하게 할 것이다. 왜냐하면 이것이 빛의 속성이며 이러한 빛의 속성은 어린아이들이 태어나는 순간에서부터 분명하게 나타나기 때문이다: 빛은 다른 감각기관의 모든 대상들을 예상하여 빛 자체에 포착하고 유도하여 그 과정을 알지 못하고 있는 눈에 자극하게 된다. 그리고 빛을 발산하여 사람들이 주시하도록 하기 위해 제시되는 사물들의 아름다움은 그들을 습관적인 태만으로부터 각성시키는 힘을 가지고 있다.

문제 XVII. 이러한 빛이 흩어져 있는 (그리고 멀리 떨어져 있는) 사람들에까지 스며들게 하는 일

만약 세상이 두 개의 태양 (예를 들어, 하늘의 반대쪽에서 서로를 향하여 접근하고 있는 두 개의 태양)을 가지고 있다면, 그 때에 모든 사람들은 항상 대낮을 보게 될 것이다: 그러나 실제로 밤이 없는 낮은 현재에 이르기까지 존재하지 않았으며 영원히 그렇게 될 것이다 (요한계시록 21장 25절). 그러나 하나의 태양으로 날(日)과 해(年)를 거듭하여, 달과 별과 같은 천체의 도움으로 정해진 질서 있는 운동을 통하여 모든 땅들을 충분히 비쳐주고 있다. 따라서 영혼의 보편적 빛이 한꺼번에 잘 비쳐지게 될 때, 그것은 반사광선에 의하여, 다시 말하여,

필요한 책들을 민족들의 언어로 번역하여 모든 나라들에게 그 빛을 전달할 수 있을 것이다.

문제 XVIII. 사람들이 행하고 있는 모든 것을 빛 속에 있게 하는 원인

태양이 지구 위에서 빛을 발하고 있을 때, 넓은 평지를 향하여 길을 정하고 있는 사람은 항상 빛 가운데에 있게 될 것이다: 따라서 만약 활동의 과정 속에 있는 모든 사물들의 원리들을 제시하며 설명하여 지혜의 태양이 사람의 가슴과 그의 사고와 모든 행동 위에 비추게 된다면, 그 사람이 어디에 있든지, 어떤 목적을 위해서, 어떤 수단에 의해서, 어떤 길에서든지 지금 활동 중에 있는 모든 것을 이해하지 않을 수 없다. 그리고 영혼의 지고함의 빛이 하나님이시기 때문에, 그의 밝음이 이러한 과정으로 확산될 수 있으므로 영혼이 어떤 방향으로 안목을 향하고 있든지 간에 의도적으로 빛으로부터 멀어지지 않고 (공리 5), 빛을 거역하는 일(욥기 19장 14절)—영원한 어두움에서 대가를 지불하는 사악함이 없다면, 그 목전(目前)에서 이 빛의 찬란함을 경험하게 될 것이다.

문제 XIX. 한때에 지성이 빛 속에 있었으나 그 지성을 흐리게 하고 있는 모든 것을 제거하는 일

그림자는 빛과 우리들 사이에 놓여 있는 불투명체로부터 나타나는 (공리 4, 추론 8) 것과 같이, 지성도 다양한 견해와 신빙성이 없는 전통들의 안개에 의해서 흐려지고 있다; 만약 여러분들이 이러한 안개들을 지성으로부터 멀리하고 항상 사물들이 직접적으로 지성 위에서 빛을 발하게 된다면, 여러분들은 아무런 그림자가 없이 실제의 것을 목격하게 될 것이다.

문제 XX. 어두움을 지향하지 못하게 하는 일

우리들은 반사하는 빛에 결코 만족하지 못하는 일과 본래적이며 투사(投射)하는 빛에 대하여 무관심하지 않도록 경계해야 한다: 왜냐하면 우리들은 부주의한 성격으로 인하여 소유하여 이해하고 있는 모든 것을 상실하게 될 수 있기 때문이다 (공리 30).

제 13 장
지성의 빛의 확산의 길

사람들의 마음속으로 지성의 빛의 확산을 위해서 지금까지 신령하게 계시된 여섯 가지 길이 제시되었으나, 절대적으로 보편적인 일곱 번째의 길이 남아 있다.

우리들은 빛이 점진적인 단계에 의하여 처음에 빛을 내고, 타오르고, 광채를 발하는 것이 빛의 속성이라는 것을 살펴보았다 (공리 31, 7). 태양이 땅에 낮이 오게 할 때에 지평선 아래로부터 희미한 광선을 투사하기 시작하여 여명(黎明)의 광채를 보내고, 그 다음에 지평선 위에 황금빛을 내면서 뜨기 시작하여 사람들의 시야에 눈부신 빛을 드러낸다. 그리고 태양이 높이 떠 있을 때 더 많은 빛을 내고, 광선이 수직(垂直)으로 비출 때 더 많은 열을 발산한다. 그러나 아침에 비나 안개가 끼어 있을 때, 태양은 어두운 구름을 더욱 힘들게 그리고 더욱 천천히 분산시키고, 저녁때에는 마침내 빛의 광선들을 모이는 일에 성공하여 세상의 거주자들이 충분한 시야를 가지고 기뻐하는 일도 종종 발생한다. 그리고 그렇지 않다면, 영혼의 지성적 빛, 즉, 지혜에도 이러한 일이 발생하지 않는다. 세상의 길고 긴 날을 통하여 (시대의 전 과정이 전반적으로 인류에게 있어서 단 하루와도 같기 때문에) 지혜는 단계적으로 사람들의 마음을 비출 수 있는 힘을 나타내 왔다.

세상의 창조가 타락한 직후에, 그리고 그렇게 타락한 인간의 이성의 전체적 지복(至福)을 어두움으로 싸여 있게 했던 대홍수 이후에, 이러한 먹구름들이 대단히 힘들게 흩어지면서 인간의 마음들이 평정을 회복하게 되었다.

2 따라서 우리들은 지성의 빛이 사람들에게 더욱 더 충분하게 계시되었던 확실한 단계들을 주목하면서, 이러한 단계들은 지금까지 여섯 가지였으나, 충분하고, 지고한, 그리고 보편적인 빛의 단계인 일곱 번째 단계가 아직까지 남아 있다. 우리들은 신빙성이 있는 증거를 통하여 이 단계를 탐구하고자 한다. 우리들은 모든 사람들에게 영원한 빛을 증진하기 위하여 제시되었던 빛의 정상적인 길들과 단계들을 언급하고 (그리고 이것이 틀림없이 분명하게 지적되어 왔다) 있으나, 하나님께서 특정한 사람들-솔로몬, 예언자들, 사도들, 그밖에 다른 사람들-의 마음속에 내면적 빛으로 채워 주기를 원하였던 특별한 길들에 관하여 언급하지 않고 있다.

3 인간의 마음에 지성적 빛을 주는 첫 번째 길은 검증 (autopsy), 즉, 하나님이 최초의 인간이 고독한 환경에 있었을 때 주었던 특별한 사물들의 정확하고 직접적인 검사(檢査)였다. 그러한 목적으로 하나님은 인간의 목전에 모든 동물들을 주어서 각각의 속성을 이해하고 적절한 이름들을 부여하도록 지시하였다. 인간은 이러한 방법에 의하여 다음과 같은 결과를 성취하였다: 인간은 그에게 사물들을 제시하고 있는 신령한 지혜에 의하여 배열되어 있는 사물들의 결합과 조화를 목격하면서, 자신의 생활을 위해 함께 할 한 동반자가 없음을 깨닫게 되었다.

4 그때에 하나님은 (우리들의 욕구를 예상하는, 혹은 심지어 그가 우리들로 하여금 우리들의 욕망과 인내를 강화할 목

적을 위해서 존재하도록 허용하였을 때에도 곧 그것들을 제공하는) 그의 일상적인 친절과 배려로 인간에게 생활의 동반자를 주었다. 그리고 그때에 두 사람이 있었고, 두 사람 사이에는 사물들의 지식을 증진하기 위하여 처음 사람의 방법과 전혀 다른 방법-즉, 두 사람 사이에는 언어의 방법이 있었다. 언어에 의하여 각자는 상대방에게 질문을 하고 그 질문들에 답변하는 방법이 지혜를 더욱 충분하게 발전시키는 일에 영향을 줄 수 있었다. 왜냐하면 사물들의 다양한 지식을 얻기 위하여 귀의 활용이 눈의 활용보다 더욱 풍부하기 때문이다; 반면에 우리들이 볼 수 있는 수단을 가지고 있지 않은 그러한 사물들에 관하여 우리들은 상대방에게 언어로서 전달할 수 있으며 상호간에 우리들의 지식을 증진할 수 있다.

5 사람들이 수적으로 점점 증가하여 허영에 빠지게 되었을 때, 그들에게 다시 유용하고, 선하고, 거룩한 물건을 다시 소환할 새로운 방법, 즉, 많은 사람들이 모든 최선의 사물들을 함께 즐겁게 요약하여 배울 수 있는 공동회의들을 소집하는 관습이 발견되었다. 이 방법은 대 홍수 이전 인간타락의 중간지점에 존재하게 되었다. 이것은 가장 거룩한 족장이었던 셋(Seth, 창세기 4장 26절)에 의하여 소개되었다. 그 이후에 다른 사람들이 그의 모범을 모방하였다. 그리고 하나님은 그의 율법에 의하여 그 실천을 확인하였기 때문에, 교회에서 하나님의 법이 오늘날까지 보존되어 오고 있다.

6 홍수이후에 인간의 수명이 단축되었으나, 사람들의 사업과 직업에서 노동하는 소음이 증대되었기 때문에, 인간의 마음에서 혼란과 혼돈의 원인이 되었다. 따라서 인간의 기억력의 약화를 보충하고 후 세대들의 욕구를 충족하기 위하여 글쓰기(writing)가 발명되었고, 그리고 글쓰기에 의하여 떨어져 있었던 사람들이 서로 각

각 필요한 것들을 가르칠 수 있었다; 그리고 동일한 발명에 의하여 심지어 죽은 사람들도 살아 있는 사람들을 영원히 가르칠 수 있었다 (이사야 30장 8절). 이러한 기술이 이스라엘의 국경을 넘어서 알려짐에 따라서 우리들이 욥기 19장 23, 24절에 기록하였던 것과 같이 공통적인 욕망을 인식하게 되었다. 왜냐하면 그것이 후손들에게 기억할 가치가 있는 것들을 유산으로 남기는 유일한 방법이기 때문이다; 우리들은 그 방법이 없이는 옛것에 관한 전체적인 기록이 완전하게 사라지게 되었다는 것을 발견하여야 할 것이다. 그리고 우리들은 책들이 없어서 사물들의 기원이나 발달에 관하여 전혀 알지 못하는, 실제로 알만한 가치가 있는 것도 알지 못하는 신세계의 미개한 백성들의 실례에서 이러한 사실을 증명할 수 있다; 그러한 유형의 형태를 제외하더라도 사람들보다 짐승들과 같은 것이 더 많이 있다. 그리고 읽기와 쓰기의 기술이 근원적으로 난해한 일처럼 보였기 때문에, 실제로 그 속성상 그렇게 어려운 일이다 (왜냐하면 우리들 자신이 경험을 통해서 부단한 연습으로 성취될 수 있는 방법을 배우지 못하게 된다면, 읽기와 쓰기가 그렇게 정확하게 수행될 수 있다는 것을 확신하지 못하기 때문이다). 이러한 이유들 때문에 이 난제들을 보다 쉽게 극복하기 위하여 공립학교들이 개설되었으며 여기에서 많은 사람들이 (특히 그들이 어려서 생활의 염려로 혼란하지 않았을 때) 함께 글씨를 배울 수 있었다.

7 그러나 책들을 고쳐 쓰는 일이 매우 힘든 작업으로 많은 것을 생산하지 못하기 때문에 높은 대가를 지불해 왔으며, 거의 모든 사람들이 풍족함을 얻지 못했기 때문에 세상에서 한때에 다시 미개함의 어두움이 감돌기 시작하였다. 그러나 최근에 빛의 시대가 가까이 오고 있었을 때, 사람들은 다량의 책들을 놀라운 속도로 무

한하게 만들어내는 경이적인 발명—즉 인쇄술의 발명—을 하여 하나님을 기쁘게 하였다. 이러한 과정에 의해서 인류에게 도래하였던 이익과 혜택은 거의 알려질 수 없다. 그러나 인쇄술에 의해서 모든 세대에 걸쳐 기념비로 기록된 하나님의 율법과 모든 지혜의 빛을 보게 되었으며, 과거의 모든 획기적인 시대와 함께 전달의 방법이 우리들에게 공개되었고, 그리고 초창기의 고상한 사람들이 우리들의 마음에 지대한 공헌을 하게 하였다. 결과적으로 고대(古代)의 지혜의 빛에 의해 각성하였으나, 그것을 깊이 있고 만족스럽게 섭취하지 못한 사람들이 새로운 발견들을 추구하는 열렬한 경쟁의식으로 그들의 마음을 개화하게 되었다. 그 순간부터 세상의 창조 이래로 그 이전까지 결코 없었던 정교한 문학, 언어, 예술, 종교의 연구가 활발하게 되었다. 그때에 많은 사람들은 인쇄술을 모든 예술들의 보호자와 증진자(增進者)로 불리왔다. 그리고 형태를 갖추고 있는 것은 무엇이든지 "빛으로 전달된다"라는 공통어가 있었고 그 용어에 의해서 우리들은 빛의 길이 하나님의 선물이라는 것을 수용하고 있음을 고백한다.

8 전 인류에게 빛을 확산하는 여섯째 방법, 우리들이 항해술이라고 부르는 방법이 또한 후대에 와서 발견되었다. 그 방법에 의해서 땅의 여러 대륙과 바다의 많은 섬들에 흩어져 있어서 지금까지 서로 각각 차단되어 있거나 알지 못하는 사람들 사이에서 통신이 연결되게 되었다. 그 방법에 의해서 우리들의 지식이 많은 부분에서 완전하게 되었으며, 그리고 우리들이 올바르게 기다리고 있는 기회들이 주어져서 우리들의 빛을 미개한 사람들에게 전달할 수 있게 되었다. 왜냐하면 우리들은 세상을 가로질러 신속하게 여행하는 놀라운 기술이 상업적인 목적을 위해서 (우리들이 페루의 금을 열렬하게 얻기를 원했거나, 브라질의 담배에 도취되었던, 혹은 유사한 목

적으로)만이 사람들에게 제시되었다고 믿을 수 없기 때문이다: 우리들은 하나님의 계획이 보다 숭고한 목적을 가지고 있다는 것을 믿어야 한다. 실제로 성경은 이러한 문제들에 관하여 함께 침묵을 지키고 있었던 것이 아니었다. 왜냐하면 성경이 멀리 떨어져 있는 섬들로부터 금과 은과 상아와 원숭이와 공작새들이 솔로몬이 보냈던 배에 의하여 그에게 운반되었다 (열왕기상 10장 22절)고 기록하고 있을 때, 하늘의 솔로몬을 위하여 대양에 있는 그의 배들이 교회의 영화를 위하여 금과 은과 함께 시온(Zion)의 자손들을 여호와의 이름에 드릴 것 (이사야 60장 9절, 또한 42장 10, 11, 12, 15절과 16절; 43장 14, 16절과 49장 11절과 12절; 그리고 51장 5절 등을 참조)이라고 예언하고 있다. 이 구절에서 이방인의 최종적이며 범세계적인 회심이 묘사되어 있다. 그리고 우리들은 복음이 땅 끝까지 전파되어야 한다는 그리스도의 명령과 이것이 세상의 종말이전에 성취되어야 한다는 그의 약속은, 만약 그가 땅 끝까지 이르게 할 방법과 길을 계시하지 않는다면, 공허하게 될 것이다 (마태 24장 14절). 최근의 두 가지 발명들 (즉, 인쇄술과 항해술)이 그 속성상 빛을 다양하게 발산하게 된다면, 나는 그것들이 또한 보다 위대한 우주적 빛의 선구자들이라는 것을 의심해야 하는 이유를 알지 못한다.

9 세상이 우리들의 새로운 탄생, 혹은 재 성육화(再成肉化)라고 불러야 하는 것에 완전히 안목을 돌리고 있기 때문에, 세상의 얼굴은 그 목적 이외에 아무 것도 보고 있지 않은 것 같다. 하나님은 그의 분노의 대홍수를 사람들이 쌓아 올린 사악함에 퍼부으면서 나라들을 전복시키고 있을 때, 그는 우주적인 파멸에 의하여 모든 사물들의 우주적 변화를 위한 길을 준비하고 있다. 그는 새로운 것을 세우기 위하여 파멸된 건물의 자리들을 고르고, 백성들의 마음과 언어

와 종교들을 일깨우고 있다. 세상의 종말에 그들이 오랫동안 견디어 왔던 난국에 지치고 병들어 있을 때, 그들은 도피의 형태를 찾을 수 있다. 많은 사람들은 위대한 기술과 점증하는 노력으로, 또한 보다 다행스러운 결과들을 가지고 자연의 신비들과 성경의 은밀한 곳과 인간의 마음의 깊은 내면세계를 빈틈없이 탐구하고 있으며, 이러한 보고(寶庫)들로부터 보다 많고 위대한 사물들이 빛을 발하고 있으며, 그리고 이 모든 것은 괄목할만한 인간의 지혜의 증가와 신의 섭리가 이미 오래 전에 예언했던 것을 잉태하여 실현하고 있다는 가장 분명한 확증과 함께 나타난다. 이러한 목적을 위하여 하나님은 지식이 증가하도록 많은 사람들이 왕래하는 것을 허락하며 심지어 강요하기도 한다 (다니엘 12장 4절).

10 우리들은 시대의 흐름과 진행에 따라 빛의 여섯 가지 길들을 고찰하여 왔으며, 그 일곱 번째 길을 찾고 있다. 우리들은 여러 단계들에 의하여 현재의 위치에 이르게 되었다; 여기에 또 다른 그리고 보다 높은 한 단계가 틀림없이 있을 것이다. 그렇다면 그 단계는 어떤 것일까? 한 시대와 다른 시대 사이에서의 접촉은 인쇄술에 의하여, 그리고 한 민족과 다른 민족과의 사이에서는 항해술에 의해 공개되었다. 그러나 다음 단계는 인류의 공동적인 활용을 위하여 지금까지 제시되었던 모든 빛들을 한 가지 위대한 빛으로 확실하게 합류하여 함께 모아야 한다. 진실하고 선한 모든 것이 어떤 시기에 어떤 장소에서 하나님에 의해 인지되고, 추구되며, 발견되고, 주어져서 인간으로 하여금 자세하게 소유하게 하였음에도 불구하고, 마치 개별적으로 이 시대, 저 시대, 혹은 다른 시대에서, 그리고 이 민족, 언어, 가정 혹은 이 가족에서, 저 민족, 언어, 가정 혹은 저 가족에서, 그리고 다른 민족, 언어, 가정 혹은 다른 가족에서 소유되었다는

것을 상상해 보라. 그러한 모든 것이 시대와 민족과 언어와 가정을 불문하고, 온 세상에 충분하게 제공되고 있다는 것을 상상해 보라. 특별히 격렬한 마음을 소유한 몇 사람들만이 한때에 얻었던 모든 것을 지금에 와서는 모든 사람들, 즉, 세상의 신비들이 빛에 속한 모든 사람들에게 계시되고 있기 때문에, 그들 자신의 것으로 만들 수 있다. 예전과 같이 이러한 모든 것을 지각하는 것이 어려운 일이 아니라, 모든 사물들 안에서 모든 사람들에게 계시되어 왔던 우주적 조화 때문에, 오히려 쉽고, 자연스럽고, 즐겁다는 것을 상상해 보라. 간단히 말하여, 우리들은 가장 충만한 빛의 고속도로로 진입하고 있다. 따라서 만약 사람들이 그 길을 따라 간다면, 그들 모두가 완전하게, 아무런 실수 없이 그들의 행복을 위해 필요한 모든 사물들을 볼 수 있을 것이다.

11 그러나 이러한 빛의 마지막 길에 관하여 우리들의 유리한 입장을 위하여 다음과 같은 사실들이 지적되어 마음에 전달되어야 할 것이다. 첫째, 빛의 일곱 번째 길이 하늘아래에서 생각될 수 있는 가장 충분한 것과 같이, 그것은 이 세상을 위해 가장 마지막 길이 될 것이다. 그 이후에는 하늘에서 여덟 번째 길이 되는 축복의 빛 이외에 그 무엇도 제시되지 않을 것이다. 그러나 그 빛을 따를 새로운 단계들은 없을 것이다: 왜냐하면 축복 받은 사람들이 즐거워 할 환상은 사물들의 흐름과 공양(貢養)의 환상이 아니라, 사물들의 근원이 되는 하나님의 환상으로서 그 안에서 축복 받은 사람들이 모든 사물들을 무한대로 관찰하며 소유할 것이기 때문이다.

12 두 번째, 지성적 빛의 일곱 번째 길들 사이에서 점증하는 진행의 정도는 매우 즐거운 것이다: 최초의 단계를 결코 제외시키지 않을 마지막 단계는 그 모든 단계들의 것을 포함하고 인정한다. 그러므로 구어체가 먼저 나오게 되었을 때, 그것이 무용

하게 되어지는 것이 아니라, 더 많은 사람들이 언어의 연습에 끌리게 하는 기회를 제공해 왔으며, 그리고 공적인 모임이 개인적인 회의나 독백하는 명상들을 배제해 왔던 것이 아니라, 반대로 더욱 증진해 왔다. 필기술(筆記術)의 발견이 발견과정에서 진행되어온 세 가지 발달의 유형들을 폐지한 것이 아니라, 그것들을 진행하도록 도움을 주었다. 인쇄술은 펜의 사용을 중단시켰던 것이 아니라, 더욱 광범위한 활용을 제공했으며 그리고 사람들이 바다에서 행한 항해는 필요한 모든 기술들을 보다 많은 사람들에게 알려지게 하였다. 그러므로 빛의 최종적인 길은 이전의 모든 것들을 함께 연합하여 실제로 그것들을 더욱 밝게 할 것이다. 왜냐하면 그 길이 우리들이 명상해야 하는 모든 것들을 빛 속에서 종전보다 더욱 분명하게 비추게 할 것이고, 모든 사람들의 언어를 모든 사람들에게 더욱 정확하게 취급하도록 할 것이기 때문이다. 그리고 만약 그 길이 책의 수효를 (책들이 이미 충분하게 증가해 왔기 때문에) 증가시키지 못한다 할지라도, 책들을 가장 신빙성이 있는 우주적 학습의 매개체가 될 수 있도록 정화할 것이며, 또한 모든 나라들과 언어들을 통하여 증가되고 확산된 책들이 더욱 많이 읽혀지고 이해될 수 있는 수단과 방법을 제공하여 지혜의 빛이 죽음의 상태에 있는 우리들을 위해 가능한 한 더욱 증가시킬 것이기 때문이다.

13 우리들은 우리들의 방법론의 범위에서 그것들의 충분한 활용을 증가시키는 일에서 동일한 진행단계를 관찰할 수 있다. 검증(직접적인 직감력)은 개인들을 위해 지식의 빛을 증가시킨다. 언어는 대화에서 상호간의 접촉과 교환에 의하여 지식의 욕망을 일깨우고 증진하며 만족시키는 사람들의 목적을 정확하게 돕는다. 대중 앞에 선포된 설교는 한꺼번에 한 장소에서 함께 모여있는

많은 사람들이 듣게 되지만, 다만 한 차례의 경청에 지나지 않는다. 그러나 글쓰기는 어떤 장소 혹은 어떤 시간을 불문하고 부재하고 있는 사람들에게도 그 길을 제시하며, 심지어 죽은 사람들까지도 살아있는 사람들에게 전달을 가능하게 한다. 인쇄는 여러 시대의 빛을 한데 모으고, 고대의 모든 재능들을 빛으로 나타내어 옛 것을 포함한 새로운 모든 것들을 후손들에게 전달한다. 모든 사물들이 한 국가, 섬, 혹은 대륙의 범위에서만 만족하게 하는 것을 탈피하여 전체의 지구촌에까지 확산시키는 방법과 수단을 하나님께서 자석의 활용으로 우리들에게 계시하였으며, 그 방법과 수단에 의하여 전 세계가 사람들의 접촉과 상거래의 통로를 가지게 되어 마치 모든 사람들이 보호받을 수 있는 거주지가 되었다. 남아 있는 것은 하나님의 모든 공동의 은사들을 공통적으로 활용하는 것을 분명하게 제시하는 범조화(汎調和)의 작업이다. 그러므로 우리들은 하나님의 모든 은사들 (그 모든 것은 위대하지만 그 활용에 있어서 다른 것들보다 더 위대한)이 질서 있게 주어졌기 때문에, 하나님은 항상 부여할 보다 위대한 은사를 보존하고 있으며, 그리고 인간은 그의 자긍심의 한 명쾌한 집합체로서 항상 하나님의 선함을 새롭게 드러내시는 일과 하나님을 기뻐하며 찬양하는 신선한 이유들에 경탄하게 되는 경우를 볼 수 있다.

14 지성적 빛의 이러한 길들이 외부의 빛의 광선들과 매우 정교하게 일치하고 있다는 것이 더욱 주목되어야 한다. 왜냐하면 검증 (직접적인 직감력)은 최초의 빛 혹은 광선과 일치하고, 언어는 반사된 빛과 일치하며, 빛의 대중적 집합이 다시 환원되어 분산시키는, 즉, 분산된 빛과 일치하기 때문이다. 성경과 책들은 빛이 당분간 지속하여 우리들이 촛불과 횃불에 있는 빛을 볼 수 있는 때와 같이 한 장소에서 다른 곳으로 옮겨질 수 있는 정도에서 지상의 물질에

서 발산되는 빛과 일치한다. 다양한 모형의 인쇄술은 등잔과 촛불의 모양과 형태를 제시한다. 항해술은 위험한 장소들을 비추고 있는 빛을 보존하며 운반하는 초롱과 유사하다. 끝으로 범조화는 하나의 형태로 태양의 불꽃과 같이 영구적인 불, 혹은 꺼지지 않는 화염을 우리들에게 기약한다.

15 우리들은 또한 빛의 모든 길들이, 비록 바룩(Baruck)의 구절: "이 분이 우리의 하나님이시며, 그 분과 비교할 수 있는 다른 존재가 있을 수 없으며; 그가 모든 것으로부터 지식의 길을 발견하여 그 길을 그가 사랑했던 그의 아들 야곱과 이스라엘에게 주었도다" (바룩 3장 35, 36절)에 따라서, 비신자들이 오류를 변호하며 죄악을 확산시키기 위하여 그 길들을 포착하고 활용하였다 하더라도, 최초로 열려진 곳이 교회 안이었다는 것을 주목해야 한다. 왜냐하면 언어의 사용은 낙원에서 아담과 함께 시작되었고, 종교집회는 교회 안에서 구성되었으며, 우리들이 알고 있는 최초의 글쓰기 혹은 판서(板書)는 하나님의 손가락으로 서술되어 모세의 손에 의하여 이스라엘에 전달된 십계명이었기 때문이다. 그리고 인쇄술은 항해술과 함께 최초로 그리스도교인들에게 전달되었으며, 마지막 빛은 시온성을 넘어 떠야한다(이사야 60장 12절)고 예언되었기 때문에, 우리들은 하나님의 자비에 의하여 그 빛이 바로 그때에 시온성 위에서 뜨고 있는 것을 보게 된다. 따라서 이러한 모든 것들은 하나님으로부터 온 은사들 이외에 그 무엇도 아니기 때문에, 다만 그의 영광을 위한 것이어야 하는 것이 분명하다.

16 더욱이 우리들은 각각 새로운 길이 존재하게 되었던 사례가 그 이전의 최초의 길이, 그것이 어떤 것이었든지 간에, 적합하지 못했다는 점과, 혹은 종국에는 죄악으로 향하게 되었

다는 것의 발견에 의해서 항상 제공되었다는 사실을 기억해야 한다.

17 끝으로 우리들은 성취되었던 모든 것이 사람들의 욕망과 노동에 의해서 이루어 졌으며 증진되었다는 것을 되새겨야 한다. 예를 들면, 두 번째 길은 최초의 남자가 열망하며 찾고 있었던 여성이 그의 동반자로서 주어졌을 때, 인간사회에 소개되었다. 세 번째 길은 부패의 성장에 의하여 원인이 되었던 슬픔과 비애에서 나타났다. 글쓰기로 생기게 된 네 번째 길은 인간의 천재성(天才性)에 의하여 창안되었는지, 혹은 최초에 하나님에 의하여 직접 계시되었는지를 확신 있게 결정할 수 없다. 다섯째 그리고 여섯째 길들은 사람들의 기업의 산물이며, 만약 우리들이 일곱 번째 길을 평탄하게 하기 위해 어떤 것을 행할 수 있는 소망이 있다면, 그것은 우리들이 노력해야 할 사업이 아니라, 오히려 하늘로부터 기적적인 도움을 기다려야 한다고 가정하는 것을 금하고 있다. 우리들은 이사야가 "내가 누구를 보내야 하느냐? 우리를 위해 누가 갈 것인가?" 라는 하나님의 요청을 들었을 때, 신속하고 자발적인 그의 영이, "내가 여기 있나이다 나를 보내소서" (이사야 6장 7, 8절) 라는 그의 봉사를 재빠르게 나타내었던 것을 본받을 수 있다. 그때에 우리들은 가장 비천한 협력도 경멸하지 않고, 오히려 빛의 일곱 번째 길의 원인들을 충분하게 탐구하도록 진행하는 하나님의 선하심을 신뢰할 수 있다.

제 14 장
우주적 빛의 목적

우주적 빛의 세 가지 목적 (즉, 그 안에서 모든 사물들이 모든사람들에게 모두 충분하게 나타낼 수 있는)이 더욱 충분하게 제시된다.

우리는 모든 사물들을 통하여, 모든 사람들을 통하여 우리들에게 도래한 것을 종전보다 더욱 정확하게 결정하여, 우리가 성취할 수 없거나, 온전하게 불필요한 것, 혹은 심지어 나쁜 어떤 것을 시도해 오고 있다는 것이 입증되지 않도록 충분히 이해하여야 할 것이다. ,

2 우리들은 현재의 학교인 세상에서 하나님이 사람들에게 이미 계시하였거나, 혹은 계시를 진행할 모든 사물들을, 그것들이 영원한 것이든 혹은 일시적인 것이든, 영적인 것이든 혹은 육체적인 것이든, 하늘의 것이든 혹은 지상의 것이든, 자연적인 것이든 혹은 기술에 의해 생산한 것이든, 신학적인 것이든 혹은 철학적인 것이든, 선한 것이든 혹은 악한 것이든, 일반적인 것이든 혹은 특수한 것이든 간에, 이해하게 된다.

3 왜냐하면 사람들은, 영원성을 지향하는 운명으로 영원한 손실의 위험이 없이도 그들의 목적을 알 수 있게 되는 이유로 영원한 것을 배워야 하기 때문이다. 그리고 그들은 영원한 것에 이르는 길이 일시적인 것을 통하여도 가능하기 때문에, 일시적인 것들을

배워야 한다.

4 사람들은 그들이 소유하고 있는 보다 선한 면에서 그들은 영의 존재이며, 하나님의 피조물들로서 그들 자신을 알아야 하기 때문에, 영적인 것을 배워야 한다. 그러나 우리들은 육체 안에서 살아가면서, 존재하고 있는 동안 육체적인 것들에 의해 도움을 받고 있기 때문에, 여기에서 우리들의 활용을 위해 만들어진 이러한 것들을 미지의 것으로 남겨두지 말아야 한다; 그것들 중 어떤 것도 우리들이 전적으로 알지 못한다고 해서, 우리들로부터 그 활용을 빼앗기지 않도록 해야 하며 혹은 우리들이 그것을 불완전하게 이해하고 무모하게 적용한다고 해서, 우리들에게 해로움을 주지 않도록 해야 한다.

5 사람들은, 하늘이 우리의 본향이자 아버지의 집으로서 그 곳에 우리들을 위해 웅장한 처소들이 준비되어 있기 때문에, 하늘의 것들을 배워야 한다. 따라서 이러한 것들이 미지의 것으로 남겨 두지 말아야 하며, 오히려 우리들은 사람들에게 영원한 즐거움의 맛에 취하도록 극진한 수고를 감수해야 한다. 그러나 하나님은 우리들에게 이러한 하늘의 축복들을 하늘의 언어로서가 아니라 세상의 언어로 공포하여, 지상의 것들의 형태로 (현재 우리들의 약함과 무능력을 감싸주고 있는) 제시하고 있기 때문에, 또한 지상의 것들도 우리들이 그것들의 도움으로 하늘의 은사들을 깨달을 수 있도록 이해되어야 하며, 심지어 먼저 이해되어야 한다. 왜냐하면 한 사람이, 만약 은유나 비유로 제시된 것을 먼저 이해하지 못한다면, 은유나 비유의 중요성과 힘을 지각할 수 없기 때문이다.

6 자연적인 것들은 비가시적인 하나님의 존엄성의 가시적인 거울이며, 성경의 많은 신비들과 우리들의 행위가, 만약 그것들이 합리적인 것이라면, 그 개념들과 형태와 기준들에 이르는 열

쇠가 되기 때문에, 필연적으로 가르치도록 해야 한다. 그리고 우리들은 마지막 시대의 지고한 빛이 이러한 사물들을 마치 하나님의 횃불로부터 빛나게 될 것이라는 우리들의 확신이 의심과 회의로부터 벗어날 수 있도록 창조된 사물들의 이와 같은 세 가지 용도를 처음부터 지적해야 한다. 그렇다면, 이 주제를 뒤로 미루고 이러한 문제들을 철저하게 설명하는 것이 바람직한 일일 것이다.

7 창조된 사물들로부터 빛을 조명하는 방법에서 도출할 수 있는 하나님의 지식에 관하여 나는 여기에서 "세상의 참된 원리들의 무지로부터 그리고 사물들의 무경험으로부터 우리들이 하나님에 관하여 오류에 빠지며 거짓된 미신들에 빠지는 것처럼, 이러한 사물들의 참된 지식에 의하여 참된 경건에 이르는 길로 나아가지 않을 수 없다" 라고 술회한 위대한 신학자의 증언만을 제시하는 것에 만족하고 있다. (어거스틴이 "영의 기원"에서 우리들에게 언급하는 것과 같이) 어떤 사람이든지 하나님에 관하여 바른 견해를 가지고 있는 한, 창조된 사물들에 관하여 어떤 견해를 가지고 있든지 그것은 신앙의 진리에 아무런 차이가 없다라고 선언하는 사람들은 치명적인 오류에 빠지고 있다. 왜냐하면 창조주에 관한 우리들의 지식의 오류는 마음과 생각을 하나님으로부터 멀리하게 하지만,[20] 영원한 복음으로 하나님께 영광을 돌리기 위하여 모든 민족들과 부족들과 언어들(우리들이 그 모든 것이 세상의 마지막 시대에 행하리라는 좋은 소망을 가지고 있는)을 요구하는 천사는 조물주(Nature)의 세계로부터 그의 논증들을 끌어내기 때문이다: "그는 하늘과 땅과 바다와 물의 근원들을 만들었기 때문이다" (요한계시록 14장 6, 7절). 그때에, 자연이

---

[20] Zanchius, *Hexameron*, pp. 4, 5.

더욱 더 분명하고 풍족하게 계시되면 될수록, 자연의 창조주의 위엄이 더욱 더 분명하고 풍부하게 빛을 나타낼 것이며, 민족들 가운데에서 그를 경배하는 일이 당연하게 정립될 것이다.

8 우리들은 조물주의 세계의 참된 지식이 성경의 신비에 이르는 열쇠가 될 것이며, 여기에서 우리들은 확고한 기반에 머물게 된다는 것을 언급해 왔다. 왜냐하면 모든 사람이 하나님의 말씀의 해설자가 되는 것과 같이 모든 지혜의 하나님이 또한 자연과 성경의 저자가 되시기에, 사물들에게 각인된 진리는 그의 말씀 속에 표현된 진리와 함께 모든 면에서 조화를 이루지 않을 수 없으며, 혹은 이곳 저곳에서 다소 이해하기 어려운 것같이 보인다 할지라도, 그 자체를 설명하며 해석하지 않을 수 없기 때문이다. 또한 자연과 성경은 서로 각각 주석자와 해설자로서 성경은 일반적 용어로 말하고 있으며, 자연은 특별한 실례들로 말하면서 상대방에게 서로 도움을 주고 있다. 성경은 우리들에게 일반적으로 창조된 사물들의 기원이 무엇인가를 가르치고, 그러한 힘에 의하여 우리들을 지탱되고 있으며, 마침내 어떤 목적을 가질 수 있게 한다. 그러나 정확하고 특별하게 창조된 사물들은 개별적인 성경구절의 의미를 계시하여 우리들에게 베일에 싸여 있던 신비들을 알게 한다. 예를 들면, 구약성경에서 하나님은 제물로 바치는 모든 것을 불로 태워야 한다고 명령하였다. 왜 이렇게 하였는가? 불의 속성을 시험해 본다면 여러분들은 하나님께서 명령하신 목적을 이해할 것이다. 불의 속성은 세 가지로 발견된다. 불은 빛을 준다. 불은 따스함을 준다. 그리고 불은 이동한다. 만약 한 사람이 하나님께서 그에게 희생제물로 그들 자신을 바치는 사람들로부터 (1) 빛의 지식, 즉 (사도 바울이 해석하고 있는 것과 같이, 로마서 12장 1절), 합당한 예배; (2) 온전한 헌신, 그리고 (3) 선한 의도, 혹은 신선한 복

종의 운동을 요구하고 있다고 말함으로써 이 형상을 설명한다면, 그가 율법서의 심층에서 그 정신을 발견하게 되었다는 것이 확실하지 않겠는가? 또한 하나님께서는 희생제물들을 소금 없이 바치는 것을 허용하지 않았다. 왜 이렇게 하였는가? 만약 여러분들이 소금의 자연적 특성을 안다면, 이러한 의식의 신비적 의미를 피할 수 없을 것이다. 그것은 모든 다른 물질의 피조물보다 소금은 그 본질적 특성이 뚜렷하게 나타나기 때문에, 이러한 이유로 소금은 (그 자체가 썩어지지 않거나 혹은 뿌려진 물건들도 썩어 가는 것을 허용하지 않기 때문에) 부패될 수 없기 때문이다. 그리고 소금은 (반대되는 성질의 사물들과 접촉하게 될 때 생겨날 수 있는 것과 같이) 그 외형을 변경하려고 해도 물 속에서 용해되어 분산되고 불에 의해서 산산이 부서지기 때문에, 그 자체의 성질을 변경하거나 손실되지 않는다. (왜냐하면 소금을 용해하는 물은 소금의 성질이나 속성을 빨아들이고, 그리고 불에 의해 부서져서 원자(原子)들로 바꾸어 질 때도 소금은 동일하기 때문이다.) 그렇다면, 이러한 상징에 의하여 하나님께서는 소금과 불의 실례를 통해서 그의 예배자들에게 일관성을 부과하고 있다는 신념이 주장되지 말아야 하는가? 성경에는 자연사물들의 지식을 제외하고 이해의 빛을 얻을 수 없다는 유사한 구절들이 많이 있다. 그래서 나는 비유들에 관하여 더 이상 말할 필요가 없다. 만약 우리들이 성경의 전체적인 것을 자연의 조직과 조화와 결부하여 자연을 성경의 상징들을 포함하고 있다는 것으로 해석하는 것을 배운다면, 우리들의 빛은 얼마나 위대한 것이 될까!

9 더욱이 나는 자연사물 안에 우리의 활동의 형태와 의미가 예언되어 있다는 것과, 이러한 이유 때문에, 자연의 과정들이 정확하게 알려져야 하며, 따라서 우리 자신의 과정들도 불확실성

과 오류가 없이 진행될 수 있다는 것을 언급했다. 이것은 기술을 모방자, 심지어 자연의 자녀라고 부르며, 또한, 자연을 따르는 사람은 길을 벗어날 수 없기 때문에 자연은 최선의 안내자로 선언하고, 그리고 같은 의미로 더 많은 표명을 해 왔던 사람들에 의해서 알려져 왔다. 그러나 그것이 하나님의 도움으로 범조화의 횃불이 빛을 발하였을 때와 같이 결코 그렇게 분명하지 않았기 때문에 예술과 도덕과 정치와 교회의 영역에서 전 시대의 모든 결점과 오류들도 자연사물들의 무지로부터 생겨났으며, 따라서 우리들이 원하고 있는 세상의 회복은 곧 하나님의 피조물들에 관한 그의 지혜의 길을 보다 잘 관찰함으로써 나타날 것이다. 이것에 못지 않게 하나님께서 우리들에게 규범과 기준으로서 제시하였던 사물들의 지식과 무지 사이에도 실제로 차이가 있다. 그렇다면, 우리들이 불변의 것으로 여겨왔던, 즉, 자연의 영역에 있는 모든 것을 배워야할 사물들의 목록에 포함시켜야 한다는 것을 요구해 보자.

10 그러나 예술들은 자연을 표현함으로써, 혹은 오히려 자연을 압박하고 구속함으로써 우리들에게 그 비밀들을 고백하도록 강요하여 보다 잘 알려지게 되었기 때문에, 그리고 그 비밀들은 정의(情誼)적인 생활(그 생활에서 빛의 시대가 결함이 있는 것이 아니라, 오히려 풍족하게 되어야 한다)을 증진하는 목적에 이바지하고 있기 때문에, 예술작품들과 생산물들을 지나쳐 버리거나, 혹은 무지하게 간과해 버릴 수 없다.

11 나는 또한 신학적, 철학적 문제들도 가르칠 수 있다고 언급했다: 나는 이 문제들이 한편으로는 신앙이 지배하고, 다른 한편으로는 이성과 감각기관이 지배하도록 하는 것을 의미한다. 신앙에 속하는 문제들은, 올바른 인간은 그의 신앙에 의하여 살

수 있으며 이것은 영생의 유일한 길이기 때문에, 어떠한 일이 있어도 가르쳐야 한다. 우리들은 이성에 속하는 문제들을, 이 문제들에 의하여 우리들이 짐승과 구별되고, 그리고 사기꾼들이 거짓된 신념을 가지고 이성과 반대되는 문제들을 수용할 것을 쉽게 설득하는 일로부터 보호를 받을 수 있기 때문에, 또한 알아야 한다. 그러나 감각기관의 문제들도 이성의 길을 안전하게 하며 이성을 기만으로부터 보호하기 때문에, 배워서 알고 있어야 한다. 감각기관들은 이성을 도와주며, 이성은 또한 신앙에 필요한 것을 도와주기 때문에, 그 중 어떠한 것도 완전한 빛으로부터 떠날 수 없으며, 그렇게 되지 않는다면, 우리들은 마음을 비춰주고 있는 방편들을 빼앗기게 될 것이다. 왜냐하면 비신자들에게 합리적인 말을 사용하는 일과 그리고 신앙의 어떤 부분에도 진실 되고 온전하지 않는 것이 없다는 것을 제시하지 않고 우리들의 신앙에 대하여 말할 수 없기 때문이다. 어떠한 사람도 그가 믿지 않는다고 생각하는 것을 믿을 수 없거나, 혹은 한 가지 사실을 믿을 수 있다는 결론에 이르는 합리적인 힘을 제외하고 어떠한 힘에 의해서도 강요될 수 없기 때문이다. 만약, 그때에 내가 비신자와 함께 신앙의 신비들에 관하여 말하게 된다면, 그 사람은 신앙보다 덜 중요한 일들의 지식을 가지고 의도적으로 나의 말을 들으려고 할지도 모른다. 그리고 나서, 그 사람이 나 자신과 같이 동일한 용어들에 익숙하게 되어, 조화라는 한계에서 그 자신을 억제하는 것을 배워야 하기 때문에, (당장에, 그 사람은 조화의 신선함에 마음이 끌리게 될 것이기 때문에), 끝까지 더욱 인내를 가지고 경청할 수 있을 것이고, 배울 욕망을 더욱 자각할 것이며, 마침내, 올바른 전망으로 신앙을 이해하게 될 때 기꺼이 진리에 더욱 순응하게 될 것이다.

12 사도들이 철학적 논증으로 시작하지 않았다는 것을 반대할만한 좋은 근거는 없지만, 신앙의 신비들의 핵심에 직접적인 관심을 나타내고 있었다. 왜냐하면 사도들은 특별한 하나님의 도구들이었으므로 기적적인 말과 행위에 의해 모든 감각기관들을 혼란하게 하였고, 모든 지성으로 하여금 신앙의 주권을 수용하게 하는 특별한 능력을 겸비하고 있었기 때문이다. 그러나 지금 우리들이 고려하고 있는 것은 (물론 하나님께서 지시하지 않으면 찾을 수 없는 문제일 수 있으나) 사람들을 교육하는 보편적인 길이다. 그러나 이러한 특별한 도구들이 그 영향력을 보다 잘 수용하게 하기 위해서 사람들에게 활용되었을 때마다 보다 큰 결과들을 나타내었다는 것을 부인할 수 없다: 하나님은 그의 초자연적 은사들에 의해서 처음부터 감각기관과 지성의 은사들을 잘 훈련받고 교육받은 사람들을 뛰어나게 하셨던 것을 더욱 부인할 수 없다. 그리고 우리들은 (하나님의 부르심을 받기 전에는 말과 행위에 있어서 애굽인들의 모든 지혜로 무장해 있었던) 모세와 다니엘과 솔로몬과 바울과 같은 사람들, 그리스도의 오심으로 처음 빛을 받은 현자(賢者), 그들을 통하여 빛을 받은 사람들 안에서 이러한 사실의 증거를 발견하고 있다. 왜냐하면 신령한 지혜는 그 길을 단계적으로 옮겨서 그 역사(役事)와 활동을 이전에 놓았던 기초 위에 세우고, 보다 큰 은사들이 잘 활용되어 왔던 적은 은사들에 더하여 적은 은사들을 높이 들어 빛나게 하는 일을 (마가 4장 21-25절) 부끄럽게 여기지 않기 때문이다. 실제로 하나님은 성경을 의미하는 그의 계시의 책을 자연적 사실들과 함께 (즉, 창조된 세상의 설명과 함께) 시작하는 것을, 그 다음, 자연사물들의 설명 후에는 기술들에 의해 생산된 사물들과 숫자와 측정과 무게에 관한 수리적 진리들을 소개하는 일을 기뻐하였다. 그러나 만약 이러한 일들이 영적 신비들

의 이해를 준비하며 갖추어야 할 사람들의 마음을 통제할 능력을 가지지 못한다면, 어떠한 결말이 나타나게 될 것일까? 따라서 어거스틴이 숫자와 과학에 무지한 어떠한 사람도 하나님의 신비들을 탐구하는 일을 생각조차 하지 말아야 한다고 경고하였던 것은 이유가 있었던 일 이었다. 실제로 시릴(Cyril)[21]은 철학이 신앙을 위한 교리문답으로서 세상에 주어졌다고 선언한다.[22] 그리고 알렉산드리아의 클레멘트(Clement)[23]는 유대인들에게 있어서 율법(律法)이 그리스도에게로 인도하는 현학자(pedagogue)인 것과 같이, 이방인들에게 있어서 철학이 그리스도에게로 인도하는 것과 같다[24]고 언급하였다. 그리고 후아르투스(Huartus, 그의 *Scrutinium Ingeniorum* 에서)는 우리들에게 초자연적 학문들이 앞으로 진보할 준비도 그리고 그것들을 수용할 태세도 없이 마음속에 쏟아 부어질 수 있다고 생각하는 사람들은 큰 오류를 범한다고 우리들에게 언급한다.

13 끝으로 이 목적을 위하여 헬라인들의 고대철학이 더 이상 지속할 이유가 없도록 새로운 빛 속에 새로운 철학이 정립되어야 한다. 지금까지 헬라철학은 열등하고 불충분한, 혼란스럽고 무질서하게, 소란스럽고 충동적인 그렇게 다양한 면에서 누(累)를 끼쳐 오면서 그리스도교 정신에 많은 상처를 입혀 왔다. 이스라엘의 자녀들이 쟁기와 곡갱이 와 날카로운 도끼와 흙손을 얻기 위하여 불레셋인들(Philistines)을 향해 더 이상 구걸해야 할 필요가 없

---

[21] 역주, 시릴(Cyril, 827-869)은 모라비아 사람들에게 포교한 그리스의 전도자.
[22] 제 I 권, *contra Julianum*.
[23] 역주, 알렉산드리아의 클레멘트(150?-219? A.D.)는 최초의 그리스도교 신학자로서 그리스도교를 철학과의 관계에서 신학을 체계화하였으며, 그 전개과정에서 사변적인 이성의 사용을 중시했다.
[24] Stromat, I. 3장.

이 국내에서 그들 자신의 창과 그밖에 필요한 모든 장비를 소유하여 전쟁의 날에도 부족함을 찾을 수 없도록 (사무엘상 13장 19, 20, 21, 22) 새로운 철학이 정립되어야 한다.

14 나는 우리들이 선한 것과 악한 것에 대한 분명하고 명쾌한 교훈이 제시되어야 한다는 것을 언급해 왔다. 악에 대한 교훈은 피상적으로 놀랍고 불합리하게 보일 수 있다. 그러나 우리들은 그 교훈을 생략하도록 충고 받을 수 없다. 왜냐하면 모든 지식, 심지어 악의 지식일지라도 (하나님과 천사들도 또한 악한 것을 알고 있으나, 그것 때문에 악하지 않기 때문에) 선하며, 그리고 모든 지식—선한 것의 지식 (알려지지 않은 것에 대한 갈망이 있을 수 없기 때문에)이 요구되어 추구하며, 사랑을 받고 주의 깊게 보호받을 수 있도록 악한 것의 지식이 미움받고 멀리할 수 있도록— 이 유용하고 필요하기 때문이다. 왜냐하면 선한 것을 추구하고 악한 것을 피하는 것이 우리들의 의무라고 한다면, 양자는 서로 각각 정확하게 구별되어야 할 필요가 있기 때문이다. 그러나 이전에 각각의 정확한 지식이 요청되지 않았다면 어떻게 구분될 수 있을까? 낙원에 있었던 마귀는 인간에게 악한 것을 숨기고 다만 선한 것을 보여 주면서 인간을 속였다. 그러므로 인간이 더 이상 기만당하지 않도록 선한 모습으로 채색된 것을 쓰고 있는 것으로부터 가면을 끌어내려야 한다. 거기에서 우리들은 본래의 것을 위하여 악한 것을 볼 수 있을 것이며, 그리고 우리들을 유혹하고 기만하는 것이 아니라, 너무 늦기 전에 우리들에게 재난를 피하기를 경고하는 힘을 가지게 할 것이다. 왜냐하면 사람들이 여기 저기에 숨겨져 있는 악한 것들을 알지 못하는 일 보다 더욱 유해한 일이 없으며, 한편 그들을 기다리고 있는 악한 일들을 알지 못하고 빠져들어 가는 것이 사실이기 때문이다. 따라서 선한 것과 악한 것을

알지 못하고, 설상가상으로, 실제로 선한 것을 악하게, 그리고 악한 것을 선하게 믿고 있는 사람들이 이 땅에서 자의적으로 무지의 사슬에 매어 있어야 한다는 것이 마귀의 부단한 열망이다. 다른 한편, 하나님은 항상 선한 것과 악한 것을 계시하면서 우리들에게 선한 것을 요구하며 보상으로 약속하는 한편, 악한 것을 금하고 벌을 줄 수 있는 것을 위협하고 있다. 따라서 선한 일들을 알고 행하고, 악한 것을 알고 경계하여 각각의 지식을 더욱 정확하게 구별하여 보다 좋은 것을 많이 아는 것이 신령한 지혜의 바르고 완전한 모방이 된다. 왜냐하면 우리들이 선한 것을 보다 잘 알면 알수록 그것을 더욱 애틋하게 사랑하는 것과 같이, 악한 것을 분명하게 이해하면 할수록 더욱 주의를 기울려 피할 수 있기 때문이다. (실제로 선한 것이 부패하지 않고 타락되지 않는다 하더라도) 부정한 의도로 선한 것을 파멸시키는 것이 인간성의 길이 아니라, 오히려 실제로 아래쪽에 숨겨져 있는 죄악을 지적하지 않거나, 즉각적으로 내리지 않는 벌을 피하려는 소망을 획책함으로서 선하게 보이는 것을 맹목적으로 그릇된 인식의 욕망을 통하여 기만하게 하는 것이 인간성의 길이기 때문이다. (솔로몬은 전도서 8장 19, 11절에서 그렇게 언급하고 있다.) 그러므로 우리들의 미움이 더 이상 거짓으로 기만하지 않도록 명상과 숙고를 위하여 악한 것들이 마음에 분명하게 제시되어 틀림없이 불가피한 재난을 가져올 모든 것으로부터 물러나서 벗어 날 수 있도록 해야 할 것이다. 간단히 말하여, 무지는 그 자체가 어두움이기 때문에 죄악이지만, 지식은 비록 악한 지식이라 하더라도, 그 자체가 빛이기 때문에 좋은 것이다. 이것이 일반적으로 사실이지만, 그럼에도 불구하고, 우리들은 타락하고 죄가 있어서 차라리 우리들이 알지 못하는 어떤 것이 보다 더 좋은 것일 수 있기 때문에, 결과적으로 본질상 애매하고 비정상적인 것, 내가 의미하는 부정(不淨)한 것들을 알지 못하는 것이 좋을 수 있다.

15 나는, 끝으로, 보편적이며 특별한 문제들을 가르쳐야 한다고 말하였으나, 곧 가능한 가장 특별한 속성의 것들을 첨가하고자 한다. 왜냐하면 사물들의 지식과 지식의 활용이 구성하고 있는 것이 일반적인 것들이 아니라, 특별한 것에 있기 때문이다. 그리고 고도로 전문화된 지식의 종류의 수가 많으면 많을수록, 사람마다 (소문으로 들어서가 아니라 정확하게 소유하게 되기 때문에) 그의 학문으로부터 거두어들인 더욱 풍부한 수확을 소유하게 된다. 그러나 전문화된 지식의 종류들이, 그것들 자체가 생소하고 분리되어 있는 특성을 많이 가지고 있다고 할 때, 질서 있게 어떠한 보편적인 혹은 우주적인 집합체로 함께 연결되어야 한다는 것을 (우리들은 기억해야 한다).

16 그러므로 우주적 빛 안에서 가르치고 배워야 하는 모든 문제들에 관한 것이 많이 있다. 그러나 우리들이 모든 사람들에게 이러한 최종적인 빛에 참여자들이 되도록 권유할 때, 기술자들과 시골사람들과 여성들이 그들의 가슴과 영혼을 책에 전념하여야 하는 것이 우리들의 욕망임을 의미하는 것이 아니라, 그러한 사람들 중 각자가 모든 사람들에게 필요한 이러한 문제들에 관하여 고려의 대상에서 제외되지 말아야 한다는 것을 의미한다. 우리들은 어떠한 사람도 그 자신과 창조물과 하나님에 대하여 전반적으로 무지하지 않고, 더욱이 모든 사람이 자신의 특별한 소명(召命)을 위해 훈련을 받으면서, 높은 지위에 있는 사람들이 그들의 위치를 알고 통치하는 방법을 배우며, 낮은 지위에 있는 사람들도 그들의 위치를 알고 복종하는 것을 배울 수 있도록 요구하자. 모든 사람들은 그들이 인간이기 때문에 인간성에 속한 무엇이든지 가르침을 받을 수 있다. 모든 사

람들은 그들이 하나님의 형상이기 때문에 하나님의 일들을, 그리고 그들은 영원성을 추구하기 때문에 영원성을 배울 수 있다. 만약 이러한 일이 이루어지지 않는다면, 그들이 짐승으로 태어나는 것이 더욱 좋을 수도 있을지 모른다. 왜냐하면 영원한 속성이하로 떨어지는 무엇이든지 (본래적으로) 영원성보다 열등한 것들보다 더욱 나쁘기 때문이다. 세상의 학교도 태어난 모든 사람들이 세상에 보내진 일을 위하여 일들을 시작할 때까지 신령한 목적과 조화를 이루는 질서를 찾을 수 없을 것이다. 그러나 만약 그들이 영원히 어두움에 남게 되고, 그리고 바르게 관찰하는 기회들을 가진 사람들일지라도, 우리가 하나님의 도움으로 보기를 시작하는 것과 같이, 이러한 기회들을 제공받지 못한다면, 시작할 수 없을 것이다. 그렇다면, 헬라 철학자들은 그들의 교만으로 평민들에게 관심을 나타내지 않고, 오히려 더욱 부유한 사람들만을 치료하였던 의사들과 같다고 오리겐(Origen)[25]이 비난하였던 것보다 이러한 과제를 잘 수행하는 것이 우리들의 관심이 되게 하자. 그러면 이러한 관심이외에 오늘날 우리의 당대에 인류의 어떤 역할(그 역할이 그 범위 내에서 수고하는 사람들을 포함시켰는지 혹은 그 역할에 이바지하기 위해 돈으로 그들을 고용하였는지, 그렇지 않으면 그들이 만족을 채우기 위해 어떤 일을 추구하고 있는지 간에)에 유익을 주기 위하여 수고를 아끼지 않고 일하는 사람들은 누구인가? 만약, 우리들이 그리스도와 그의 사도들의 모범을 따르고, 시락(Sirach)의 현명한 아들의 말, "숨겨진 보물이나 계시되지 않은 지혜의 용도는 무엇인가?"(지혜서 20장 31절)에 주목할 수 있다면, 모든 사람들에게 동일한 호의를 베푸는 겸손한 사랑에 감동될 것이다. 그

---

[25] Origen, contra Celsum, 제 6권.

리고 그리스도의 규율은 다음과 같다: "사람이 등불을 켜서 말 아래 두지 아니하고 등경 위에 두나니 이러므로 집안 모든 사람에게 비추느니라"[26]

17 만약 "모든 사람들이 현명하게 된다면, 그 결과는 무엇일까? 배운 사람들과 배우고 있는 사람들은 그 자체가 보잘 것 없게 되는가? 그리고 누구든지 선택에 따라 어떤 지점에서 다른 지점들에 이르기 위해 앞으로 추진하는 것과 같이, 종교(宗敎)와 국가(國家)의 문제들에 관하여 자신의 의견을 표현하는 일에 서열(序列)의 혼돈이 있을까? 라고 말하는 사람들이 있다면 (우리들은 그러한 것이 있다는 것을 알지 못하는 것은 아니지만), 이 질문에 관하여 우리들은 종교이든 국가이든 어떤 조건에서든지 사람들의 무지와 노예에 의존하는 안정성은 불행한 것이 틀림없다고 답변할 수 있다. 참된 종교와 공동의 번영은 (우리들이 세상을 위해 바라고 있는 것과 같이) 빛을 주는 것들이며, 따라서 그것들의 안전성을 어두움으로부터가 아니라 빛으로부터 얻는다. 그러나 우리들의 목적은 모든 사람들이 (각자의 재능과 조건도 아니며, 혹은 그의 위치가 그것을 가능하게 하는 것도 아니며, 그것에 대한 필요성도 없는 것도 아니기 때문에) 배워야 하는 것이 아니라, 구원에 이르게 하는 지혜가 있게 (디모데후서 3장 15절)하려는 것이며, 따라서 이러한 지혜는 배우는 일을 하는 것과 같이 그렇게 많은 준비를 요구하지 않고 있으므로, 하나님에게 그 자신의 영광을 드리기를 싫어하는 마음에서 예외 없이 시기를 나타내는 속성을 가지고 있는 것이 아니라, 합리적 피조물이 창조주와 행복과의 우정의 관계를 맺게 하는 것이다. 그리고 가증한 사람들의

---

[26] 역주, 마태복음 5장 15절.

영에 속하는 이러한 사악함은 모든 사람들의 마음에서 멀어져야 한다.

18 우리들은 여호와의 모든 백성들이 예언자들이 될 수 있도록 (즉, 그들이 계시된 하나님의 뜻을 분명하게 이해할 수 있도록) 기도할 때, 우리들의 소망은 첫째, 모든 사람들의 복지를 위한 준비가 마련되어야 하는 일과, 만약 어떤 사람들이 멸망하게 된다면 그것은 우리들의 잘못이 아니라, 그들의 실수에 의한 것이라는 것과, 둘째, 공동체 전체의 평화와 안정을 추구하여 모든 사람이 자신이 이해하는 신령한 소명에 적응하여 그의 위치에서 자신을 평화롭게 지키는 일이다. 왜냐하면 모든 사람은 (자신을 포함하여) 각 개인의 복지가 모든 사람들의 일반적 복지에 의존하고 있다는 것을 이해할 것이지만, 그러나 만약 그의 적합한 위치에서 낮아지지 않거나, 혹은 다른 사람들보다 앞서 갈 때 앞지르지 못하여 자신을 보호하지 못한다면, 이러한 일반적 복지는 완전히 손상되지 않고 존속될 수 없기 때문이다. 셋째, 우리들은 모든 사람이 지혜를 얻기를 원하는 한편, 절대적으로 우주적인 것으로 되어 있는 이 빛이 현재를 위해 안전하게 보존되어 다음 세대에까지 계승되도록 이 지혜를 갈망한다. 만약 백성들 중 가장 낮은 자가 복지를 위해 백성들이 요구하는 사안들이 무엇인지를 그리고 그 사안들의 전체적 체계가 선하다는 것을 깨닫지 못한다면, 그들 중 어떤 사람이 그들의 자녀들에게 이러한 교훈을 줄 것인가? 그들 중 어떤 사람이 그에게 그들의 자녀들을 돌보며 보호하는 의무를 지게 할 것인가? 끝으로, 비천한 사람들이 학식이 많은 사람들에게 나타내는 경멸에 관하여 사람들이 어떻게 말하든지 문제의 입장은 정확하게 반대가 될 것이다: 실제로 이것보다 더 이상 다른 도리가 있을 수 없으며, 즉, 비천한 사람들은 학식을 갖춘다는

것이 무엇인지를 알아야 한다. 왜냐하면 현재의 실정과 마찬가지로 비천한 사람들이 학식이 있는 사람들을 이해하지 못함으로 그들을 동경하지 않고 있기 때문이다. 그러나 그들은 학식이 있는 사람들에 의해 밝게 타오르는 빛의 불꽃을 목격할 것이기 때문에, 학식이 있는 사람들을 우러러보면서 그 불꽃에서 즐거워하고 기쁨을 얻게 될 것이다. 그러나 일반적으로 널리 알려진 의식대로 학식이 있는 사람들과 전문적으로 배운 사람들 사이에는 현격한 차이가 있다. 이러한 차이는 하나님께서 달의 빛이 해의 빛과 같이 되어야 하지만, 해의 빛이 일곱 배 더 밝아야 한다고 예언하였을 때 지시하신 것과 같은 차이를 나타낸다.

19 우주적 빛의 세 번째 목적은 모든 사물들을 피상적으로, 혹은 형식적인 아닌 철저하게 가르쳐야하고 이러한 방식으로 가르쳐 진 모든 것은 잘 알려지게 되고, 그리고 이와 같은 학교의 어떤 학생이든지 진행과정의 단계에 따라, 사마리아 사람들이 그들을 처음 불렀던 여인에게, "우리가 믿는 것은 네가 말한 것 때문이 아니라, 우리들 자신이 직접 배워서 알고 있기 때문이라",(요한 4장 28, 29, 42절)고 말한 것과 같이 할 수 있어야 한다. 우리들이 이 세상의 학교의 학생들이 항상 단순한 학습자들로 남아 있기를 바라는 이유는 무엇 때문인가? 어거스틴은 어리석은 사람들 중에서 알기보다는 배우기를 원하고, 만족하고 있는 것보다 구하는 일을 즐기는 사람들, 다시 말하여, 목적만을 위하여 수단을 찾지 않고, 단순히 바쁜 일을 위해서 바빠하는 사람들을 셈하여 찾아내고 있다. 그렇다면, 사람들에게 온 세상과 함께 지혜를 얻기 위하여 (즉시 개혁되어야 하는 하나님의 지혜의 이 학교에서) 배우는 일을 위해서가 아니라, 알기를 위해서 가르칠 것이며, 아는 일을 위해서가 아니라, 행동으로 실천하

기 위해 가르칠 것이며, 끝으로 단지 행동하기 위해서 뿐만 아니라, 안식(安息)과 행복이 되는 모든 행동의 목표를 얻도록 하기 위해 가르쳐야 할 것이다.

20 그리고 만약 처음의 것을 먼저 가르치고, 다른 것들보다 좋은 것을 가르치고, 직접적인 시각과 개인의 경험에 의하여 지속적으로 실천적인 모든 것을 가르친다면, 이러한 결과가 얻어 질 것이다. 처음의 것들을 먼저 시작하여, 다시 말하여, 단계적으로 처음의 것과 가장 낮은 것으로부터 시작하여 중간매체를 통하여 가장 최종적이며 높은 것들에 이르기까지 가르치는 일이다. 왜냐하면 마침내 모든 것들이 명백하게 드러나게 되는 것과 같이, 처음의 것과 나중의 것이 서로 각각 충돌 없이 동시에 진행하게 되면, 모든 것이 순차적으로 하나 하나씩 탄탄하게 정립될 것이기 때문이다. 거의 필요하지 않은 것들을 지연시키거나, 혹은 더욱 필요한 것들을 대체하는 일을 허용하지 말고, 더욱 밝은 문제들을 밝은 형식으로, 더욱 진지한 것들을 진지한 형식으로 더욱 중요한 목적을 위하여 동요하지 않고 확고하게 다루는 방법에 의해서 보다 좋은 것들을 우선적으로 가르쳐야 한다. 그리고 우리들이 사람들은 그들의 직접적인 감지력에 의하여 배워야 한다고 말할 때, 그들에게 필요한 것을 권위에 의해서가 아니라, 지식에 의하여 (지식은 자유스러운 것이어서 자유스러운 마음으로 흘러들어 가는 것을 사랑하기 때문에) 부과되어야 한다는 것을 의미한다. 그러므로 우리들은 사람들에게 정확하고 관심있게 선택된 언어들을 제공하여야 할뿐만 아니라, 가능한 한 모든 사람들이 그들의 시력을 활용함으로써 볼 수 있으며, 그들의 감각으로 느끼고 실제로 현존하는 모든 것을 그들 자신의 지식으로 알 수 있도록 사실들을 감각기관에 직접 제시하여야 한다. 왜냐하면 결과적으로

지식은 한 사물을 알려진 것대로 아는 것이 아니라, 존재하고 있는 그대로 아는 것이기 때문이다. 다른 사람의 입으로 음식을 씹는 것은 씹는 것이 아니라 씹는 과정을 목격하는 것과 같이, 다른 사람의 추리력을 통하여 한 사물을 아는 것은 지식이 아니라 신념에 불과하다. 나는 여러분들이 먹는 케이크와 마시는 포도주의 맛을 알지 못한다: 시각장애자는 시력을 가진 사람이 볼 수 있다고 말하는 그림을 보지 못한다. 비슷한 예로, 만약 어떤 사람이 나에게 그가 알고 있는 것을, 보았던 것을, 읽고 경험했던 것을 나에게 말한다면, 그것은 나에게 알기를 요구하는 어떤 근거를 제시하는 것이 아니라, 다만 그 사람이 보고 읽고 경험했던 것의 근거를 제시할 뿐이다. 세상이 지금까지 본의 아니게 타의적으로 경우에 따라 반항과 예속의 장벽을 깨뜨리기를 원하면서도 묵인해 왔던 지식에서 (교사들의 권위를 충성스럽게 수용하고 다른 사람들의 지성적 과정으로 형성된) 지식의 유형이 상당한 부분을 차지해 왔다. 왜냐하면, 실제로, 이전 시대에서 우리들에게 전달된 대부분의 지식은 어렵고 혼란스러운 이러한 특성을 가지고 있었기 때문이다. 그러나 우리들에게 지식의 초보단계에서부터 완성에 이르는 시대가 도래하고 있고 때문에, 더 이상 파도에 이리 저리 밀리는 어린 아이들과 같지 않게 우리들 자신이 허황한 교리와 같은 모든 바람에 날리는 것을 허용하지 않고 있으며, 오히려 어떠한 사람도 우리의 지식을 공허와 모순과 다른 유해한 결점과 바꿀 수 없도록 사람들을 성장시키는 것과 같은 지식을 소유하게 한다.

21 그리고 우리들이 모든 인간의 권위들로부터 등을 돌려서 하나님을 독특하고 지고한 충분한 진리의 교사로서 따를 때, 그리고 우리들의 지식과 신앙을 어떤 다른 근원에서 유도하는 것을 거부하고 하나님 자신의 온전한 근원들 (자연과 성경과 양심

제14장 우주적 빛의 목적　183

의 목록들)로부터 직접 도출하여 그것을 우리들의 용기들 (감각기관, 이성, 신앙)속에 담을 때, 이러한 조건이 얻어질 것이다. 하나님은, 그 때에, 우리들이 지금부터 인간의 증거와 권위들의 미로를 통하여 모든 것에 복종하게 유도함으로서 세상을 기만하지 않도록 하였다. 하나님은 우리들 자신이 눈먼자들의 인도자들이 되지 말고 (우리들이 곧 이러한 논쟁에 의해서 눈먼자로 입증될 수 있다 할지라도), 다른 사람들에게 하나님의 책들의 원본 대신에 우리들에 의해 쓰여진 이것저것 여러 가지 사본을 읽게 하거나 제시하지 말 것을 명하였다. 하나님 대신에 사람들을 따르며, 실재 대신에 그림자에 만족하는 사람들은 쉽게 기만당할 수 있다. 그러나 사람들이 얼굴에서 가면들을 벗고 그리스도안에서 (하나님께서 그를 통하여 창조하셨고, 선포하셨고, 영감을 받으셨으며 그리고 지금까지 창조하시고, 말씀하시고, 기록하시고, 영감 받으신 무엇이든지 영감을 주고 있다.) 그들의 길과 그들 앞에 평탄하게 나타난 길들의 문제들을 관찰하고, 하나님의 빛 안에서 빛을 바라보면서 빛의 길로 걸어가야 할 때이다.

22 만약 우리들이 인간의 발명과 상상력의 모든 결과들을 과감하게 관찰하고 깊이 생각해 본다면, 그것이 그 빛을 증가하며 보호하는 일이 될 것이다. 왜냐하면 만약 이러한 결과들이 진리의 어떤 요소를 나타내고 있다면, 보편적인 진리를 정립하게 될 것이고, 만약 그 결과들이 오류에 빠져 있다면, 이러한 완전한 빛과 비교해 볼 때, 마치 빛이 점점 발하여 그림자들이 없어지는 것과 같이 없어지게 될 것이기 때문이다. 그러한 것들이 거짓과 공허를 인정함으로서 빛을 인정하게 될 것이다. 이것이 곧 내가 원하고 있는 일이다: 모든 점에서 이러한 보편적 빛을 강화하기 위하여 (이 빛이 그 기원에서 발생하여 하나님의 등불들 즉, 하나님의 역사와 말씀과 영

감으로부터 충분한 힘을 가지고) 인간의 지혜의 모든 초롱불을 밝히며 혹은 연기를 낼 수 있을 것이다. 왜냐하면 그것들이 더 이상 해를 주지 않고 오히려 신령한 빛으로 걸어가는 사람들에게 그 자체의 방법과 정도에 따라 이로움을 줄 수 있기 때문이다.

23 우리들은 최종적으로 개인의 직접적인 감지력을 더 많이 권면하여 왔다. 우리들의 감각기관 밖에서 무엇을 포착한다는 것은 그렇게 충분한 일이 되지 못한다. 계속적인 반복에 의해서 (명상의 대상이 되는 일들을 반복하여 명상함으로써 그리고 해야하는 일들을 반복하여 수행함으로써) 우리들의 길을 완전하고 실패 없이 확실하게 하는 것이 필요하다. 이러한 일은 우리들에게 정신적 활동을 활력 있게 하면서 이 세상의 완전한 학교를 이해하게 하며 보편적 빛의 광채를 기다리게 한다.

제 15 장
우주적 빛의 요소

우주적 빛을 위해 네 가지 필수적인 요소들, 범교재 (汎教材), 범학교(汎學校), 범대학(汎大學), 범언어 (汎言語)가 있다.

우리들이 범지혜(Universal Wisdom)의 목적과 목표를 결정해 왔기 때문에 그 목적에 이르는 수단을 정리해 나갈 것이다. 이 중 네 가지가 즉시 우리들의 마음에 제시될 것이다: 그것들은 범교재 (Universal Books), 범학교 (Universal Schools), 현자나 학식이 많은 사람들의 범대학(Universal College), 그리고 범언어 (Universal Language)가 될 것이다. 네 가지는 새로운 것이기 때문에 그 기초에 서부터 정립하기 위하여 새로운 노력이 요구된다.

2 실제로 지금 우리들은 세상과 성경과 인간의 양심을 구성하고 있는 범교재(汎教材)들이 없는 상태에 있다. 또한 어떠한 사람도 회피할 수 없는, 즉, 우리들의 현재의 생활을 구성하고 있는 범학교(汎學校)도 결여되어 있다. 그리고 창조주의 영광을 경건하게 증거하기 위해 연합한 천사들과 거룩한 사람들의 모임인 범대학(汎大學)이 있다. 우리들은 모든 사람들을 이해할 수 있는 방편이 되는 범언어(汎言語)가, 물론 인간의 천진스러운 상태를 지켜 왔던 옛 언어는 그렇게 결핍되어 있지 않았지만, 지금은 매우 결핍되어 있다. 만약

우리들이 그러한 상태로 지속적으로 유지하여 왔다면, 그밖에 다른 교재들이나, 다른 학교, 다른 대학사회를 필요로 하지 않았을 것이다. 그러나 우리들이 멀리 떠나 계속되는 오류에 빠져 방황하다가 우리들의 길을 다시 회복해야 하기 때문에, 우리들은 우주적인 것을 함께 모아 재결합 할 필요가 있으며, 따라서 우리들 자신을 함께 결합하기 위한 도구들과 수단을 가져야 한다.

3 그리고 이러한 종류의 네 가지 도구들이나 수단은 하나님의 명령에 따라 새 교재들, 새 학교들, 새 대학 그리고 새 언어로 존재할 수 있다. 모든 도구들은 그 속성상 우주적이며 보편적인 것으로서 모든 사람들로 하여금 이미 지정된 우주적인 목적을 지향하는 일에 적합하게 되어 있다. 왜냐하면 우리들이 요구하는 교재들은 필연적으로 우리들로 하여금 하나님의 책들로 인도하여 그것들을 보다 선하고 진실하게 이해하게 하는 것이 되어야 한다. 그리고 우리들이 원하고 있는 학교들은 필연적으로 보다 위대한 인생의 학교에 이르는 예비적인 것이 되어야 하고, 그 한 목적은 세상에 있는 모든 사람이 그 학교의 유일한 학생이 되어 그 학교에서 가능한 한 많은 진보를 할 수 있도록 인도되어야 한다. 같은 의미로 우리들이 옹호하고 있는 대학은, 그 유일한 한 목적으로서, 모든 사람들이 어디에서든지 축복 받은 사람들의 집단과 연합하는 풍부한 기회를 제공하여야 할 것이다. 끝으로 범언어는 지상에 현존하는 사회에서 우리들이 상대방을 보다 잘 이해하고, 선한 모든 것 안에서 서로를 높이 세우는 일에 하나가 되도록 노력하게 될 것이다.

4 우리들은 이 모든 일들이 지금까지 언급한 수단에 의하여 얻을 수 있다고 확신한다. 왜냐하면 만약 (우리들이 알기를 요구하는 모든 것들을 참되고, 간결하고, 분명한 형식으로 포함하고

있는) 범교재들이 정리된다면, 이 교재들을 탐독하여 이해하는 사람은 필요로 하는 어떤 것에든지 무지하게 될 수 없는 결과를 가져올 것이다. 그러나 모든 사람들이 읽고 이해할 수 있는 이러한 교재들을 제공할 수 있는 곳이 바로 학교들이기 때문에, 만약 학교들이 실제로 보편적이 된다면, 모든 젊은 청소년들이 초보적이고 개론적인 교재들(내가 의미하는 것은 어린 나이에 적합한 소책자들)에 의해서 보다 위대하고 중요한 모든 문제들을 읽고 이해하기 위해서 자유롭게 가르침을 받고 마음에 이끌리어 준비하게 하는 곳이 될 것이다. 또한 이러한 유형의 학교들이 세계도처에 설립되는 일이 선하고 학식이 많은 사람들의 집단인 대학의 과업이 될 것이며, 그들은 이 목적에 그들의 공동 노력을 집중하여 많은 사람들에게 확산하고 그 수를 더욱 증가하게 할 것이다. 그리고 많이 배운 현자들이 그들의 과업을 성취하게 할 수 있는 것이 바로 범언어 이다. 범언어는 그들이 대면하는 사람들이 어떤 사람들이든지 그 사람들의 속성과 특별한 언어가 무엇이든지 간에 상호간에 사고와 관념을 교환할 수 있는 수단이 된다.

5 지금까지 우리들은 학과목의 분류에 따라 다양한 체계로 구분된 많은 교재들을 가지고 있었으나, 전반적으로 인류에게 도움을 주기 위해 고안된 것이 아니라, 특정한 종파들과 집단들을 위해 제작되었기 때문에, 여러 가지 점에서 서로가 모순되어 있어서 결점이 많고 해를 끼쳐왔다. 그러나 지금 우리들은 진실로 보편적(Catholic)이며, 배우기 쉽고 완전히 진리에 부합되는, 따라서 종파들을 옹호하는 것이 아니라, 극복하고 멀리하는 데 필요한 교재들을 생각하여야 한다.

6 지금까지 우리들은 의심이 없이 확실한 것을 (그리고 우리들이 세상에 태어나서 배울 수 있는 모든 것의 최소한의 것

만을) 가르쳤던 학교들을 여기 저기에 설립하였으며, 그리고 나머지 사람들은 동물들의 떼와 같이, 어떤 사람들은 그들의 노동으로, 어떤 사람들은 그들의 목양지로 이리 저리 쫓겨다녔다. 그러나 가르치는 기술, 교수방법이 (원하는 사람마다 무엇이든지 배우기를 원하는 사람을 가르칠 수 있도록) 확고하게 정립되었을 때, 사람들이 있는 곳마다 어떤 사람도 교육받지 않은 채 남아 있지 않게 학교들을 세울 수 있을 것이다.

7 지금까지 사람들은 철학과 신학과 관계가 있는 다양한 대학들, 협회, 학회들을 어떤 것은 사립으로 어떤 것은 공립으로 설립하여 왔으나, 특별하고 특수한 종교들과 철학을 제외하고 두 분야에 어떠한 유익도 끼쳐오지 못했다. 그러나 우리들이 면밀하게 추진하고 있는 것은 그 성격상 (우리들이 여기 저기에 흩어져 있는 사물들을 한데 모으고 사소하고 부분적으로 종합한 모든 것을 포괄적으로 종합해야 할 때가 되었다는 것을 이미 알고 있어서) 보편적인 것이기 때문에, 우리들은 전 세계의 학식이 있는 사람들 중에서 범대학(汎大學)을 설립해야 할 것이다. 이와 같은 숭고한 노력에 의하여 하나님께서 어느 시간, 혹은 어느 장소에서든지 빛과 진리를 증진하기 위하여 계시하였던 모든 것을, 지구의 구석구석까지 국가와 언어와 지위와 환경을 불문하고, 모든 사람들이 접할 수 있게 할 것이다.

8 또한 우리들은 우리들의 혼돈을 부단히 지속적으로 증가 시켜왔던 유일한 도구인 다양한 언어들을 가지고 있었다. 왜냐하면 인간의 교만으로 이러한 재앙을 만나게 되었을 때, 모든 세상이 바벨(Babel)탑이 되어, 우리들이 서로 각각 말 못하는 짐승들보다 더 완전하게 분열되어 있었기 때문이다: 짐승들은 이해를 필요로 할 때, 각기 머리의 동작이나 기호(記號)등을 활용하여 서로를 이해할 수

있다. 그러나 사람은 다른 사람의 언어를 이해하지 못하면 서로 각각 이해를 시작하는 방법을 알지 못한다. 그러므로 어거스틴은 알지 못하는 언어를 사용하는 사람의 사회보다 그의 개(犬)의 사회를 더욱 좋아하지 않은 사람이 없다 라고 언급한다. 따라서 세계도처에 다양한 민족들 (그리고 우리들이 얼마나 많은 민족이 있는지를 알지 못하는)이 있는 것과 같이, 다양한 많은 언어들이 있으며, 그리고 이러한 이유로(그 장벽이 제거될 때까지) 땅 끝의 다른 민족들에게 이르는 길이 열려질 수 없기 때문에, 모든 사람들과 민족들에게 공동으로 통용되는 한 가지 언어의 정립을 깊이 생각하는 것이 우리들의 과제가 되어야 한다. 그리고 만약 이러한 언어가 (초기의 발명들이 이루어진 것과 같이) 발견되어 사용될 수 있게 된다면, 그때에 우리들이 추구하고 있는 것, 즉, 모든 사람들에게 필요한 모든 것을 가르치는 완벽하게 열려진 길을 가지게 될 것이다.

9 이러한 네 가지 것들 (범교재, 범학교, 범대학, 그리고 범언어)은 지성적 빛을 인간의 지성의 모든 영역에까지 확산시키는 필연적인 수단들이기 때문에, 빛으로부터 그 명칭과 칭호를 본따서 빛의 교재들, 빛의 학교들, 빛의 대학, 빛의 언어라고 부르는 것이 적절할 수 있다. 왜냐하면 범교재는 보편적 빛을 나타내는 등잔들 이외 무엇일 수 있을까? 그리고 범학교는 이 세상의 모든 집집마다 구석에 걸어 놓고 집안에 있는 모든 사람들이 등잔을 활용하는 것을 보여주는 용기 이외 무엇일 수 있을까? 그리고 학문하는 사람들이란, 그들이 우주의 곳곳에까지 상호관계를 유지하게 될 때, 이 용기들을 걸어 놓고 기름을 공급하고 불꽃을 밝고 분명하게 유지시키는 빛의 대리인 이외 무엇일 수 있을까? 그리고 끝으로, 범언어에 관하여 그것이 이 빛의 양식(즉, 가장 순수한 기름)이외 무엇일 수 있을까? 실제로

그러한 것이 사람들의 마음에서 사물들의 이유(理由)와 원리들을 보다 잘 지각하도록 간결하고 명쾌함을 제시할 활동을 하는 모든 영혼들(spirits)의 대학이 될 것이다.

10 그리고 만약 우리들에게 성스러운 문제들을 언급하는 즐거움이 허용된다면, 지혜가 집을 짓고 짐승들을 잡으며 포도주를 혼합하여 상(床)을 차리고 그 하녀를 보내어 도시의 높은 곳과 대학에서 사람들을 불러와서 심지어 어리석은 자들과 이해가 부족한 사람들까지도 음식을 먹고 포도주를 마시도록 하는 지혜에 관한 솔로몬의 극적인 이야기 (잠언 9장 2-5절)에 우리들의 목적을 두는 것이 좋을 것이다. 왜냐하면 그러한 음식들이 적합한 분량으로 잘 준비되어 다양한 맛을 내는 포도주에 잘 담겨져 있을 때 우리들이 알아야 하는 교과의 주제들은, 마치 그것이 잘 차려진 학교의 식탁처럼, 실제로 우리들에게 잘 준비된 맛있는 음식들을 제공할 것이기 때문이다. 사람들을 지혜의 신령한 축제에 초대한 하녀들은 모든 사람들을 거룩한 지혜, 즉, 신부의 결혼식에 초청하는 순수하고 청순한 정신을 간직하고 있는 대학의 학생들일 것이다. 그리고 새로운 언어는 모든 사람들이 쉽게 지각할 수 있는 새롭고 충분한 초대의 형식을 제공할 것이다. 그러나 이러한 모든 제안과 계획들이 성취될 수 있는 방법을 보다 면밀하게 검토해 보자.

제 16 장
범교재의 구상과 계획

우리는 범교재(汎敎材)가 지식이 될 수 있는 모든 사물들을 참되고 완벽하게 정리하여 요약한 것이 되기를 원한다. 그러므로 그것들은 세 가지 덕목—충분함, 질서, 진리—이 담겨있어야 할 것이다. 그 교재가 포함하고 있는 충분함이란 생략과 훼손함이 없이 시간과 영원 속에서 우리들의 조건에 맞는 모든 것을 말하며, 질서는 모든 사물들이 처음부터 연속적인 단계와 발전을 거듭하여 중단 없이 최종점에 이르게 하는 것이고, 진리는 모든 사물들이 거짓된 것과 쓸모 없는 것이 혼합되지 않고 현존하고 있는 그대로 되어지고, 혹은, 되어가고 있는 그대로 정확하게 제시하는 것이다.

2 우리들이 원하고 있는 이 책들은, 그 다양한 대상들과 분리된 목적과 용도와 일치하여, 이러한 모든 문제들이 함께 모아졌을 때 형성되는 지식이 지성의 보편적 빛을 자극해야하기 때문에, 세 가지 측면에서 검토되고 있다. 즉,

(i) 사물들로 구성된 우주는, 일반적인 개념에 따라서 추상적인 이해와 일치하여 질서와 진리가 결합하여 함께 연결되어 있기 때문에, 그 근원들과 뿌리에서 검토되고 있다.

(ii) 혹은, 그 교재들이, 마치 세상의 운동에 포함되어 있는 모든 사물들이 주어진 개념과 일치하거나 혹은 분리되어 진행하는 것과

같이, 그 분야들과 흐름을 통하여 확산되고 전달되며, 내가 의미하고 있는 대로, 특수한 사건들과 사실로 전달되기 때문에,

(iii) 혹은, 끝으로, 한 사람, 다른 사람, 혹은 세 번째 목격자가 주목하여 관찰하고 이해한 사상들을 세상에 전달하던 것과 같이, 여러 가지 지엽적인 문제들과 형태들 그리고 공허한 설명들에서, 혹은 사건들의 기록에서 검토되고 있다.

3 이러한 세 가지 방법 중 첫 번째에서 사물들의 지식은 사람들을 현명하게, 두 번째에서 경험을 가지게, 세 번째에서 학식을 얻게 만든다. 보편적인 방법으로 많은 사물들을 아는 것, 즉, 사물들의 공통적인 형식이나 개념을 이해하고 이것들과 일치하여 특수한 것에 관하여 판단을 하는 것이 현명한 사람의 특징이다. 정해진 경험을 통하여 많은 사물들을 특수한 것으로 아는 것이 경험을 쌓은 사람의 특징이다. 끝으로 전통으로부터 권위자들의 활동에서 결정된 사물들을 있는 그대로 보편적으로 특별하게 아는 것이 학식이 있는 사람의 특징이다.

4 지식이 될 수 있는 모든 사물들은 예외 없이 이러한 세 가지 범주에 포함시킬 수 있기 때문에, 우리들은 세 가지 책들을 적합하게 그리고 서로 다른 것과 구분하여 결정해야 한다.

이것들 중 첫째는 영원한 진리의 정수, 즉, 모든 사물들의 전반적인 기초의 조건을 포함하고 있는 **범지학**(Pansophia) 이라 부를 수 있다. 모든 사물들은 그 개념상 (한 가지 유일한 질서의 선상을 따라 한 가지 원리에서부터 고착된 한 가지 진리의 형태에 이르기까지 후방으로 그리고 전방으로 진행하는 방법을 보여 주고 있다).

두 번째를 **범역사**(Panhistoria)라고 부르며, 특수한 사물들의 모든 다양성, 즉, (지금까지 발견하여 왔던) 사물들의 기원에서부터 현재에

이르기까지 모든 특수한 행위들과 우연한 사건들과 문제들을 전개하고 있다.

세 번째는 **범교리**(Pandogmatia) 라고 부르며, 사물들이 생산되어 왔던 모든 장소와 방법, 그리고 그 사물들이 진실한가 혹은 그릇된 것인가에 대하여 주장해 왔던 다양한 이론들과 의견들을 고찰할 것이다.

5 따라서 범지학은 현명하게 되기를 원하는 모든 사람들에게 필요한 모든 사물들을 포함하고 있으며, 밝은 빛에서 모든 사물들의 목적과 그 목적에 이르는 수단들, 그리고 그 수단들의 정확한 활용을 관찰하는 사람들은 그들이 소유하고 있는 모든 것을 선한 목적을 지향하게 하여 오류의 위험이 없이 선하고 일정한 수단에 의하여 그 목적까지 진행할 수 있다. 그리고 이렇게 하는 것이 현명하게 되는 것이다.

6 범역사(汎歷史)는 모든 사람들에게 공평하게 그리고 절대적으로 필요한 사물들보다 그 방법을 위해 필요한 사물들을 제시할 것이다: 왜냐하면 (자연의 지배하에 있든지, 예술의 지배, 윤리학이나 정치학의 지배에 있든지, 혹은 종교의 지배하에 있든지 간에) 사물들의 특수한 진로의 특별한 지식을 소유한다는 것은 우주적인 지혜를 대단히 강화하고, 밝게 하며, 증가할 것이기 때문이다.

7 범교리(汎敎理)는 충분하고 완전한 학문에 열중하여 다소 학문의 광범위한 여유를 발견할 수 있는 사람들에게 필요한 것보다 유용할 것이다. 어떤 목적지까지 급하게 서두르고 있는 사람에게 있어서, 비록 자신이 도로에 연결되어 있는 굽은 길과 교차로와 샛길을 전혀 알지 못한다 할지라도, 목적지에 이르는 도로를 알고 있다는 것이 충분한 일이다. 그러나, 그럼에도 불구하고, 여행자가 굽은

길과 샛길을 안다는 것은 전혀 해가 되지 않고, 반대로 그러한 지식은 그가 가는 도로를 더욱 확인시켜 주어 거의 실수하지 않게 할 수 있다. 그것과 마찬가지로, 우리들의 생의 목적과 그 목적을 지향하는 수단을 잘 아는 것이 행복의 목표를 급하게 가는 사람, 비록 다른 사람들이 어떻게 그 행복과 멀어져서 이곳 저곳에서 방황하고 있는가를 알지 못한다고 할지라도, 그에게 있어서 충분한 일이다. 그러나 다른 사람들의 여러 가지 실수와 오류를 안다는 것은 우리들에게 진리를 더욱 확신시켜 주는데 도움이 될 것이다. 그러므로 그것은 보다 확고한 진리의 정립과 모든 민족들과 종교들과 철학들과 종파들과 저술가들의 견해와 결정을 인식하는 일에 이바지할 것이다. 왜냐하면 그것들이 이용하는 진리의 무엇이든지 우리들 자신의 신념을 강화하게 할 것이며, 그것들이 제공하는 어떠한 거짓이든지 이성과 반대된다는 것을 입증할 것이기 때문이다. 끝으로 범교리의 분야와 연구에서 우리들은 어떠한 시대에서든지, 어떠한 마음에 의해서 이든지 범교리가 빛과 어두움 사이에서 싸워왔던 투쟁과 갈등을 깊이 생각할 수 있으며, 만약 모든 인간적인 논쟁과 주장들이 그 옹호자들의 변덕스러운 말에 맡기게 되고 실제적 사실들의 영역 내에서 엄격하게 유지되지 못한다면, 범교리에 근거하여 그 모든 허구성을 목격할 수 있을 것이다.

8 간단하게 말한다면, 범지학은 모든 사물들에 관한 일관적인 규범들의 모체와, 범역사는 특수한 것에서 일반적인 것으로 진행할 때 모아진 실례들이나 모범들의 수집과, 그리고 범교리는 진리의 다양한 표명에 관한 여러 가지 주석들이나 특별한 경우들과 유사하다. 그렇다면 우리들은 이러한 것들의 하나 하나에 대하여 더욱 포괄적인 방법으로 언급해야 한다.

범지학(汎知學)

9 이 책은 하나님의 책들, 즉, 자연의 책과, 성경책 그리고 인간의 마음에 내재하고 있는 관념의 책[27]에서 배열한 유일한 사본이다. 따라서 이 책을 읽고 이해하는 사람마다 동시에 자기자신과 세상의 자연과 하나님을 읽고 이해할 것이다. 따라서 그 책은 모든 사람들이 인간으로 태어나서 현세와 미래의 생을 준비하기 위해 알고, 믿고, 행하고, 그리고 소망하는 일에 필요한 모든 것을 관찰하기 위하여 제공된 (1) 가장 보편적인 종류의 책이며; 인습적인 추정과 견해에 상관하지 않고, 사실들 자체에 관심을 가지고 동일한 조화의 법칙에 의하여 마음의 개념들을 연결하며 또한 그 법칙에 의하여 사실들을 함께 결합하고 있는 (2) 가장 엄격한 질서(秩序)의 책이며; 모든 사람들에 의해 정립되고 일치된 제일 원리들로부터 모든 사물들을 추론하여 하나에서 끝까지 지속적으로, 혹은 예외 없이 그 자체의 모든 설명들을 제시하여, 그 중 어떠한 것도 의문을 제기하게 하거나 거부함이 없이 공통된 진리로서 모든 사람들에게 자발적으로, 그리고 즐겁게 제공되는 (3) 가장 완전하게 준비된 책이다. 따라서 전체의 내용은 그 자체에서 입증된 원리들과, 필연적으로 그 원리들로부터 도출하는 결론에서 정립될 것이며, 더욱이, 인류의 일반적인 동의와 지지에 의해 인정된 의미 있고 훌륭한 판단력으로 연결되어 있다. 그러므로 필연적으로 진실한 사물들과 우발적으로 진실한 사물들 사이에

---

[27] 역주, 코메니우스는 하나님이 저술한 세 가지 책으로 자연의 책(the Book of Nature), 성경의 책(the Scriptures, or the Book of the Bible), 인간의 양심의 책(the Book of Conscience)으로 기록하고 있으나, 여기에서는 양심의 책 대신 관념의 책(the Book of Notions)으로 언급하고 있다.

서 명확한 분별을 하면서 이 책은 어떤 일에든지 강한 의견에 치우치는 것을 경계하면서, 감각기관과 이성과 하나님의 계시의 검증을 극복하여 어떠한 것도 제외될 수 없고 모든 사람들이 공감할 수 있는 사물들만을 제시할 것이다.

10 이 책의 목표와 목적은 사람들을 학식이 있게 하는 것이 아니라 지혜롭고 현명하게 하는 것이다: 다시 말하여 사람들로 하여금 자신의 목적과 모든 사물들의 목적, 그 목적에 이르는 수단과, 그 수단의 정당한 활용을 이해하게 하는 것이다. 그러므로 어떠한 사람도, 만약, 실제로, 밝고 영광스러운 빛과 진리의 길을 따라 걸어가는 것보다 고의적으로, 그리고 우선적으로 무분별한 소비에 빠져들지 않는다면, 일시적이거나, 혹은 영원한 행복의 이정표를 놓칠 수 없을 것이다. 이 책은 지속적이고 참되고 진지하게 우주(宇宙)의 분석(分析)에 의하여 존재하고 있는 모든 것을 어디에서든지 적합하고 자연스러운 질서로 모든 사람들의 안목에 제시할 것이다. 따라서 그 책은 모든 사물들이 발생한 근원과, 그 경향과, 진행하는 방법들과, 그리고 이탈한 것들을 어떤 수단에 의하여 정상적인 진로로 복귀시킬 수 있는가를 완전하게 밝힐 것이다.

11 실제로 범지학의 책은 충분하고 완전한 것이기 때문에 그 한계를 넘어서는 그 무엇도 있을 수 없으며, 존재하고 있는 어떠한 것도 인식될 수 없다. 더욱이, 완전히 읽기 쉽게 되어 있어서, 더 많은 중요한 모든 설명들이, 처음단계에서 마지막 단계에까지, 가장 낮은 것에서 가장 높은 것에 이르기까지 일관성 있게 구성되어 있기 때문에, 무지하고 단순한 사람들을 불문하고 모든 사람들이 쉽게 이해할 수 있다. 그 책은 완벽하게 확실하고 구체적으로 되어 있기 때문에, 어떠한 것도 그 기초에서 제외될 수 없다. 이 책에 관하

여 우리들은 키케로(Cicero)가 스토아 철학에 관한 진리보다 더욱 재치 있게 언급하였던 것과 같이 정당하게 말할 수 있다: "그 체계는 대단히 경탄할 정도로 일관성이 있는 전체를 유지하고 있다. 결론들은 처음에 제시된 원리들과 일치하고, 중간 단계들도 실제로 한 부분씩 모든 다른 부분과 일치하고 있다.[28] 사람들은 주어진 전제에서 어떤 추론이 제기되며, 그것과 어떤 모순이 있는지를 이해한다. 그것은 기하학과 같다: 전제가 주어진다면 모든 것을 제시하여야 한다." 그러나 범지학은 (실제로 발견하지는 못하지만 끌어들일 수 있는) 가상적인 조화, 질서, 혹은 진리를 따르는 것으로부터 보호되어야 한다: 범지학은 분명하게 입증할 수 있는 사물들만을 제시하고, 알지 못하는 사물들에 관하여 하나님께서 그 언젠가 계시할 때까지 침묵을 지키고 있어야 한다. 그러한 이유 때문에 범지학의 빛은 두 가지, 즉 보다 위대하고 순수하게 되는 것이 그 이후에 전개되는 일로부터 분명하게 입증되도록 그 자체가 순화되어야 한다.

범역사(汎歷史)

12 범역사는 우리들이 범지학에서 보편적인 형태와 개념으로 제시되어 묘사되어 있는 (자연, 예술, 윤리학, 종교의 범위에서) 모든 사물들의 진로를 목격할 수 있도록 밝은 빛을 내는 유일한 극장이 될 것이다. 그것은 자연의 형태와 물질, 자연의 한 본질과 다른 본질, 예술과 자연, 법과 관습, 인간의 예견과 실제적 사건들의 문제, 신령한 지혜와 사람들의 어리석음, 하늘의 은혜와 세상의 배은망덕, 하나님의 인내와 우리들의 악행, 그리고 정의와 사악한 행

---

[28] Cicero, *De Finibus*, v. 28, 83. Trans. H. Rackham, leob. ed.

위와의 사이에서 계속적으로 발생하는 투쟁과 갈등을 제시할 것이다. 그것은 자연이 그 스스로 유지하고 있는 정상적인 질서와, 자연이 활기 있게 허용하는 변화와 예외를 나타낼 것이다. 또한 그것은 사물들의 숨겨진 힘을 추적할 수 있는 실험과, 그리고 성공하지 못했던 사례들을 보여줄 것이다. 거기에 특별히 시민들의 일상생활과 교회생활에 대한 인간사의 기록들이 있을 것이기 때문에, 우리들과 후손들에게 모방과 경고가 되는 매우 가치 있게 기억될 사건을 무지한 상태로 남겨 두지 않을 것이다.

13 무엇보다 먼저, 이 작품은 자연의 역사를 매우 성실하고 정확하게 함께 수집하는 일에 관심을 나타내어 다른 어떤 분야에서 보다 그 역사에서 지식의 기반과, 참되고 완벽한 범지학이 구축될 수 있는 기초를 더욱 확고하게 놓을 것이다. 곧 자연의 길은 매우 섬세하고 신비스럽고, 그 다양성은 경이적인 것이기 때문에, 종류가 다르거나 심지어 반대되는 사물들도 유사성을 나타내거나 그 반대의 현상을 드러내고 있다. 더욱이 많은 사물들이 순수한 신화적인 전통에 의하여 우리들에게 전해져 왔기 때문에, 어떠한 검증도 없이 이것들을 수용한다는 것은 사람들을 매우 어리석게 할 수 있다.

14 또한 우리들은 사물들의 수와 종류가 너무나 엄청나기 때문에 어떤 개인의 인내나 한 생애동안 그 모든 것을 충분하게 취급하지 못하며, 더욱이, 그 많은 것들을 결코 단 한곳에 제시하지 못한다는 것을 기억해야 한다. 그리고 (화학과 천문학의 탐구에서와 같이) 어떤 실험은 수년동안, 심지어 여러 세대의 과정을 걸쳐 매우 점진적으로 진척될 수 있다. 그러므로 우리들이 필요로 하는 것은 지금까지 정확하게 관찰하여 오류의 가능성을 극복하고 참된 것으로 입증되어 온 모든 사물들을 수집하여 우리들의 안목에 제시하는

귀납적 역사이다. 따라서 하나 하나의 정확한 실험과 비교에 의하여 보편적 자연법칙들이 우리들의 지식의 범위 내에 제시될 수 있게 된다. 그러나 우리들은 천문학을 제외하고 어디에서도 이러한 종류의 귀납적 역사를 거의 소유하지 못한다. 이러한 이유 때문에, 자연의 연구가 수많은 어려움에 봉착하여 험난한 기로에 놓여 있다. 그렇다면, 다음과 같은 이론을 생각해 보자: 즉, 지금까지 자연에 관한 탐구에서 우리들이 어떠한 모든 기록이나 꿈을 신뢰하지 못하고 있으나, 실제로 우리들이 스스로 자신들을 계속적으로 기만하지 않고, 그리고 우리들이 무검증의 전통에서 수용해 왔던 것을 반복하여 다른 사람들에게 전달함으로서 그들을 기만하지 않기를 원한다면, 사물들에 관하여 내릴 수 있는 참된 판단의 빛에서 모든 자료들을 만족스러운 증거에 의하여 수집하며 정립할 수 있다고 생각한다.

15 범역사의 전체 내용에 관하여 다음과 같은 두 가지 문제들을 마음속에 깊이 고려해야 한다. 첫째, 그것은 이야기나 소설들이 아니라 기록된 역사이기 때문에, 진부하고 거짓되고, 불확실한 어떠한 것도 생략될 수 없을 것이다. 둘째, 참된 것이 기록되어 있지 않을 수 있지만, 마음에서 사물들을 깊이 생각하게 하거나, 사물들의 동작과 활동에 관하여 현명하게 예상하거나, 혹은 가슴속에 하나님을 존경하는 경건의식과 경외감을 심어 주기 위하여 모든 것을 아는 것이 중요하다. 왜냐하면 우리들이 유해한 것으로 구분하고 있는 사물들도 있으며, 그러한 것들을 사람들의 지식으로 삼는 것보다 알려지지 않은 채 그대로 두는 것이 가장 좋은 일이기 때문이다. 만약 우리들이 그것들을 지정하여 관계를 맺게 되었다면, 이미 가르쳐 진 것으로 알려질 수 있다. 따라서 거짓되고 불경한 속성을 가진 것들과 그와 유사한 것들을 숨겨두게 하는 것이 좋을 것이다. 사도가

우리들에게 경고한 것과 같이, 그러한 것들을 그리스도인들 가운데서 언급하도록 허용하지 않는 것이 최선의 방법이다.

16 만약 우리들이 (하나님을 경외하는 것이 시작이자 목적이 되는) 참된 지혜의 길을 준비한다면, 우리들은 거미들을 위해 질이 나쁜 것이나 유독한 것을 꽃 속에 남겨두며 그것을 꿀벌 통에 운반하지 않고 있는 벌들의 열심 있는 노동을 모방해야 한다. 그리고 대홍수 (실제로 사람들의 일반적인 견해와는 달리)로 세상의 사악함의 기억을 최초로 깨뜨렸던 것과 같이, 우리들도 우리들의 책들이 과거 세대들의 사악함을 망각의 어두움으로 묻어 버리리라는 것을 소망해야 한다. 그것들은 장서(藏書)의 서재에 소장되어 있는 고대의 서적들 속에 남아 있게 될 것이며, 그곳에 들어가는 사람들은 힘이 있는 강한 자들에게만 허용될 수 있다. 우리들은 천진스러운 청소년들이나 혹은 순수한 평민들의 행로(行路)에 어떠한 방해의 원인이 제기되지 않도록 유의해야 한다.

범교리(汎敎理)

17 가능한 한 많은 위대한 저자(著者)들의 책을 탐독함으로서 다양한 사물들의 지식을 겸비하여 사물들에 관하여 다양한 견해를 간직한 사람들을 학식이 있는 사람들이라고 부르는 것이 일반적으로 알려져 있다. 시락(Sirach)의 아들은 지혜를 얻기 위하여 수고를 아끼지 않고 있었던 사람들에게 모든 고대(古代)의 지혜를 추구하기를 권고하면서 이것을 명령하였다.[29] 따라서 우리들이 지

---

[29] 역주, "그러나 온 정력과 정신을 기울여 지극히 높으신 분의 율법을 연구하는 사람은 다르다. 그들은 옛 성현들의 지혜를 탐구하고 예언을 연구하는데 자기 시간을 바친다" (집회서, Ecclesiasticus, 39장 1절)

혜에 이르는 모든 길과 방법을 탐구할 때 이러한 방법을 그대로 내버려 둘 수 없다. 그리고 우리들이 추구하고 있는 것은 보편적 지혜이기 때문에, 우리들은 모든 저자들, 다시 말하여, 어느 때에든지, 어떤 언어에서든지, 어떤 문제에 관하여 세상에 그들의 사상을 제시하여 왔던 모든 사람들의 보편적 연합과 교류를 제안하여야 한다. 우리들은 고대의 한 저자가 언급한 유명한 말, "책이란 선한 것을 포함하지 않을 정도로 그렇게 나쁜 것은 없다" 라는 말과 같이 책 그 자체는 그 나름대로 참된 것을 제시할 것이다.

18 그러나 우리들은 이미 수많은 저자들을 대면하여 왔으나, 그들 중 몇 사람들만이 (그들의 장황하고 지루함 때문에, 혹은 지나치게 심오한 이론 때문에) 우리들의 마음의 전체적 능력에 많은 부담을 주어 왔을지도 모른다는 사실을 고려해야 한다. 만약 저자들 개인마다 그가 필요로 하는 모든 것을 겸비하고 있다는 것을 인정하고 있을지라도, 특히 사람들이 직업의 소명 때문에 학문의 연구와 동떨어져 있을 때에는, 그것들을 연구하는 과제가 사람들의 능력에 비례하지 못할 것이지만, 무엇보다 만약 그들이 범지학에 몰두하고 있는 사람들로서 그들의 관심을 사물들에 관한 견해와 이론들보다 사물들 자체에 집중하여, 진리의 정도에서 벗어난 수많은 샛길에서 보다 진리에 이르는 올바르고 순수한 길을 지향하며, 그리고 이미 완성되어 왔던 것보다 앞으로 해야할 일에 더 많이 유의한다면, 그것들을 이해하는 일이 그렇게 어렵지 않을 것이다. 이것이 우리들이 취하고 있는 입장이기 때문에, 우리들은 이 모든 이유에 따라 저자들의 모든 핵심적 요소들을 도출하는 개요와 종합, 혹은 수단을 찾아야 한다. 따라서 어떤 사람이든지 모든 저자들이 결정하여 합의해 놓은 모든 것을 배우는 일이 난해하거나 불가능하지 않고 매우 즐거운

일이 될 것이다. 몇몇 사람들은 모든 사람들이 한꺼번에 저술된 난해한 많은 내용들로부터 영원히 탈피하여 자유롭게 되도록 그 모든 것을 흡수하고 정리하는 과제를 수행해야 한다. 우리들은 현재 살아 있는 저자들을 포함하여 모든 저자들의 파멸을 촉구하는 것이 아니라, 그들의 내용의 발췌와 요약과 색인과 종합의 방법으로 요점을 파악하여 그들이 저술하였던 전반적인 사상과 정신을 쉽게 배우게 될 것이다. 모든 저자들을 그들의 전 내용과 함께 적합한 극장, 즉, 장서(藏書) 속에 제시하였다가 필요할 때마다, 혹은 다양한 학문을 사랑하는 사람들이 고대의 학문의 분야에서 방황할 때마다, 모든 자료들을 참조하도록 하는 것이 바람직할 것이다.

19 그러므로 범교리의 책은 모든 것들을 올바르게 제시된 질서에 포함할 수 있도록 실제로 이전의 두 권의 책들의 법칙과 표준에 따라서 저술되어야 한다. 내가 모든 것이라고 언급할 때, 위대한 저자들의 각 부분에서 제시하고 있는 사소하고 중요하지 않은 모든 것, 심지어 그 이하의 것들을 말하는 것이 아니라, 현재 정립되어 있는 기존의 진리나, 혹은 어떤 오류를 나타내고 있는 것까지 포함하고 있는 것으로 믿을 수 있는 모든 것을 의미한다. 퀸틸리안(Quintilian)[30]이 정당하게 말하고 있는 것과 같이, 지금까지 인간이 언급한 것, 심지어 가장 비열한 것까지 찾아내는 일은 지나치게 지루한 과제이며, 어리석고 무가치한 징조이며, 그리고 다른 문제들을 위해 고상한 여유를 가져야 하는 생각과 마음을 억압하며 쇠퇴하게 하는 일이다.

---

[30] Inst. Or, 1, 8, 18.

20 내가 (책의) 순서에 관하여 언급할 때, 그것은 다양한 시대의 지속적인 기록들을 의미하는 것이다. 그 기록들은 사람들이 여러 세대동안 살아오면서 저술하였던 것을 하나 하나씩 검증하며 참고할 수 있는 방법으로 제시되어 있으며, 그리고 그 기록들로부터, 예를 들면, 아브라함 술테투스(Abraham Sultetus)의 "골수조직"(Medulla Patrum)에서 채택된 방식대로, 가장 중요한 핵심과 정수를 도출할 수 있다. 만약 우리들이 이러한 방식대로 결정한다면, 세 가지 종류의 색인, I. 철자의 순서대로 저자들, II. 저자들이 속한 나라들과 사용한 언어들, III. 범지학의 순서에, 철자의 순서이든, 혹은 한 차례 반복된 순서이든, 주제별 내용을 제시하는 것이 첨가되어야 한다.

21 내가 범교리가 바르게 저술되어야 한다고 말할 때, 그것은 견해들과 교리들(dogmas)을 어떠한 색채나, 혹은 변경하려는 시도, 즉, 당파들에 대한 증오와 일시적 영향 때문에 저자들의 언어와 표현을 본래의 의도와 다르게 의미를 부여할 때, 그리고 언어들의 부주의한 생략이나, 그 견해들의 축소와 삭제에 의하여 의미가 모호하게 될 때 얻게 되는 손실과 폐해가 없이 정립되어야 한다는 것을 의미한다. (이 문제에 관하여 베이컨 (Bacon)[31]의 논의를 참조하여야 한다.) 이러한 문제의 교정은 모든 저자가 그 자신의 불변의 언어들을 과감하게 언급함으로써 독자로 하여금 각 저자의 참되고 생생한 묘사와 실상을 소유하게 하여 그에게 이상한 가면을 씌우지 않게 하는 일이다.

---

[31] de Augmentis Scientiarum, lib. 3, cap. 11, de placitis antiquorum Philosophorum.

22 확실하게 저자가 의도하는 충분한 의미가 제시될 때, 장황한 비판의 염려가 없다고 할지라도, 비판의 여지가 남아 있을 수가 있다. 비판의 임무는 저자들의 견해들을 범지학의 원리들에 의해 검증을 받게 하여, 한편으로 그들이 진리를 가르치는 곳에서 부족한 것이 분명하게 드러나게 하고, 또 다른 한편으로 저자들의 견해를 서로 각각 비교하여 이것과, 혹은 저것을 옹호하는 진리의 정도를 제시하여, 마침내, 진리의 중도가 지적되었을 때, 가능한 한 할 수 있는 대로, 그리고 당연하게 각각 진리와 일치하는 합의점을 찾는 일이다. 또한 각각 몇 가지 설명의 기본적 원칙들이 바르게 이해된다면, 이러한 일이 수행된다는 것은 의심의 여지가 없게 된다.

23 왜냐하면 우리들은 분별력이 있는 어떠한 사람도, 그리고 확실하게 지혜의 연구에 의해 배양된 사람도 어떤 이유 없이 설명하지 않는다는 것을 가정하기 때문이다. 만약 그렇다면, 모든 오류에는 틀림없이 진리의 요소가 포함되어 있을 것이며, 이러한 요소를 분리하려고 의도하는 저자마다 자신의 오류를 피하기 위해 다른 방면으로부터 서로 각각 수렴하는 다른 진리들을 허용하려고 할 것이다. 결과적으로 그 자신이 오류가 있다는 것을 상상하게 된다. 원칙적으로 서로 각각 반대 입장에 있는 사람들은 그들의 위치를 정당화하기 위해 제시할 자신들의 진리들을 가지고 있기 때문에, 만약 그 자신들 가운데서 이러한 다양한 진리들을 이해하게 된다면, 그들의 논쟁은 끝나게 될 것이다. 예를 들면, 아리스토텔레스는 엠페도클레스(Empedocles)[32]가 태양의 빛은 한 순간에 동쪽에서 서쪽으로 확

---

[32] 역주, 엠페도클레스는 기원전 490년 경에 시실리아 섬의 아크라가스 지방에서 태어난 정치가, 시인, 종교적 설법자, 예언자, 의사, 마술사, 철학자로 활동하였다.

산하고 있다는 말을 공박하였다: 아리스토텔레스는 이것이 불가능하다고 선언한다. 철학자들은 각자마다 어떤 진리를 가지고 말하기 때문에, 만약 문제 자체가 바르게 이해된다면, 그것이 정확한 것이 된다. 왜냐하면 태양이, 만약 그 자체의 광선을 나타내지 않는다면, 태양이 아니기 때문에, 우리들의 시야에서 지평선 위로 떠 있을 때에도 우리들에게 빛을 보내는 것을 시작하지 못하게 된다: 반대로, 태양이 광선을 낸다면, 태양이 뜨기 전에도 그 광선들이 이미 우리들의 머리 위 대기중에 확산되어 있다. 그 후에 태양이 떠오르자마자 바로 그 순간에 그 광선들이 우리들 주위에 내려와 둘러싸게 된다. 그러므로 엠페도클레스가 일정한 시간이 되어 우리들이 빛에 둘러싸여 휩싸이게 된다고 말할 때, 그의 말이 옳은 것이다. 그러나 태양이 떠오르는 순간에 태양으로부터 발하는 빛이 바로 그 빛의 부분들이 아니라, 그것은 이전에 우리들 위에 확산되어 우리들을 둘러싸고 있는 빛의 부분들이기 때문에, 아리스토텔레스가 계속적인 운동의 문제를 옹호하면서 우리들이 경험하는 빛의 확산과 조명은 한 순간에 이루어지는 것이 아니라고 주장할 때, 그의 말이 옳은 것이다.

24 때때로 범교리의 해설자는 우리들에게 갈등을 일으키고 있는 두 가지 주장 중 어느 것도 참되지 못하다고 말할 수 있을 것이다. 예를 들면, 소요학파의 학도들(Peripatetics)[33]은 빛이란 모든 사물들 중 가장 가벼운 것이라고 주장한다. 다른 한편, 후 아르투스(Huartus)는 (그의 *Scrutinium Ingeniorum*에서)[34] 빛은 모든 사물들 중 가장 무거운 것이라고 말한다. 여기에서 우리들은 이 논쟁

---

[33] 역주, Peripatetics는 아리스토텔레스의 문하생들로서 아테네의 Lyceum 동산을 소요하면서 가르침을 받았음.

[34] 역주, *Scrutinium Ingeniorum*을 "내재적 속성의 검사"로 번역할 수 있음.

은 (범지학이 포착하여 알게 해준 사물의 진리에 따라서) 불이란 땅의 물질이나 그 요소들의 부분이 아니라, 그 불이 물질에 작용하여 닿을 때마다 무겁거나 가벼운 것으로 판명되어 모든 물질에 남게 되는 힘이기 때문에, 가볍지도, 혹은 무겁지도 않다는 것이다. 왜냐하면 불에 놓여진 금속은 (불에 놓여지기 이전의) 그 자체보다 더 무겁지도, 혹은 가볍지도 않으며, 이러한 이치는 또한 물도 마찬가지이다.

25 만약 그러한 책들이 포함하고 있는 개념과 일치하여 적합하게 완성된다면, 완전하고 참된 보편적 빛의 등불들이 범교재들이 된다. 왜냐하면 그 책들은 다음과 같이 일곱 가지 혜택을 확실하게 제공할 것이다: (i) 우리들은 학문 자체가 없이는 학문의 명칭을 얻지 못한다: (ii) 우리들은 거대한 서재와 장서를 통하여, 그리고 부단한 노동으로 우리들의 정신을 다 쏟아도 학문을 얻지 못하지만, 그 장서의 명쾌한 요약에 의하여 끝없는 방황에서 자유롭게 될 것이다: (iii) 우리들은 형식적으로 간결하게 요약한 학문에서가 아니라, 구체적이고 충분한 요약에 의하여 기꺼이 만족할 수 있다: (iv) 저자들에게 가까이 접근하기를 원하는 학생들은 그들이 들어가기 위해 준비된 열쇠와 면전에 열려 있는 문들을 볼 것이다: (v) 매력을 끌만한 학문과 글들이 많이 있을 때, 그것들이 너무 벅찬 일이라고 말하는 사람에게 그것은 어떠한 변명이 되지 않을 것이다: (vi) 결과적으로, 세상에는 실제로 학식이 있고 학문을 갖춘 사람들로 채워질 수 있으며, 그것이 우리들의 목적이 될 것이다: (vii) 끝으로 보편적 지혜의 빛이 그 자체의 힘에 의하여 순수하게 그리고 다량으로 진보하여 동일한 책들이 서로 각각 도움을 줄 수 있도록 할 것이다. 왜냐하면 범지학은 특별히 주목하여 추구하여야 하는 범역사를 제시할 것이며, 범역사는, 어떤 순간에 길을 잘못 들게 될지라도, 새로운 실험들의 빛으로 범

지학을 바르게 정립할 것이기 때문이다. 끝으로, 범교리는 위의 양자에게 다양한 사물들의 면밀한 관찰과, 보다 정확한 검증과 열렬한 실천과, 그리고 결점이 있는 모든 것을 훌륭하게 만드는 일에 도움을 줄 것이다. 따라서 우리들은 하나님의 도움으로 빛들의 증가를 소망할 수 있을 것이다.

제 17 장
범학교의 방법

    범교재들이 올바르게 저술되어 여러 나라들의 모국어로 번역된다면, 학교들에 대한 필요성이 그렇게 많지 않을 것 같이 여겨진다: 왜냐하면 모든 것이 인간의 지혜의 목록들로부터 그렇게 독창적으로 함께 도출될 수 있다는 것이 논의될 수 있기 때문이다. 그러나 만약 우리들이 문제를 더욱 정확하게 살펴볼 때, 우리들은 범교재가 제공하는 보편적 치료가, 만약 모든 사람들이 그들에게 제시된 이 교재들을 사용하는 방법을 배우거나, 그렇게 기꺼이 활용하려는 어떤 방법이 발견되지 않는다면, 그 효과는 거의 기대할 수 없다는 것을 알게 될 것이다. 시각장애자들이 거울을 어떻게 볼 수 있을까? 그러나 사람들이 읽는 기술을 배우지 못한다면, 읽지 못할 것이고, 관심을 집중하는 것을 연습하지 않는다면, 집중하여 읽지 못할 것이며, 혹은 그들이 예상된 견해들을 가지고 몰두하게 된다면, 자유스러운 빈 마음으로 읽지 못하게 될 것이다.

    2 실제로 청소년들이 우리가 지금까지 경험해 왔던 것과 같이 성장한다면 (내가 의미하는 것은 난폭하게 성장한다면), 그들의 마음이 지금까지 해 왔던 것처럼 어리석고 무용한 것들을 소유하게 되는 것이 너무나도 확실하고 자명한 일이다. 그러므로 확실한 것은 비록 천사들의 지혜와 함께 저술된 교재들이 하늘로부터 내려온다 하더라도, 사람들이 그것들을 전혀, 혹은 진지하게 읽으려고

하지 않는다는 것이다. 그 뿐만 아니라, 그들이 이전까지 사물들에 관하여 몰두하였던 그릇된 견해들 때문에 그 교재들을 참되게 이해할 수도 없으며, 올바르게 활용하는 방법에도 관심을 돌릴 수 없게 될 것이다.

3 따라서 현명하게 정렬된 학교들이 전체적으로 필요하다. (세상이 학교들을 소유하거나, 혹은 학교에 어리석고 공허한 개념들로 가득 채워 져 있기 전에) 학교들은 지혜로운 훈육(訓育)에 의해 공허한 개념들을 중단하여 굴복시키고 씨앗을 재배하기 위해 준비하고 있는 전답과 같이 강력한 지혜의 쟁기를 미리 끌면서 준비할 것이다. 그러므로 우리들은 이 문제에 너무나 많은 관심을 가지고 있기 때문에 세상을 보다 훌륭한 목적에 둘 것을 원하는 우리들의 모든 소망은 청소년들이 부패하기 전 자신들을 형성하고 재형성하게 할 영향력에 민감하게 반응하는 그들의 교육에 달려 있다. 이것은 하나님께서 그의 말씀 안에서 부모들에게 자녀들로 하여금 하나님을 경외하도록 성장하게 하는 노력을 포기하지 않도록 엄숙하게 그리고 때를 따라 이러한 의무를 가르치고 있는 이유이다. 이사야 28장 7-12절에서 하나님이 주신 그러한 경고는 특별하게 기억되어야 한다: 즉 세상의 전반적인 부패로 인하여 지식을 가르칠 사람들이 남아 있지 않으며, 갓 젖을 떼고 품을 떠난 자들을 제외하고 이해력을 제시하여 할 사람들이 없을 것이다: 그러나 남은 자들을 위하여 교훈에 교훈을, 경계에 경계를 여기에서도 조금, 저기에서도 조금 더하여도 (즉, 어떤 근원으로부터 모든 도움을 더 할지라도), 그것은 마치 어떤 사람이 그들에게 이방나라의 언어로 그리고 생소한 입술로 말하는 것과 동일한 것이다.

4 따라서 우리들은 하나님의 이러한 충고를 따라야 한다: 우리들은 청각장애자들에게 우리들의 이야기를 말하지 말고, 유아기에서 벗어난 사람들을 택하여 (갓 젖을 떼고 품을 떠난) 사람들을 도야해야 한다. 이러한 일이 활발하게 진척되어 세계도처에 범학교들의 개설을 지원하여 지금까지 있었던 것보다 더 훌륭한 제도를 설립하고, 우리들의 힘의 한계와 힘의 한계를 나타내고 있는 모든 사례들의 청원과 증거에 의하여 일관되게 주장하는 것이 좋을 것이다. 왜냐하면 이러한 계획에 의하여 우리들은 범개혁(汎改革)의 목적을 달성 할 것이며, 그렇지 않으면, 우리들이 수고와 노력을 기울여 왔던 모든 다른 준비들이 좌절될 것이다.

5 범학교의 목적은 사람들에게 모든 국가와 언어와 제도들뿐만 아니라, 각 개인이 무지와 미개의 어두움으로부터 소생할 기회를 제공하는 일일 것이다. 곧 이러한 목적은, 첫째, 사람들이, 차후에, 그리고, 실질적으로, 그들의 전 생애를 통하여 새길 수 있는 그러한 교훈들을 적합하게 받아들일 수 있도록 제 때에 그들의 마음을 준비하게 함으로서 성취되어야 한다. 다시 말하면, 그들은 하나님과 가르치는 교사들에 대해 순종하고 의무를 이행하여야 하고, 하나님을 존경하고 미래의 생활의식에 충만해야 한다. 둘째, 이러한 영향은 사람들이 범교재들을 읽고 이해하는데 필요한 도구가 되는 문자들을 가르침으로서 이루어 질 것이다. 그리고 셋째, 사람들이 차후에 범교재들과, 특별히 범지학의 저서가 구성되었다는 것을 인지함으로써 지식의 이러한 요소들을 직접 알게 되는 일이다. 이 지식의 요소들은 온 세상에 있는 지각할 있는 사물들, 즉, 인간의 추리력의 기반으로서 성경의 모든 역사적 부분들과 마음의 공통개념들이다.

6 그렇다면 이러한 모든 일들이 교사들과 학습자들의 입장에서 어떠한 고통과 불화(不和)없이 어머니학교[35]와 공공학교(Pedagogical school)에서 학습자들이 유아기와 아동기의 초기부터 즐겁고 유쾌하게 복종하는 가운데서 어떻게 성취할 수 있는지를 교수법에서 제시할 것이다. 지금부터 이 문제만을 언급할 것이다: 이러한 종류의 학교들은 사람들이 살고 있는 곳곳마다 어디에서든지 학교들에 대한 필연성이 대두되고 있기 때문에 설립될 수 있다. 왜냐하면 배울 수 있는 사람들이 있는 곳마다, 내가 의미하는, 어린아이들과 세상에 새롭게 태어나는 모든 사람들이 자연적으로 신속하게 주위를 관찰하면서 무엇이든지 모든 것을 배우려고 하며, 그러한 목적을 위하여 현존하고 있는 모든 수단을 활용하기 때문이다. 그리고 그러한 곳에는 가르칠 수 있는 사람들, 즉, 부모들이 있기 마련이다. 그러나 그들이 알기 위하여 하나님의 도움으로 훈육과 교훈의 일정한 방법을 정립하는 일이 가능하기 때문에, 만약 사람들이 그 방법을 따른다면, 그들의 목적을 성취하기 위해 방황하지 않을 것이다.

7 그러나 그리스도교인의 행정관리들의 세심하고 경건한 배려에 의하여, 모든 청소년들, 심지어 가난한 부모들의 자녀들과 고아들까지 그들의 무능력에도 불구하고 교육을 받을 수 있는 시설들이 준비될 수 있다. 예를 들면, 부유한 시민들이 그들의 아들 딸들과 함께 같은 연령의 가난한 어린아이들을 양육할 수 있으며, 따라서 하나님께 영광 돌리며 훌륭한 사람들의 감사와 찬사를 얻으면서 자신들과 그들의 자녀들에게 큰 혜택과 이로움을 줄 수 있다. 그리

---

[35] 역주, 여기에서 Maternal School를 "어머니학교"라고 번역하였으며, 실제로 코메니우스는 대교수학(大敎授學) 제 28장에서 "어머니 무릎학교"를 자세하게 설명하고 있다.

고 부유한 사람들이 국가를 위해 개별적으로 이러한 봉사를 한다면, 많은 사람들이 언어들과 태도와 경건을 충분하게 훈련하여 배운 후 생계를 유지하는 방법을 익힐 때까지 값비싼 비용을 소비할 필요가 없을 것이다. 만약 그렇게 된다면 공공기관들 (교회나 혹은 행정관리들)에 의해서 그러한 사람들을 위한 시설을 준비하게 될 소망이 있을 것이다. 왜냐하면 민감하지만 공허한 마음을 가진 사람들은 곧 다른 사람들에게 부패의 근원이 되기 때문에, 사회 안으로 침투하는 일이 허용되지 말아야 하는 것이 공동체의 복지에 본질이 되고 있다.

제 18 장
범대학의 계획

한 건물을 짓는 일을 맡은 사람은 자료를 수집하고 집에 대한 분명한 개념을 파악하여 전체구조에 적합한 터를 닦은 후에, 그 설계를 실행하는 건축자와 집 짓는 사람들을 필요로 한다. 마찬가지로 범학문(Universal Literature)을 개선하는 이와 같은 과제에서, 우리들은 범교재들과 그 교재들을 취급하는 정교한 방법과 그리고 세계도처에서 학교들을 설립하는 계획을 정하게 되었을 때, 하나님의 도우심으로 설정된 완성을 위해 진지하게 고안해 왔던 계획들을 수행할 실천가들과 전문가들을 필요로 한다.

2 이러한 과제를 위해 적합한 사람들이 전 세계에서 선택될 것이며, 그들 중에는 신속하고 근면한 성격과 경건한 사람들, 온정으로 사람들의 복지에 헌신하는 사람들, 공적 업무에 종사하는 평신도들로부터 평범하게 선택되어 교회의 복지에 전념하는 사람들도 함께 있을 것이다; 이러한 사람들은 인류의 복지를 위해서 전망하고, 모든 사람들에게 유익한 모든 것을 추구하며, 발견한 모든 것을 발전시키고, 그리고 그들이 발전시켰던 것을 부패의 영향으로부터 보호하기 위하여 가능한 길과 수단과 사례들을 찾는, 즉, 전망대로 남아 있어야 한다.

3 내가 사람에 관하여 언급할 때, 그것은 많은 수의 사람들이 필요하다는 것을 의미한다. 한 사람 혹은 몇몇 사람들로 이

와 같은 큰 문제에서는 아무 것도 할 수 없다. "지혜 있는 사람들의 다수는 세상의 복지이다." 분명하게 이러한 우주적 문제를 가르치는 일을 수행하는 일은, 특별히, 그러한 일이 한 민족이나 한 교회를 위해서가 아니라 세상을 위한 것이라면, 그리고 그 일을 통하여 한 해(年), 혹은 한 시대가 아니라, 모든 세대의 혜택과 이익을 위한 것이라면, 한 사람의 능력으로는 불가능하다. 따라서 우리들은 일치된 노력과 지속적인 수고로 사람들이 존재하고 있는 동안 그들의 최선의 이익에 이바지할 것을 추구하는 많은 사람들의 연합을 요구한다.

4 지금 내가 "선택된" 사람들이라 언급할 때, 나는 확실한 사람들이 이 과제에 할당되어 선발되어야 한다는 것, 즉, 신령한 충동에 의하여 이 과제에 감동되는 것을 느끼며, 하나님의 모든 은사들을 온 세상 전역에서 모든 사람들이 광범위하게 향유하는 일을 보장하는 일에 전심전력하는 사람들을 의미한다. 더욱이 우리들은 만약 어떤 의무가 특별히 어떤 사람, 혹은 몇몇 사람들에게 부과된다면, 모든 사람들이 그것을 소홀히 생각할 것이며, 그렇지 않고 모든 사람이 그 일을 수행한다면, 그 결과는 매우 혼란하다는 것을 기억해야 한다. 그리고 이 문제에서 또한 우리들은 교회에서, 학교에서, 국가의 업무에서 그들에게 맡겨진 과제들에 대해 여유를 발견하는 사람들은 (만약 그들의 의무에 싸여 있다는 것을 의미한다면) 항상 가정에서, 그들의 다양한 구역에서, 해야할 일들이 너무나 과중하여 자신들을 혼란시키는 일을 할 수 없다는 것을 확인하게 될 것이다. 따라서 그들은 그들의 생각을 보편적인 문제들에 돌릴 수 없으며, 이러한 문제들에 대해 적절한 여유를 찾을 수 없게 된다.

5 그러므로 만약 모든 나라에서 존경받을 수 있는 교수들이 배출될 수 있거나, 혹은 모든 대학들이 그 규모에 관계없이

최소한 한 명의 교수를 두게 된다면, 가장 가치 있는 일이 될 것이다. 그리고 이 문제에 대해 우리들이 주목할 수 있는 경이로운 한 전례가 화란인들 사이에서 립시우스(Lipsisus)[36], 스캘리여(Scaliger)[37], 살마시우스(Salmasius)[38]를 격려하기 위하여 최초로 시도되었던 것을 발견할 수 있다. 그러한 교수들에게 일정한 의무가 부과되지 않았으나, 일반적으로 보편적 학문이 그들의 기쁨이자 관심이 되었다. 그렇다면 왜 하나님께서 공공이익을 위해 적절한 은사를 준비하여 왔던 사람들이 공공기금으로부터 보호를 받지 말아야 하는가? 베이컨이 유럽 전역에 고귀하게 설립된 많은 대학들과 일정한 교수들에게 할당된 모든 것을 목격하고 어떤 사람도 자유롭고 보편적인 예술과 과학의 연구에 전념하지 못하였던 사실에 대단한 놀라움을 표현하였다. 그는 행복스러운 학문의 진보가 지금까지 사람들 가운데서 견제받아 왔던 참된 이유를 이것에서, 즉, 어떠한 사람도 보편적 문제들에 전혀 관심을 두지 않았던 일에서 정확히 발견할 수 있었다. 세상은, 만약 이러한 의식으로 지혜의 연구에 보다 신중한 예견을 하게 된 다면, 현명하게 될 것이다.

6 세계도처에 범지학의 예언자들이 (집단으로 혹은 흩어져) 있는 것이 필요할 것이다. (i) 그들은 서로 각각 접촉할 수 있어야 한다. (ii) 그들은 대학의 집단사회의 질서와 조직을 향상시켜야 한다. (iii) 그들은 신령한 법과 연결되어야 한다.

---

[36] 립시우스(Justius Lipsius, 1547-1606)은 Louvain의 역사학 교수이며 세네카와 타키투스(Tacitus)의 저명한 저자였다.
[37] 스캘리여(J. C. Scaliger, 1484-1558)는 이탈리아의 위대한 언어학자로서 라틴어 저서들의 편집자였다.
[38] 살마시우스(Claudius salmasius, 1588-1653)는 프랑스의 고전학자로서 1604년에서 1606년에 파리에서 공부하였으며, 이때에 칼빈주의자로 개종하였다.

7 범지학의 예언자들이, 만약 동일한 일을 수행하고 동일한 목적을 위하여 수고를 다하는 것이 그들의 의무가 된다면, 서로 각각 접촉할 수 있어야 한다. 왜냐하면 하나님은 모든 사람들 위를 감싸고 있는 보편적 자선과 사랑으로 모든 민족들과 마음에 그의 은사들을 제공하기를 원하시기 때문이다: 만약, 그때에, 우리들이 이 은사들을 함께 모으는 일에 수고하지 않는다면, 그것들은 흩어진 채로 남게되어 사람들을 공동이익으로 유도할 수 없을 것이다. 이것이 여러 가지 면에서 지금까지 해온 우리들의 경험이었기 때문에, 우리들은 단순하게 의사소통과 접촉수단의 경시로 인하여 대다수의 사람들과, 실제로, 모든 국가들이 많은 훌륭한 것들을 상실하게 되었다는 것을 고백해야 한다. 만약 모든 사람들의 공동활용을 위하여 지혜롭고 학식이 있는 사람들과의 접촉에 의하여 하나님의 모든 은사들과 인간의 발견들을 모든 사람들의 공동활용을 위한 한 계획으로 확고하게 정립된다면, 세상은 더 이상 이러한 상실과 파탄으로 고통받지 않을 것이다.

8 물론 세상이 전반적으로 접촉이 없었던 것은 아니었지만, 그러나 지금까지 세상이 향유해 왔던 접촉의 방법들은 보편성을 가지고 있지 못하였던 것이 사실이다. 심지어 비교적 서로 각각 가까이 친분을 유지해 왔던 사람들도 그들 자신의 종교와 정파와의 접촉으로 확실하게 일정한 문제들만을 취급하여 왔기 때문에, 다른 문제들에 관하여 그 밖의 사람들과 등을 돌려 왔다. 따라서 민첩한 인간의 적은 우리들의 연약함, 무관심을, 혹은 어떤 사람들은 다른 사람들과 그 자신들의 악의 목적을 위해 선호하고 있는 경멸과 혐오를 활용하여 우리들에게 공동의 행복을 손상시키기 위해 종파와 당파의 경쟁의식을 조장하여 열렬하게 그것들을 보존하며 촉진시켜 왔다. 왜냐

하면 모든 각 종파나 당파는 하나님의 명령과 그리스도의 모범에 복종하는 보편적 선을 따르지 않고, 그 자체의 개별적인 이익을 의도하면서, 다른 사람들의 재난과 멸망의 와중에서도 그 자체의 발전과 전진을 추구하는 한편, 사기꾼은 그 자신을 만족시키는 기회를 가지고 있기 때문이다. 이러한 악에 대하여 우리들은 보편적 선을 위해서 모든 가능한 방법으로 하나가 되고, 그리고 공동의 선을 증진하기 위해서 동일한 열망과 노력을 함께 경주하여야 하는 보편적 협력과 같은 능력 있는 치료방법을 찾을 수 없다. 그러므로 우리들은 가능한 한 능률적으로 모든 특수한 종파와 학문의 연구에 대응하는 보편성을 정립해야 한다.

9 지금 만약 내가 보편적 행복과 복지를 위해 일하는 사람들에게 한 가지 확실한 질서를 권고한다고 할 때, 그것은 이러한 조건이 없이는 그들의 노력과 근면성이 그 효율성을 상실하게 된다는 이유 때문이다. 우리들은, 일의 속성이 요구하고 있는 것과 같이, 그러한 사람들이 다수가 되어야 하기를 원하지만, 사람의 수가 많이 있는 곳에서 그 많은 사람들이 어떤 질서와 규칙에 의해 통일을 이루지 못한다면, 혼란이 있기 마련이다. 그렇다면, 어떤 질서는 그들을 위해서 본질적인 것이기 때문에, 그들 중 각 사람은 누구를 위하여, 어디에서, 언제, 어떤 도움으로 해야할 일이 무엇인가를 알 수 있으며, 그리고 공동이익을 위해 취해야할 태도로 그의 임무에 착수할 수 있게 된다. 이러한 질서의 기초는 바로 다음과 같다: 다른 사람들이 대학의 책임자로 생각해야 할 사람은 모든 사람들 중에서 한 사람일 것이고, 그리고 그 사람의 경영으로 보편적 업무가 설정한 목표, 즉, 그 목표가 놓여 있는 방향이 어떤 곳이든지 더욱 신속하게 그 목표를 지향하게 되는 것이 분명하다. 왜냐하면 각 개인은 책임자에게 모든 중

요한 문제들을 보고할 것이며, 다음에는 그 책임자가 다른 사람들에게 그와 같은 문제들을 보고할 것이기 때문이다.

10 만약 이러한 행정절차의 문제가 완료된다면, 그 책임자의 주거지가 결정되어야 하고, 그때에 항해술의 도움으로 세계의 모든 나라로부터 그곳에 쉽게 도착할 수 있으며, 그 다음에는 그곳에서부터 모든 나라에 이르기까지 의사소통을 할 수 있게 된다. 유럽의 몇몇 나라들, 스페인, 프랑스, 화란, 영국 등이 이러한 종류의 상호접촉의 시설을 이미 이용하고 있다. 실제로 다른 나라들보다 영국은 이러한 상호통신의 중심지로 주목받게 되었다. 우리들이 이렇게 말할 수 있는 것은 첫째, 영국의 영웅적인 탐험가인 드레이크(Drake)[39]가 전 세계를 다섯 차례 항해하여 우리들에게 이렇게 신성하고 보편적인 국가들의 연주의 서곡(序曲)과 예언을 제시한 것을 기억해야 하기 때문이다. 둘째, 우리들은 베이컨을 기념할 것을 이렇게 요구할 수 있다. 즉, 그는 영국의 가장 저명한 총장으로서 우리들은 그에게 학문의 보편적 개혁에 관하여 공동의 협의를 위한 기회와 제언을 의뢰하고 있다. 끝으로 대학은 전반적인 계획을 증진하기 위해 지금까지 수행해 왔던 일을 인정하면서 자원들을 확보하여야 한다. 만약 대학이 그 자원에서 기부금을 확보한다면, 교수들과 저자들은 수행하고 있는 일과 연구에 필요한 것을 지원 받을 수 있으나, 이것은 명예와 이득을 위한 것이 아니라, 정성을 다하여 이룩한 친절과 봉사의 사업이 된다. 그렇지만, 만약 그것이 유익하게 보인다면, 세계의 또 다른 지역에서 보다 좋은 질서를 위하여 다른 교수들이 선망하고 있는 주

---

[39] 역주, 드레이크(Francis Drake, 1540-1596)는 영국의 제독으로서 세계를 일주하였던 항해사였다.

요한 총장의 자리를 차지할 수 있다.

11 더욱이 인류의 공동복지에 전념하는 이러한 신성한 사회가 대학으로 일컬어 질 때, 그 사회는 어떤 법과 규칙에 의하여 확실하게 다함께 결속되어야 한다. 이러한 법과 규칙들 중, 첫째는 다음과 같은 것이다: 즉, 대학에 종사하는 사람들은 (신의 인도에 의하여 수행된다고 믿는) 그들의 소명을 정당하게 평가하고 (세네카의 언어를 사용하는) 인류의 교사로 임명되어 하나님이 예언자의 말(이사야 51장 16절)에서 언급한 것과 같이, 하늘을 펴고 땅의 기초를 놓기 위해 보냄을 받았다는 것을 기뻐해야 한다. 그들은 그들 자신을 직책의 속성으로 보아, (모든 사람들이 구원을 얻고 진리의 지식을 얻기를 원하시는) 하나님이 명하신 경건을 배양하기 위하여 부르심을 받았다고 생각하여야 한다. 그러므로 그들은 모든 사람들을 그리스도 예수 안에서 완전하게 되기 위하여 모든 지혜로 가르치는 사명을 가진 (골로새 1장 28절) 사도들의 열심을 본 받도록 노력해야 한다. 그러한 목적을 위하여 그들은 하나님의 영광을 드러내고 사람들의 복지를 증진하기 위하여 온전하게 무한정으로 자신들을 포기해야 한다.

12 인간의 힘은 큰 일을 처리하기에 너무나 부족하기 때문에, 교사들은 부단한 기도와 심오한 겸손으로 하늘의 도움을 요청하는 일을 결코 중단하지 말아야 한다. 그들은 하나님께서 자신을 부인할 수 없고 그의 명예와 백성들의 복지에 이바지하는 인간의 책무를 훼방할 수 없는 그의 자비와 진리를 확신하면서 그들의 의무를 열렬하게 수행해야 하며, 각 사람은 기회가 주어졌을 때 자신의 의무를 성실하게 수행해야 한다.

13 교사들은 제 이의 성전의 건축자들이 새 성전을 위해서 새로운 기초를 세우지 않고 이전의 기반 위에 지었다는 것 (에스라 3장 3절)을 기억하고, 한번 세운 영원한 기초로부터 결코 분리하지 않았으며 어떠한 사람도 그 기초 외에 다른 기초를 세울 수 없다(고전 3장 11절)는 것을 유념해야 한다. 다시 말하면, 교사들은 하나님께서 세운 우리들의 지혜의 기반들, 자연, 성경, 인간의 공통개념 혹은 관념들로부터 이탈하지 말아야 한다. 그리고 같은 이치로, 교사들은 범교재의 가장 완전한 지식을 소유하기 위하여 서로 각각 충고하며, 공동 협의에 의하여 이 교재에서 보충이나 교정을 요구하기 위해 발견하는 것이 무엇이든지 바르게 정립하는 것을 소홀하게 생각하지 말아야 한다. 이러한 일 외에도 어떤 사람에게 더욱 자세한 신비의 부분을 지각하는 일이 허용될 때마다, 그는 자신의 판단에 따라 그것을 발설하지 말고 그가 발견한 진리가 적합하고 타당한 검증에 의해 확인될 수 있도록 형제들과 그것을 함께 교환할 것이다. 그러므로 하나님께서 주신 모든 것은 인간의 유익하고 건전한 활용을 위해 공동 지식의 공동보고속에 보존될 것이다. 실제로 신비한 모든 것들이 그와 같이 보존되고 선포되도록 유의해야 한다. 더욱이 교사들은 모든 국가와 도시와 마을에 학교들이 설립되는 것을 볼 것이며, 그리고 이 문제에 관하여 그들은 힘과 권력을 가진 행정관리들과 사람들에게 도움을 요청할 것이다. 그들은 학교들의 적절한 경영을 보장하는 것을 그들의 과제로 삼고, 남용을 금지하며 잠들지 못하게 할 것이다. 더욱이 그들이 사물들을 자신들의 경계 내에 만족스럽게 정착시킬 때, 어두움의 지배로부터 구원받아야 하는 사람들이 남아 있는 동안, 지혜의 빛을 이웃사람들에게 전달하는 것을 생각하게 될 것이다. 이 목적을 위하여 교사들은 유대인들, 회교도들, 우상숭배자들과 다른 사람

들을 확실하게 회심하게 할 정확하고 효과적인 방법을 찾는 일에 수고를 아끼지 말아야 할 것이다. 만약 교사들이 손안에 가지고 있는 무기들로 극복할 수 없는 강하고 민첩한 적대자들을 만나게 된다면, 그들은 총장을 통하여 이웃 형제들이나, 심지어 자신들의 형제들의 협조를 구할 것이다. (왜냐하면 그것이 필요하다면, 2년 내에 세계의 모든 지역으로부터 의견을 얻을 수 있기 때문이다.) 더욱이 최소한 해마다 대학의 모든 참여자가 총장에게 편지를 써서 그의 관할 구역에서 발생하는 일반적인 문제들과 사정을 알릴 수 있다. 만약 모든 일이 의도하고 있는 대로 잘 진행된다면, 총장은 이 문제를 알아야 하는 일에 만족하며 위안을 받을 수 있지만, 그렇지 않으면, 치유를 모색할 기회를 가질 수 없을 것이다. 이와 유사하게 총장은 일년에 한 차례씩 빛을 전하는 동료 교수들 각 사람과 모두에게 편지를 써서 외국으로부터 그에게 보고되었거나 국내에서 시작되었던 특별한 운동들을 설명할 수 있다. 따라서 모든 사람들의 복지를 위한 보편적 보호자들인 교사들은 전반적으로 세상의 조건과 사정에 무지할 수 없다.

14 모든 국가들을 연결하는 현자들의 이러한 우호적인 연합을, 실제로 존재하고 있는 대로, (시편 68편 12절에서 언급하고 있는) 진리 안에서 하나님의 승리를 선포하는 사람들의 거룩한 군대라고 부를 수 있으며, 그들의 기준은 모든 국가들과 민족들을 위해 세운 기호이며 그들이 거기에 돌아갈 것을 이사야가 예언하고 있었다 (이사야 11장 10절). 그 기호는 예수 그리스도, 세상의 빛, 영생의 문, 기초, 대들보, 지혜의 정상과 왕관, 모든 현자들의 인도자이자 스승 (지혜서 7장 15절)을 나타낸다. 하나님께서 예수 그리스도를 모든 사물들의 머리로 세웠기 때문에 (에베소서 1장 22절), 그는 이러한 신령한 사회의 주인이 될 것이다. 그는 지상에 온 하나님의 첫

번째 사자였기 때문에 그가 세상을 떠나게 되었을 때, 모든 나라들에게 다른 사자들을 보내어 그가 세상 끝 날까지 그들과 함께 있을 것을 약속하였다 (마태 복음 28장 마지막 절). 왜냐하면 하나님은 사람들을 불러 죄악의 길 ("처음에는 그렇지 않았다"라고 선포하고 있다, 마태 복음 19절 8절)로부터 돌아와 최초의 순결을 회복하기를 원하고 있는 것과 같이, 그의 모든 종들이 사람들을 불러 그들이 여러 차례 멀리 떠났던 (에레미야 6장 16절) 것에서부터 하나님의 옛길로 다시 돌아와 "우리들은 돌아갑시다"라는 표어대로 그들의 면전에서 의무—분열에서 통일, 혼돈에서 질서, 의견에서 진리, 세상의 주변에서 중심, 자신들과 피조물에서 하나님으로 돌아오는—를 정하게 하는 것이 그들의 일차적인 과제라는 것을 확신할 것이다.

제 19 장
범언어의 계획

    인간사회에서 호의를 지키고 지혜의 연구를 증진하며 진리의 학문을 확산하고 교회의 경계를 확대하려는 노력으로 언어의 혼란이 얼마나 치명적인 장해가되어 왔는가는 다음과 같은 사실에서 입증될 수 있다. 하나님께서 우리들의 어두움을 불쌍하게 생각하여 복음의 빛을 세상에 비추기를 기뻐하였을 때, 그는 언어의 매체를 사용하였다. 이것은 두 가지 계획에서 이루어졌다.

2 첫째, 하나님은 헬라인들의 제국을 먼저 세우고, 이어서 로마인들의 제국이 나타났으며, 그리스도의 현현을 기뻐하셨다. 그리고 이러한 각 민족의 고도로 발전한 언어는 그 법칙과 함께 전 세계로 확산되어 복음을 위한 행복한 매체가 되었다. 이러한 사실은 다음과 같은 이름들, "그리스도의 십자가," "복음적, 사도적 저자들," "헬라 라틴 교부들의 저술들" 등에서 분명하게 제시된다.

3 둘째, 복음의 소리가 헬라어와 라틴어, 그리고 복음의 선포자(宣布者)들에게 이러한 언어들뿐만 아니라, 다른 언어들의 지식을 겸비하게 하는 성령을 이해하지 못하는 다른 민족들에게 그 길을 제시할 수 있다. 그러한 매체가 없으면, 다른 언어들을 말하며 이해하였던 사람들의 마음을 비춰주는 길이 폐쇄되어 있었을 것이다.

4 그러므로, 우리들이 전 세계의 개혁을 추구하며 소망하고 있을 때, 필연적으로 언어들의 보조에 의지하여야 한다. 즉, 지혜의 빛을 확산하려는 사람들은 어떤 언어로든지 말하는 은사를 가져야 하거나, 그렇지 않으면, 모든 민족들을 위한 한 가지 공통언어가 있어야 한다. 두 가지 대안 중 각각은 매우 어렵게 얻게 될 수도 있다: 두 번째 것이 첫째보다 더욱 쉽게 보장된다. 왜냐하면 만약 수고하고 근면하게 준비하게 된다면, 한 사람이 모든 언어를 배우는 것보다 모든 사람들이 한 가지 언어를 배우는 것이 더욱 쉽기 때문이다. 그리고 사람들에게 기적적인 은사들이 더 이상 일어나지 않기 때문에, 이러한 준비가 필요하다.

5 따라서, 학자들은 그들을 위하여 언어의 지식을 얻을 수 있는 수단을 고려하여 다루어야할 사람들의 언어를 배우거나, 혹은 그들 가운데서 공동으로 사용할 수 있으며, 그리고 모든 백성들, 심지어 거의 개화되지 않은 사람들을 쉽게 가르칠 수 있는 한 가지 언어를 정립하는 일을 그들의 의무로 생각해야 한다. 그들이 선택하는 과정이 어떠한 것이든지 하나님의 도우심으로 충분한 유익이 있을 것이다.

6 두 번째 대안은 의문의 여지없이, 더욱 좋은 것으로서, 어떠한 공통언어가 전 세계를 위하여 정립되어야 한다는 것이다. 왜냐하면 모든 사람들이 동일한 소리를 사용하게될 때, 더욱 잘 이해할 것이기 때문이다. 우주적 빛은 모든 사람들에게 비춰주는 그 자체의 길을 만들어 왔기 때문에, 모든 사람들 가운데서 지혜의 연구가 더욱 확실하게 보존될 것이며, 새로운 세대에게 더욱 안전하게 전달될 수 있다는 보다 분명한 증거가 될 것이다. 그리고 세계의 여러 지역)과 나라를 방문하기를 원하는 사람 누구든지 모든 사람들을 이해

하고, 그들에 의해 이해를 얻게 된다는 것을 보장받을 수 있다.

7 이것이 가장 유쾌한 일이 될 것이며, 우리들은 마침내 클라우디안(Claudian)⁴⁰이 시적 형식으로 스틸리코(Stilicho)⁴¹가 통치하는 로마제국의 현명한 정부를 칭찬했을 때, 그 제국의 위대성을 다음과 같이 예언했던 것을 알 수 있다: "우리들은 초대자가 여행하는 어떤 지역에서든지 편하게 지내고 있는 평화에 대해 로마의 천재에게 감사한다: 우리들은 우리들의 주거지를 바꾸고 세상의 끝(Thule)을 바라볼 수 있다: 우리들은 한 때에 두려워했던 먼 곳에 까지 우리들의 길을 갈 수 있다: 우리들은 론강(Rhone)의 물을 마시고 오론티스(Orontes)에서 갈증을 해소할 수 있다. 로마의 덕분으로 우리들은 모두 한 백성이다"⁴² 왜냐하면 실제로 이러한 혜택이 스틸리코나 어떤 인간의 지배자로부터 우리들에게 온 것이 아니라, 다음 장에서 볼 수 있는 대로 왕이신 그리스도로부터 온 것이다.

8 모든 국가들 가운데서 똑 같이 자신의 길을 개척해야 하는 이 사자(Mercury)⁴³는 모든 사람들을 위해 준비하며 모든 것을 알맞게 갖추어야 한다; 그 사자는 어느 사람에게든지 어렵지도, 힘들지도, 까다롭지도 않고 정중하고 손쉬운 상대가 되어야 한다. 내가 언급하건대, 우리들이 찾아야 하는 사자는 이러한 대상이 되어야 한

---

⁴⁰ 역주, 글라우디안(Claudian 혹은 Claudius, 370-404)은 알렉산드리아에서 출생하였으며, 이탈리아로 와서 모국어인 그리스어 대신 원숙한 라틴어로 프로비누스(Probinus)와 올리브리우스(Olobrius)의 통치를 기념하는 시를 썼다.

⁴¹ 역주, 스틸리코(Stilicho, 359?-408)는 서로마제국의 장군이자 정치가였다.

⁴² *De Laudibus Stilichonis*, ii, 154-9.

⁴³ 코메니우스가 여기에서 'Sercury'를 쓴 것은 1630년 경에 John Wilkins가 국제무역의 목적을 위해서 새 언어의 개발의 가능성을 논의하였던 *Mercury or the Secret Messenser*를 출판한 것에서 비롯되었다. (Daniel Murphy, *Comenius: A Critical Reassessment of His Life and Work*. Irish Acamedic Press, 1995. pp. 209-210

다. 만약 내가 그러한 상대를 말할 때, 전 세계를 위해 한 가지 유일한 언어를 갈망하고 있었던 루이스 비베스(Luis Vives)[44]의 사상을 돌이켜 보아야 한다. 내가 의미하고 있는 그 사상은 그의 저서「훈육론」 (tradendis disciplinis) 제 삼권 시작부분에서 정립된 내용이다: "그가 말하기를 언어란 인간사회의 도구이자 학문의 보고이기 때문에, 모든 민족들이 사용해야 하는 단 한가지 언어가 있어야 하는 것이 사람들의 복지에 본질적인 것이 된다. 이 언어는 즐겁고 학문적이며 표현력이 풍부해야 한다. 즐겁다는 것은 발음하기가 쉽고 일치된 것이어야 하며, 학문적이란 것은 그 의미의 적합한 특성을 나타내며, 그리고 표현력이 풍부하다는 것은 단어와 형식이 풍부하고 다양해야 하는 것을 의미한다. 만약 그 언어가 이러한 특징을 가지고 있다면 사람들은 기꺼이 그 언어를 말할 것이며, 전달되는 의미에 알맞은 모든 표현을 정확하게 나타낼 것이기 때문에, 항상 지혜를 터득하는 일에 크게 작용할 것이다. 그리고 비베스는 다음과 같이 계속 한다: "우리들이 지금 사용하고 있는 모든 언어들 중에서 라틴어는 나에게 몇 가지 특징들을 제시하는 것 같다; (1) 그것은 이미 많은 민족들에게 확산되어 있기 때문에; (2) 라틴어에 의해 거의 모든 예술과 학문들이 형성되어 지배받고 있으며; (3) 그것이 풍부하고, (4) 소리가 즐겁고; (5) 존엄성을 유지하고 있다. 이러한 모든 이유들 때문에 만약 이 언어가 보존되어 잘 배양되지 않는다면, 치명적일 수 있다. 만약 그 언어를 상실하게

---

[44] 역주, 스페인의 유명한 인문주의학자인 루이스 비베스(1492-1540)는 Louvain 대학의 인문학교수이자, Oxford 대학의 강사였으며, Erasmus 와 Thomas Moore의 친구였으며, Henry VIII세의 저명한 궁정학자였다. 그는 코메니우스와 마찬가지로 아리스토텔레스의 신봉자였으나, 아리스토텔레스의 철학과 스콜라주의 의 극렬한 비판자로서 귀납적 방법론과 심리학의 연구를 주장한 면에서 베이컨과 데카르트를 능가하고 있었다 (코메니우스/ 李淑鍾 譯, 分析教授學.. 教育科學社, 1995. pp. 196-197 참조).

된다면, 결과적으로 학문의 연구에 엄청난 혼란을 초래하게 될 것이다." 더욱이, 호의와 친절, 즉, 고대의 경건의 법칙을 증진하고 넓히기 위하여 사람들이 서로 각각 이해할 수 있어야 하는 것이 가장 중요하다. 그러나 세심하게 유의하여 한 가지 더 첨가한다면, 학자들의 활용을 위해서 신비의 문제들을 의뢰할 수 있는 신성한 언어가 있어야 한다. 그러나 나는 학자들의 언어가 일상적으로 널리 사용되는 언어와 차이가 있는 것이 좋은 일인지, 혹은 그렇지 않는지를 확신하지 못한다. 비베스도 그럴 것이다.

9 우리들은 전 세계를 위한 한 가지 공통언어가 필요하며 만약 다른 언어가 발견될 수 없다면, 어떠한 다른 언어보다 라틴어가 이 목적에 부합되어야 한다고 주장하는 비베스와 의견을 같이 한다. 그러나 우리들의 생각이 너무 높게 비상하기 때문에, 우리들은 전적으로 새로운 언어를 만드는 일을 협의하지 않을 수 없다. 그리고 이러한 것을 제안하는 이유들은 다음과 같다.

10 무엇보다 먼저 범언어에서 모든 사람들을 위하여 공정하게 제공하여야 한다. 라틴어에서 우리들은 그것을 이미 알고 있는 우리 자신들을 위해 편향적으로, 그리고 배우지 못한 사람들 (물론 그러한 사람들이 세상의 대부분을 차지하고 있기 때문에 이 문제에 대하여 심사숙고해야 하지만)을 위해 불공평하게 제공하고 있다. 그들에게는 라틴어가 다른 언어들보다 그렇게 많이 알려진 언어가 아니다. 실제로 그것이 거의 알려지지 않았으며, 똑 같이 어려운 언어가 되었다. 라틴어는 우리들의 청소년들이 경험에 의해 알고 있는 것과 같이, 그리고 언어의 모든 구조가 입증하는 것과 같이, 부지런한 관심과 주의력, 여러 해 동안의 집중적인 연구를 필요로 한다. 왜냐하면 (1) 명사의 격에서, (2) 화법과 동사의 시제에서, (3) 구문법

과 통사론에서 다양한 변화가 많으며, (4) 라틴어는 이러한 헤아릴 수 없는 변형의 실례들이 넘쳐있기 때문이다. 이탈리아 사람들은 그 자신들의 언어로부터 수많은 불규칙적 변화들을 제거하는 과정에서 라틴어를 와전시켜 말한 것 같다. 그러나 그들은 어느 정도로 다음과 같은 결과를 성취하게 되었다. 즉 거의 유럽의 모든 민족들뿐만 아니라, 아랍인들, 터어키인들, 타르타르인들 그리고 다른 미개인들은, 비록 지독한 어려움이 많지만, 내가 의미하는 것은 변형의 작업으로 고통당하고 있지만, 그들의 언어를 배우는 일을 주저하지 않았다. 그렇다면, 만약 보다 쉬운 한 가지 언어, 즉, 언어의 모든 형태에서 그 과정으로 보아 절대적으로 규칙적이고 수월한 언어가 제공된다면, 우리들의 소망이 얼마나 위대한 것인지를 생각하게 된다.

11 두 번째, 범언어는 모든 주제들의 적절하고 정확한 표현과 마음속의 모든 개념들을 쉽게 표출하기에 알맞게 되도록 내용을 가장 풍부하고 자세하게 표현할 수 있어야 한다. 라틴어는 합성어가 빈약하고 그 자체의 변형이 부족하기 때문에, 이와 같은 특성을 가지고 있지 않다는 것을 공개적으로 고백하여야 한다. 그것은 라틴어가 다른 언어들, 특히 헬라어로부터 많은 어휘들을 차용하여 전적으로 그것에 의존하고 있으며, 헬라어의 도움 없이는 결코 그 자체의 완전성에 이르지 못하기 때문이다. 그러므로 라틴어는 통일성과 간결성이 결여되어 있어서 요구하는 완전성에 결코 접근하지 못하기 때문에, 그 자체에서 논의할 주제들에 관하여 매우 적절하지 못하다.

12 끝으로 이것이 가장 중요한 것으로서 범언어는 사상의 혼란을 극복하는 보편적인 교정의 수단이 되어야 한다. 만약 언어의 진행과정이 사물들의 것과 병행하고 일치한다면, 다시

말하여, 존재하고 있는 사물들보다 언어로 표현하는 명칭이 많거나, 혹은 적게 포함하고 있다면, 그리고, 사물들이 서로 각각 연결되어 있는 것과 같이 언어가 취급하고 있는 사물들의 속성을 사용하고 있는 바로 그 음성에 맞추어 표현함으로서 어휘들과 어휘들을 연결하여 가장 정확하게 표현한다면, 바로 그렇게 될 수 있다. 이러한 점에 있어서 라틴어는 언급될 수 있는 다른 언어만큼 적절한 표현력을 가지고 있지 못하다. 초창기의 사람들에게 있어서 지금까지 우리들에게 전래된 언어로 저술한 저자들은 사물들을 탐구할 때, 그 특수한 속성과 차별성을 구별하는 일과 양자를 알맞고 적합한 용어로 표현하는 일에 그렇게 정확하지 못하였다. 그들은 즉시 안목에 들어오는 속성들을 표현할 수 있다면, 그것에 만족하였다. 실제로 그들이 사용한 많은 어휘들은 우연하게 표현된 것으로서, 이것, 혹은 저것을 일정하게 의미하기 위한 원칙에 따라 활용된 것이 아니라, 반대되는 사물들을 표현하는데도 동일하거나 유사한 소리가, 그리고 동일한 사물을 표현하는데도 반대되는 음성들이 사용되었다. 그러므로 그들의 모든 언어와 표현은 동음이어, 동의어, 동근어, 비유문, 수사, 완곡법, 다시 말하면, 결과적으로 애매모호성과 횡설수설과 혼란으로 가득 차 있었다. 그들이 사물들에 관하여 비교적 정확하게 말하여야 했을 때마다, 여러 차례 정의를 내리고 의미를 내포하고 있는 것을 이런 말 저런 말로 반복하거나, 그렇지 않으면 말하는 과정에서 그들 자신이 진리에 관하여서 보다 더욱 무식하게, 혹은 궤변에 가깝게 이례적이고 특별하며 제한적이라는 것을 발견하였다. 따라서 사상 자체가 혼돈으로부터 결코 충분하게 자유롭지 못하기 때문에, 항상 불확실성과 오류에 빠져 있다.

13 따라서 세상의 모든 민족들이 빠짐없이 모두 함께 또 하나의 바빌론을 건설하고 있으며, 그들의 행위와 언어로 그들 자신과 상대방을 바르게 이해하지 못하고 있다. 이러한 현상은 상이한 언어들을 사용하는 사람들뿐만 아니라, 동일한 방언과 언어를 사용하는 사람들에도 마찬가지이다. 왜냐하면 낱말들이 사물들의 속성과 관계없이 사물들에 연관되어 있거나, 사물들의 기본적 특성들이 언어의 습관이나, 혹은 사물들과 명칭들간의 상호조화에 의해 제시되지 않을 때, 그 결과는 사물들에 관하여 어떤 논쟁이 발생할 때마다 사람들은 이편과 저편에 서서 언어의 혼잡만을 야기하기 때문이다. 그들의 언어는 정확하게 사물들과 일치하지 않기 때문에, 그들은 (언급하는) 사물들과 정확하게 일치하는 개념들을 형성할 수 없다. 그러므로 교리들과 난상 토론의 소음에도 불구하고 우리들은 사물들을 말하는 것이 아니라, 낱말을 말하기 때문에 지혜의 연구에서 한 걸음도 앞으로 진행하지 못한다.

14 지금 우리들은 결론을 내릴 수 있다. 문법의 수의 문제로부터 발생하는 인간관계에서 의사소통의 혼란과 지연되는 많은 문제와 난해하고 불완전한 언어들에 관하여 우리들은 새로운 언어를 고안하는 일보다 근본적인 해결의 방법을 발견할 수 없다. 현재 우리들이 알고 있는 모든 언어들과 비교하여 새 언어는 (1) 시간이나 물질적 소비 없이도 배울 수 있도록 더욱 쉽게, (2) 배우는 학습과정에서 완전하게 터득하였을 때도 기쁘고 부담이 없도록 더욱 즐겁게, (3) (실제로, 이 지상의 학교에서 우리들의 불완전성을 고려하여 사안의 성격에 따라 완전하게 될 수 있는 것과 같이) 언어를 습득하여 우리들에게 사물들의 이해를 위해 큰 도움이 되도록 더욱 완전하게 될 것이다.

15 그러므로 우리들은 다음과 같은 언어를 생각하면서 기원한다: (1) 언어는 합리적이어야 할 것이다; 언어의 내용과 형태에 있어서 의미를 나타내지 않는 것이 없으며, 이러한 규칙이 가장 미세한 면과 그렇지 않은 부분에 이르기까지 일치되어야 한다. (2) 언어는 어떤 내용에서도 예외적인 변형을 포함하지 않는 비교유추적이어야 할 것이다: (3) 언어는 조화를 이루어야 할 것이다; 언어자체의 소리에 의하여 사물들의 본질적인 성격과 특징을 표현할 정도로 사물들과 사물들의 개념 사이에 불일치가 없어야 하며, 언어는 그러한 이유로 마치 지혜가 흘러내리는 깔때기와 같은 것이어야 할 것이다. 만약 이러한 언어가 온 인류의 공동합의에 의하여 수용된다면, 모든 사람들은 그것이 그들을 서로 각각 다른 사람들과, 사물들의 개념과 진리를 상호 일치시키는 가장 적합한 수단이 된다는 것을 기꺼이 인식할 것이다. 그때에 마침내 빛이 비추는 평화의 시대가 밝아 여명을 선포할 것이며, 그 시대에는 사물들과 사물들의 개념 속에, 그리고 개념의 매체가 되는 언어 속에 빛이 있을 것이다.

16 찬란한 빛이 중국사람들이 사용하는 상형문자에 관하여 우리들이 수용하였던 지식에서 세상에 나타났다. 다시 말하여 이 문자들은 다른 언어들을 사용하고 있는 사람들에게 서로 상대방을 이해하도록 도와주고 있기 때문에, 자신들의 업무에 관한 언어를 활용할 수 없는 사람들도 그들의 필서의 수단으로 상호교류와 관계를 가질 수 있다. 만약 이러한 일이 훌륭한 일이며 이득이 된다면, (모든 사람들이, 그들의 업무를 말로서 혹은 필서로 처리하든지 간에, 서로 동등하게 이해하게 하는) 참된 언어의 발견에 왜 전심전력하지 않겠는가? 이러한 발견은 단지 언어뿐만 아니라, 사상의 발견, 더욱이, 동시에, 사물들의 진리의 발견이 되지 않겠는가? 그리고

이러한 발견은 중국어의 엄청난 6천 개 문자들 보다 그렇게 많은 수고를 요구하지 않을 것이며 오히려 무한히 많은 결실을 얻게 할 것이다.

17 이러한 종류의 새 언어는 세상의 안목에 하나님의 지혜를 새로운 길로 밝게 비춰주는 가장 아름다운 도구가 될 것이다. 하나님께서 이미 여러 시대에 걸쳐 인간의 언어를 통하여 놀라운 그의 지혜의 실례를 제시하여 왔다. 그러나 이러한 새로운 방법은 앞으로 도래할 때에도 똑 같이 주실 것이다. 왜냐하면 무엇보다 하나님은 (인간의 언어가 그 소리의 모든 발음을 기본적인 음으로 20가지 이상 간단하게 낼 수 있기 때문에) 그렇게 다양한 소리를 할 수 있도록 언어를 만드신 것은 매우 경이로운 일이기 때문이다. 둘째로, 문자의 이러한 기본음으로부터, 물론 그 수가 그렇게 많지 않지만, 그 음들이 함께 연결되어 합성될 때, 사물들의 모든 다양성을 표현하기에 충분할 정도로 그렇게 많은 단어가 생성될 수 있다는 것도 매우 놀라운 일이다. 인간의 언어가 그렇게 다양한 형태로 확산되어 엄청난 기적이 일어났기 때문에, 많은 국가에서 사용되는 특별한 언어의 어법들은 헤아릴 수 없을 정도이다. 그리고 만약 세상이 보다 오래 존속된다면, 더 많은 불가사의가 인간의 기지에 의해 창안되거나, 혹은 우연하게 발생할 수도 있다. 그러나 우리들은 만약 그렇게 다양하게 분산되어 혼란을 일으키고 있는 언어들이 소리와 사물들 사이에서 조화와 균형의 발견에 의하여 마침내 통일성과 조화를 회복하게 된다면, 기적들의 왕관에 이르게 된다는 것을 단언할 수 있다. 이 과제가 사람들이 현재 분산되어 있는 공동복지가 회복될 수 있고, 단 한 가지 언어가 세상에 다시 주어져 하나님의 영광이 찬란한 한 방법에 의해 증진될 수 있다는 것을 목격하게 될 때, 모든 사람들이 고려할만한 가치

가 있는 것이다.

18 아마도 새 언어가 생겨나는 것이 허용될 수 있을 지에 관하여 의문을 제기하는 사람은 없을 것이다. 그렇지만, 만약 어떤 사람이 이러한 문제를 고려한다면, 나는, "하나님이 인간에게 주신 한 가지 권리에 의해 그것이 허용될 수 있다" (창세기 2장 19절)라고 대답할 것이다. 왜냐하면 모든 사물들을 심사숙고하는 것과 같이, 사물들의 이름을 부여한다는 것은 인간에게 부여된 창조된 사물들을 지배하는 권한의 일부가 되기 때문이다. 그렇다면, 만약 태초로부터 지금까지 사물에게 특별한 이름을 부여하는 것이 아담과 철학자들과 기능인들과 다른 사람들에게 허용되었다면, 왜 사람들이 그들의 목적으로서 지속적인 담화를 하는 언어의 단어들과 분사들과 그 밖에 다른 요소들을 만들지 말아야 하는가? 만약 우연하게 그렇게 혼란스러운 많은 언어들이 생겨난다고 할 때, 왜 세심하고 합리적인 절차에 의해서, 그리고 즉시 고상하고 순수한 재결합의 방법에 의해서 한가지 유일한 언어가 생성되지 않아야 하는가? 왜 우리들은 이 문제에서 모든 것을 기회의 작용에 내 맡겨야 하는가? 만약 우리들이 가지고 있는 사물의 개념을 사물들 자체와 일치하도록 자유롭게 적용한다면, 왜 우리들은 언어를 더욱 정확한 개념들의 정확한 표현과 자유롭게 일치시키지 말아야 하는가?

19 하나님은 인간의 노력을 금하지 않으셨다: 확실히 하나님은 오히려 인간의 노력을 즐거워하고 인간에게 자신을 위하여 사물들의 참된 개념들을 형성하도록 명하셨다. 그러므로 하나님은 또한 인간에게 그 자신을 위하여 사물들에 관한 참된 담화를 하도록 금하지 않으셨다. 만약 그러나 (예언자들이 이미 예언했던 것과 같이) 그때가 도래한다면, 모든 백성들과 언어들이 함께 모일 때

가 와서 하나님의 영광을 와서 볼 것이며 (이사야 66장 18절), 백성들의 입술이 깨끗하게 변화될 것이며, 모든 사람들이 그 입술로 주의 이름을 부르며 한 마음으로 예배할 것이며 (스바냐 3장 9절), 그리고 주님께서 모든 땅을 지배하는 왕이 되어 한 주님과 한 이름만이 있을 것이며, 그때에 모든 땅이 그에게로 돌아갈 것이다 (스가랴 14장 9절). 이러한 신탁들의 힘은 다음과 같다: 하나님의 영광이 모든 나라들을 이전보다 더욱 밝게 비추게 될 때가 올 것이다. 이 구절에서 언급한 표현은 언어들을 함께 모으고, 트레멜리우스(Tremellius)가 그것을 언어들의 "모음변화"라고 언급한 것처럼 방언들이 변화되어, 전 세상을 같은 수준으로 이르게 할 것이다; 그리고 이러한 수준에 이르게 되면 사람들의 생각을 애매하고 부정확하게 해석하는 일이 없을 것이며, 다시 말하여, 복음의 시작 때에 모든 백성들을 모든 언어들의 다양성에 의하여 신앙의 통일을 가져오게 하였던 하나님께서 모든 백성들을 함께 모으게 할 그때에 그들의 언어들도 함께 모아서, 한 언어로, 한 뜻으로, 모든 사람들이 그를 섬기게 될 때가 올 것이다. 하나님께서 기적이나, 혹은 사람들의 협동에 의하여 이것을 기쁘게 성취하고 있는지, 혹은 그렇지 않은지는 문제가 되지 않는다. 어떠한 방법으로 그 일을 완성하든지 간에 그것은 하나님의 역사가 될 것이다.

20 만약 우리들이 어떤 방법에 의하여 이러한 언어가 형성될 수 있는가 라는 질문을 받게 될 때, 우리는 그 방법이 두 가지 —우리들은 이미 알고 있는 언어들과, 혹은 사물들 자체에 의하여 인도되어야 한다라고 대답할 수 있다. 전자의 방법은 찌욱시스(Zeuxis)를 모방 하는 일이며, 그가 그림을 준비하고 있었을 때, 헬렌(Helen)이 구할 수 있는 대로 특별히 많은 미녀들을 그에게 데리고 오도록 지시했다. 그때에 그녀들 중 한사람씩 조심스럽게 면밀하게 검

토하였을 때 그는 그들 중 누구에게서든지 빼어나게 아름답다고 인식되었던 수만큼 헬렌에게 전달하고, 절대적인 사랑스러움의 상을 행복하게 그렸다. 우리들의 목적을 위하여 똑 같은 방법을 시행할 수 있다: 어떤 언어든지 소유하고 있는 특별한 간결성과 우아함과 힘 (한 언어가 다른 언어들을 능가하는 특성을 가지지 않을 정도로 그렇게 기본적인 능력이 없는 언어가 거의 없듯이)을 모든 다양한 면에서 함께 모으게 되면, 그것이 한 언어로 형성되어 조화 있게 채택될 수 있다. 따라서 많은 문체에서 한 가지 고귀한 문체, 즉, 모든 것을 종합한 핵심적인 정수가 생겨날 수 있다.

21 두 번째 방법은 더욱 구체적이다: 그것은 새 언어를 형성하는 사람들이 사물들 자체의 인도와 지도를 따르는 일이다. 새 언어로 표현되는 모든 것이 사물들의 정확하고 완전한 표현과 일치되어야 한다. (만약 그렇게 된다면) 우리들은 마침내 참되고 쉽게 조화를 이루게 될 것이다: 모든 사물들이 같은 방법으로 모든 사람들의 감각기관에 제시되기 때문에, 그것들은 사람들이 이해하고 모방하도록 언어를 쉽게 만들 것이다. 가장 독창적인 불란서 학자인 마르센(Mersenne)과 라 메어(La Maire)는 그들 자신이 이러한 언어의 기초를 놓았다고 믿고 있다: 그들은 세계의 모든 곳에 있는 거주자들과 대화를 할 수 있을 뿐만 아니라, 혹 가능하다면, 달과 같은 특정지역 사람들과도 대화할 수 있다는 것을 확신 있게 요구한다. 우리들은 또한 우리의 신뢰를 범지학의 기초에 두면서 감히 한 언어를 소망하여 왔다. 그 언어는 모든 변형으로부터 절대적으로 자유로운 정도가 라틴어보다 열 배나 더 쉽고, 모든 개념들과 사물들을 그 특징에 따라 쉽게 표현하는 정도가 백 배나 더 완전하게, 그리고 사물들의 성격들을 조화 있게 표현하는 일에서 개별적인 명칭들이 사물들의 수와 측

량과 무게와 일치될 수 있기 때문에, 천 배나 더 적합하게 표현할 수 있을 것이다.

22 우리들은 공통언어에 대한 미래가 잠정적이나마 어떻게 될 것인지에 관하여 다음 두 가지 조언을 제시하여야 한다. (i) 첫째, 그리스도의 십자가의 징표에 의해 신성시되었던 학문적 언어들 중, 성경의 자료들인 히브리어와 헬라어를 제일 등급으로 학자들의 활용을 위해서, 그리고 라틴어는 많은 훌륭한 사람들의 보고를 포함하고 있기 때문에 보존되어야 할 것이다. (ii) 둘째, 세상의 다양한 민족들이 그 자체의 언어들을 보존하며 배양하여야 한다. (물론 사람들이 그렇게 하기를 원하든지, 혹은 그렇지 않든지 간에, 그들이 가장 은혜롭다고 생각하는 언어를 충분히 시험한 후에 그들 자신의 언어가 야만적이며 투박한 언어의 형태들이라는 것에 놀라지 않을 수 없었다는 것을 보여줄 시간을 남겨 놓아야 한다. 그때에 모든 영이 하나님을 찬양하며 모든 언어들이 하나님의 영광을 노래할 수 있다. 더욱이 모든 언어들의 보편적 사전(lexicon)과 또한 문법이 만들어 질 수 있다. 그것들은 기존의 모든 것을 단어들의 형식과 구문들의 활용에 따라 배열하고, 실천의 유사성, 차별성, 모순점등을 제시하여야 한다. 이러한 모든 것은, 언어들의 혼란에도 불구하고, 모든 사물들 속에 있는 하나님의 지혜의 확산을 증거하는 수단들에 의하여 완전하게 성취될 목적을 가지고 있어야 한다.

제 20 장
세상의 조건

우리들이 이러한 배열들의 결과로 소망할 수 있는 세상의 조건.

"너희들은 아버지께서 그의 권세를 잡을 때와 시기를 알지 못한다" 라는 그리스도의 말씀에 의해서, 우리들은 신령한 목적의 비밀을 탐구하는 것을 겸손하게 권고하고 있다는 것을 깨닫고 있다. 왜냐하면 하나님께서 이러한 비밀들을 숨기시기를 선택하는 한, 그는 그것들을 우리들에게 예언자들에 의해서도, 사건들의 과정에 의해서도, 혹은 목적에 이르는 수단의 적용에 의해서도 계시하지 않을 것이기 때문이다. 그럼에도 불구하고, 마침내 하나님의 역사의 전조가 제시되어 그의 목적의 성취를 위하여 정립되기 시작할 때, 심지어 직접적인 사건들이 우리들에게 차단되어 있는 원인들로부터 예시될 수 있을 때, 하나님의 은사들을 받기 위하여 우리들의 머리를 높이 쳐들고 우리들의 눈으로 주위를 돌아보면서, 심지어 두 손을 펼치는 것이 무모한 일이 아니라 오히려 감사와 존경의 징표가 된다.

2 그렇다면, 왜 우리들은 마침내 전개되고 있는 빛의 길들을 통하여 어두움의 왕국들의 멸망, 빛과 진리를 위한 승리와 환호가 진행되고 있다는 것을 용기 있게 믿지 말아야 하는가? 그렇지만, 우리들은 이미 세워져서 예언자들의 예언과 일치하고 있는

기초 위에 적합하게 구축할 수 있는 소망이 무엇인가를 살펴보자. 만약 우리들이 주님 안에서 기뻐할 이유를 가질 수 있도록 한다면, 여하튼 그것을 생각해 보도록 하자.

3 만약 우리들이 참된 범지학을 얻게 된다면, 우리들이 믿고 있는 것과 같이 하나님의 자비가 우리들에게 주어질 것이며, 거기에서 모든 사물들의 원리들이 명백하게 입증하게 될 참된 빛이 있을 것이며, 따라서 가장 위대하고 가장 최소의 문제들에 이르기까지, 평이하고 애매한 문제들에 이르기까지, 그리스도의 말씀, 즉, "비밀스러운 것이 드러나지 않는 것이 없으며, 감추어 둔 것이 알려지거나 환히 나타나지 않은 것이 없다"(누가 8장 17절)의 말씀에 따라서 알려지지 않는 것이 없게 될 것이다. 지금까지 하나님과 자연과 성경의 보고에서 밝혀지지 않은 것들이 많이 있기 때문에, 그것들이 인간의 마음에 접근할 때마다 모든 사람들이 매일 매일 이러한 근원들로부터 새로운 신비들이 알려진다는 것을 목격하고, 밝혀지지 않은 많은 것들이 생산될 수 있다는 것을 생각하면서 인정해야 한다. 우리들은 숨겨진 이러한 비밀과 신비들, 즉, 그러한 책들이 이 세상 생활에서 활용을 위해 주어졌기 때문에, 하늘을 위해 보존되고 있는 것까지도 하나님께서 형태와 거울에 의해서가 아니라, 직접적으로 얼굴과 얼굴을 대면하여 자신을 계시하시기 때문에, 미래의 생을 위해서 보존되는 것이라고 생각하지 말아야 한다. 만약 이러한 것들이 미래의 생활에 꼭 필요한 것이라면, 그것들은 헛되게 주어진 것이 아니라는 것으로 밝혀지도록, 그리고 하나님께서 다른 사람들이 해야하는 일을 금지시키면서까지 그것을 자신이 행하였던 것처럼 되지 않도록 현재의 생활에서 확실하게 계시되어야 한다. 왜냐하면, 그렇지 않으면, 하나님께서 여기 저기에서 밝혀 왔던 빛들을 감추었을 것이며, 그 빛들

을 이 세상에 거(居)하고 있는 모든 사람들의 활용을 위해서 세상에 있는 등경 위에 두지 (누가복음 8장 16절, 마태복음 5장 14절) 않았을 것이기 때문이다.

4 오늘날까지 우리들이 알지 못하는 많은 일들이 숨겨져 왔던 것이 사실인 것과 같이, 하나님께서 많은 것들을 알려지게 하신 것도 사실이다. 그러므로 모든 것들이 이론들과 추측들을 통해서가 아니라, 사물들의 존재 이유들과 원인들의 발견에 의하여 확실하게 알려질 것이다. 따라서 볼 수 있는 눈을 가진 모든 사람들은 그들의 안목으로 세상의 모든 기본적인 조직과, 교회의 전반적인 구조와, 모든 시대들의 전반적 활동영역을 구성하고 있는 모든 것들뿐만 아니라, 이러한 모든 것들의 하나 하나가 실제로 발견되고 있는 것 이상으로 이런 저런 조건으로 왜 빼놓을 수 없는지를 지각할 것이다. 그렇게 된다면, 사람들이 사람들에 의해 가르침을 받는 것을 중단하지 않을 것이라는 예언이 (에레미야 31장 34절) 성취될 것이며, 다시 말하여, 지금까지 인간의 권위에 의하여 인도되었던 것이 실제로 하나님의 가르침으로 인도될 것이며 (이사야 54장 13절), 즉 사람들은 하나님의 역사(役事)와, 그의 말씀과, 그의 명령에 집중하고 지배받을 것이며, 그때에 모든 가르침을 읽는 사람은 읽는 것만큼 이해할 날이 올 것이다. 결과적으로, 사람들은 ("그리스도의 말씀, "보지 않고도 믿는 사람은 복이 있다" (요한복음 20장 29절)에 따라서, 이전 세대들의 행복을 만족시켰던) 하나님의 신비들을 믿을 뿐만 아니라, 이해하게 될 것이다. 이러한 빛을 비추게 하심으로 하나님은 마지막 시대를 창대하게 하셨다 (이사야 32장 4절, 에레미야 30장 24절, 다니엘 12장 4, 요한계시록 22장 10절). 하나님께서 성도들에게 그의 은혜와 영광을 주시고, 또한 그들 가운데에 장막을 지어 주실 그때에 영원한 빛을 주

시기 (시편 84편, 이사야 60장 19절, 요한계시록 21장 3절) 때문에, 그들은 태양도 달도 필요하지 않을 것이다. 그때에, 진리로 인도하는 지도자들이나 진리의 교사들은 (다른 구절, 이사야 30장 21, 22절에서, 하나님은 그때에 그들을 풍족하게 하실 것을 예언하셨다.) 부족하지 않을 것이며, 따르는 사람들을 지배하는 지도자들이나 혹은 교사들로 스스로 자처하는 사람들, 혹은 따르는 사람들이 그들을 이러한 능력으로 지도자들이나 혹은 교사들로 정하는 일이 없을 것이다. 왜냐하면 모든 사람들은 한 스승, 즉, 그리스도를 유일한 교사로 인정하기 때문이다 (마태복음 23장 10절). 따라서 교사들에게 사마리아인들의 유명한 격언, "우리들이 믿게 된 것은 너희들의 말 때문에 아니다"라는 것을 반복하는 것이 옳고 적합한 일일 것이다.

5 범학교들이 세워졌을 때, 즉, 모든 사람들이 그들에게 제시될 모든 책들을 탐독하고 이해하도록 가르침을 받을 수 있도록 범교육이 소개되었을 때, 모든 사람들에게 비쳐질 빛이 가장 위대한 사람들로부터 가장 비천한 사람들을 포함하는 모든 사람들이 주님을 알며 (예레미야 31장 34절), 그리고 땅이 바다에 물이 가득하듯이(이사야 11장) 여호와의 지식으로 충만하게 될 수 있도록 확산될 것이다. 거기에는 몇 날 살지 못하고 죽는 아이가 없을 것이며 (이사야 65장 20절), 모든 사람들이 하나님 아들을 믿는 신앙과 아는 지식에 하나가 되고, 그리스도의 충만한 모습을 본받아 완전한 인간이 되어 더 이상 어린아이들로 남아 있지 않을 것이다 (에베소서 4장 13절 14절).

6 지혜 있는 사람들의 범동맹이 결성하게 된다면, 우주의 빛이 모든 사람들에게 그 광선을 드리우게 되고, 사람들은 증가하는 수많은 동료들에게 그 빛을 전파할 때, 그들의 동맹이 사라질 수

없기 때문에, 빛은 결코 없어지지 않고 어두움이 다시는 돌아 올 수 없게 될 것이다. 그러므로 빛이 점점 증가하여 사람들의 마음 위에 확대되어 비추는 것과 같이, 해마다 땅의 결실도 증가하게 된다; 좋은 씨가 땅에 떨어질 때마다 땅으로부터 더 많은 씨를 생산하게 된다. 이것은 이사야 60장에서 예언한 대로 "너의 성문이 언제나 열려 있을 것이며" (11절), 그리고 "너의 해가 지지 않을 것이며, 다시는 너의 달이 없어지지 않을 것이다; 왜냐하면 너의 애곡 하는 날이 끝났을 때, 주님이 영원하신 빛으로 너에게 거할 것이기 때문이다. 또한 너의 백성이 모두 의롭게 될 것이며, 작은 하나라도 천(千)이 되고 약한 나라가 강한 나라가 될 것이다. 때가 되면 나, 주가 이 일을 지체없이 할 것이다" (이사야 33장 20-1, 에레미야 30장 19, 20절 등 참조).

7 범언어가 만들어져 모든 민족들이 받아 들여 활용하게 될 때, 온 세상이 곳곳마다 살고 있는 사람들과 접촉할 수 있게 되어 그것을 선택하는 모든 사람들이 가르치며, 그리고 가르침을 받기 위해 어디든지 자유롭게 왕래할 수 있으며, 그들이 다니는 노상에 어떠한 장해도 없게 될 것이다. 왜냐하면 만약 모든 사람들이 서로 각각 이해하게 될 때, 그들은 마치 하나님의 한 종족, 한 백성, 한 가족, 한 학교와 같이 될 것이기 때문이다. 그때에, "모든 백성들이 한 곳으로 돌아올 것이며" (스가랴 14장 10절), 이해할 수 없는 언어로 말하는 백성과 알아듣지 못하는 (다른 사람들은 이 것을 지혜 없는 것으로 언급하고 있음) 이방언어로 말하는 백성을 더 이상 보지 못하게 될 것이다" (이사야 33장 19절)라는 말씀들의 의미가 분명해 질 것이다. 그리고 모든 나라들에게 선택된 한 언어가 주어질 것이며(창세기 11장 1절, 7장 8절), 그때에 주님께서 시온성을 다시 세우고 그의 영광으로 나타나게 될 때 (시편 102편, 16, 17, 19, 23절), 바벨론으로 흩어진 그

들이 다시 돌아오게 될 것이다.

8 그때에 모든 나라들이 시온성에서 떠 오른 이 빛으로 달려가 그 빛 속으로 걸어갈 것이다 (이사야 60장 1, 2, 3절). 그리고 땅의 끝에서 끝까지 모두 주님께 돌아갈 것이다 (시편 22편 28절). 이방사람들의 세력이 짙은 구름들이 모이듯이, 비둘기 떼들이 창문가로 모이듯이, 너에게로 올 것이다 (이사야 60장 5절). 백성들이 아들들을 안고 네게로 오며 그 딸들을 업고 올 것이다 (이사야 49장 22절). 예루살렘과 싸웠던 모든 나라들에 남아 있는 사람들이 와서 모든 나라들의 주이신 왕께 경배할 것이다 (스가랴 14장 18, 20, 21절).

9 이것이 나타날 때, 땅의 네 곳에 흩어져 있던 이스라엘의 자녀들이 다시 함께 모여, 그들이 찾고 있는 여호와이신 하나님과 그들의 왕인 다윗을 다시 보게 될 것이며 (호세아 3장), 그들과 함께 많은 사람들이 다시 돌아오게 될 것이다. 유대인들의 엄숙한 마지막 회복에 관한 이러한 가장 신령한 약속이 성경의 여러 곳에서 발견할 수 있다.

10 그때에 점토와 쇠로 만든 왕조가 패망하고 산에서 깎인 돌이 온 땅을 점령할 때가 올 것이다. 다시 말하여, 모든 나라들이 주님과 그의 그리스도의 왕국들이 될 것이며 (다니엘 2장 35-45절과 요한계시록 11장 15절), 땅의 왕들과 백성의 왕자들도 없으나 (시편 72편 11절과 102편 16, 23절, 134편 4절, 이사야 49장 23절과 60장 3, 10, 11, 16절 등, 62편 2절, 요한계시록 10장 11절에서 살펴보면 그러한 것이 있을 수 있기 때문에), 그들은 다른 사람들을 할퀴며 잡아먹는 짐승들도, 혹은 다른 사람들에게 전쟁을 일으켜 그들의 욕망을 만족시키기 위해 모든 것을 마음대로 부수며 짓밟는 괴물들이 아니라, 그리스도의 양떼들을 돌보는 길들인 사자들과 같고 (이사야

11장 7절), 교회의 양육자들(이사야 60장 11절), 평화의 수호자와 정의의 변호자들과 같아서, 폭력과 낭비와 멸망의 소리가 더 이상 들리지 않을 것이다 (이사야 60장 17, 18절). 왜냐하면 지금 땅을 멸망하는 사람들은 곧 망하게 될 것이기 때문이다 (요한계시록 11장 18절).

11 그러므로 그때까지 적수들 가운데서 통치하였던 그리스도께서, 시편 101편 (2절과 3절)과 사도 (고린도전서 15장 24-29절)가 그리스도의 통치시대를 두 시기로 분명하게 지적한 것과 같이, 적이 없이 통치하게 될 것이다. 왜냐하면 대부분의 사람들은 (그들이 그리스도의 발 받침대를 만들었을 때 그의 적들을 통치한 그리스도의) 두 번째 시기를 마지막 심판 이후에 도래할 영생에 이르기까지 확대하고 있지만, 사도는 우리들이 그렇게 이해하는 것을 금하고 있기 때문이다. 사도는 그때에 하나님께서 모든 통치의 권위와 권세를 폐하시고 심지어 아들 자신이 모든 것 안에 모든 것이 되게 하시기 위하여, 그의 나라를 하나님 아버지께 굴복시킬 것이다 (고린도전서 15장 24, 28절)라고 말하고 있다. 또한 그는 멸망할 마지막 적이 죽음이라고 말한다 (26절). 따라서 다른 적들은 죽음의 멸망, 즉, 이러한 죽음의 생활 이전에, 이 세상의 나라들이 우리 주님과 그의 그리스도의 왕국들이 될 수 있도록 (요한계시록 11장) 다른 적들이 멸망되어야 한다. 이때가 곧 이스라엘이 회복될 때이며 (사도행전 1장), 실제로, 이때가 모든 사물들의 회복의 때가 될 것이다 (사도행전 3장 21절). 그리고 이것이 이미 율법이전에, 그리고 율법아래에서 예언되어 있었다. 왜냐하면 세상에 세 가지 시대, 즉, 공허의 시대, 율법의 시대, 메시야의 시대가 주어졌다는 것이 수용된 한 이론이기 때문이다. 그렇다면 이미 명명된 이전의 두 시대를 지내온 어떤 시기도 세 번째 시대를 맞이하지 않아야 할 이유가 있는가? 교회가 율법이, 처음에 사악

한 가인(Cain)의 자녀들의 가운데서, 물론 그들에 의해서 위축되지는 않았지만, 강조되기 이전부터 존재하였고, 그 이후, 그들이 홍수로 멸망되었을 때 교회는 자유를 회복하게 되었다. 율법이, 물론 아브라함부터 모세에 이르기까지 문자로 쓰여지지 않았지만, 다시 존재하였으며, 교회가 수 없는 이주와 심지어 애굽에서 멍에가 되었으나 계속 존속하게 되었다. 그리고 바로(Pharaoh)가 물 속에서 수장(水葬)되었을 때, 교회는 자유롭게 되어 율법을 받아들이고, 요단강을 건너 적들을 정복하였으나, 그 시대에서 범하였던 죄로 인하여 그후에 벌을 받았음에도 불구하고 새로운 통치를 시작하였다. 따라서 메시야의 통치하에서 교회는 두 가지 조건을 경험하였다: 그 한가지는 지금과 마찬가지로 적들에 의해 고통 당하였으며, 다른 한가지는 현재 교회가 지향하고 있는 그리스도와 함께 그의 적들을 지배하는 일이었다.

12 이것은 우리의 적들의 지도자이자 머리가 되는 사탄이 승리를 얻게 되는 결과를 초래하게 될 것이다. 그러나 신의 신탁은 사탄이 큰 사슬에 얽매어 그의 깊은 어두움에 갇히게 되어, 마지막 때의 수 천년 동안 (요한계시록 20장) 백성들을 더 이상 잘못 인도하지 않도록 하는 것이 지혜 있는 일이라고 예언하고 있다. 우리들은 하나님의 전능하심이 이 사슬이 될 것을 믿고 있다. 사슬에 의하여 재갈이나 굴레가 사탄의 분노를 진정시킬 것이다. 그러나 만약 우리들이 하나님의 이러한 힘이 외부의 수단을 이용하리라는 것을 이해하고, 이 사슬이 한 사슬의 형태로 정확하게 만들어진 빛과 진리의 사슬이기 때문에 사탄이 그 줄을 풀 수 없다는 것을 믿을 수 있다면, 그러한 견해에 불합리한 것이 있다는 것은 무엇일까? 틀림없이 사탄은 사람들을 엄청난 무지의 사슬이나, 그렇지 않으면, 거짓 학문이나, 혹은 거짓 학문으로부터 발생하는 오류의 사슬로 얽매어 놓기를 원하

고 있었다. 그렇다면, 왜 밝은 빛과 진리의 기반들이 사탄을 구속할 사슬들로 만들어지지 않았는가? 사탄은 왜 그의 어두움의 심연속에 갇혀서 그곳에 머물러 있으면서, 거기에서 머리를 처들 수 없도록 남아 있지 않아야 하는가? 왜냐하면 빛으로 무장한 진리의 힘은 극복될 수 없기 때문이다.

13 그때에 전 세상을 덮고 있는 우주적 평화가 있을 때, 미움과 미움의 원인들이 없어질 것이며, 사람들 사이에서 불화(不和)와 의견의 충돌도 사라지게 될 것이다. 왜냐하면 모든 사람들이 동일한 것을 가지고 있을 때, 불화의 근원도 없어질 것이며 진리들도 그들의 안목에 제시되기 때문이다. 혹은 모든 사람들이 각기 견해가 다른 사람들에 의해서가 아니라, 진리이신 하나님에 의하여 가르침을 받을 때, 심지어 어리석은 사람들조차 이탈할 수 없는 거룩한 시온의 한 길이 모든 사람들이 바라볼 수 있게 될 때(이사야 35장 8절), 그리고 모든 사람들이 한 마음과 한 길을 가지고 한 뜻으로 하나님을 경외하게 될 때 (예레미야 32장), 어떠한 사람도 불확실한 견해에 당황하거나 난처하게 되지 않을 것이다. 그때에 나라들이 칼을 쟁기로, 창을 낫으로, 투창을 곡갱이로 만들고, 나라가 나라를 대적하여 더 이상 칼을 들지 않고, 사람들이 더 이상 전쟁을 일으키지 않고 (이사야 2장 4절, 미가 4장 3절), 모든 사람이 포도나무와 무화과나무 밑에 앉아 있을 것이며, 어떤 사람도 다른 사람을 두려워하지 않으리라 (미가 4장 4절)는 예언이 성취될 것이다. 그리고 땅에서 더 이상 폭력의 소리가 들리지 않을 것이다 (이사야 60장 18절). 또한 이사야 65장 21, 22, 23, 25절과 66장 12, 13, 14절과 예언서전체를 살펴본다면, 어디에서든지 그리스도의 평화로운 통치와 평화의 왕자가 진지하게 묘사되어 있다.

14 따라서 양 무리와 한 목자에 관한 그리스도의 약속이 사자들과 이리들과 곰들과 표범들이 연합하여 무리를 이루기 위하여 모두 부름을 받게 될 때(이사야 11장)에 성취될 것이다. 이 때는 솔로몬의 시대보다 더 고귀한 황금시대가 되어 사람들이 마음의 평안을 찾으며, 짐승 같은 생활을 쫓지 않고, 실제로, 합리적이고, 영적이며, 신령한 생활에 전념하는 생활을 시작하게 될 것이다. 그 때에 과거의 모든 분쟁과 싸움이 행복한 생활로 끝날 것이며, 거짓 이야기들이 진리로 변하고, 더욱 아름다운 불사조가 타오르는 화염에서 다시 태어나게 될 것이다. 그때에 교회와 세상과의 불구대천의 원한 관계가 지나간 후에 흰눈보다 더 밝은 새로운 아름다움이 그들에게 다시 돌아오게 될 것이다. 그리고 교회는 한때에 적막한 곳으로 황폐하고 파멸되었던 것에 매우 놀라게 될 것이지만, 곧 놀랍게 회복될 것이다 (이사야 49장 19절 등).

15 이때가 교회의 안식일인 세상의 일곱째 시대가 될 것이며, 세상에서 육 천년 동안의 수고와 땀과 전쟁과 재앙이 지난 후에, 교회는 축복된 영생의 여덟째 시대가 오기 전에 안식하게 될 것이다. 우리는 베드로가 언급하였던, "주께는 하루가 천년 같고 천년이 하루 같다" (베드로후서 3장 8절)는 말씀이외에 어떤 다른 암시에 의해서도 세상의 종말을 이해할 수 없다. 왜냐하면 피조물들의 창조의 역사가 엿새동안 완성되었으며, 안식일로서 일곱째 날이 첨가되었던 것과 같이, 그는 교회를 완성하는 역사는 육 천년동안 걸릴 것이며, 안식과 명상과 축복과 기쁨의 시대로서 칠 천년 째가 더하여져, 그때에 육신을 입은 모든 것들이 하나님의 현존에 나아와 경배하도록 안식일마다 지켜질 것이라고 선언하였기 때문이다. 그때에 세상가운데 축복이 내려질 것이다 (이사야 19장 24, 25절). 그리고 모든

교회가 "오, 형제가 연합하여 동거함이 어찌 그리 선하고 즐거운가" 그리고 "주께서 축복과 영생을 주실 것이다" (시편 133편)라고 노래 할 것이다.

16 그때에 어린양이 향기가 넘치는 그의 정원에서 신부와 함께 결혼하면서 다음과 같이 노래할 것이다: "나는 나의 정원으로, 나의 누이에게, 나의 신부에게 갈 것이다. 나는 향내나는 몰약을 모으며, 꿀이 가득한 꿀 집을 먹고, 젖이 가득한 포도주를 마시었다. 오 친구들이여 먹고, 마시며 술 취해 보세" (솔로몬의 노래, 4장과 5장).

17 곧 심지어 사람들은 우리들이 취하게 되거나 꿈을 꾸고 있다고 말한다. 그러나 친구들에게 이러한 방법으로 취하게 하여 사랑스러운 단잠을 주시는 자는(시편 127편 3절) 모든 사람들에게 곧 같은 방법으로 강수와 같은 행복과 기쁨에 취하게 할 것이며(시편 36편 8, 9절), 모든 사람들로 하여금 그리스도와 하늘나라, 모든 사람들의 구원, 모든 사람들간의 사랑과 양육, 그리고 그들을 사악한 죄악의 멍에로부터 풀려나올 안식일만을 그리워하는 꿈을 꾸게 할 것이다. 확실히 가장 슬픈 시대에 있었던 교회에게 가장 기쁘고 복된 것을 주기로 약속했던 예언자는 그 자신과 다른 사람들에게 꿈을 꾸게 하였으며, 그러한 이유 때문에 그는, "내가 잠에서 깨어나 보니 나의 잠이 꿀맛이었다" (예레미야 31장 22, 23, 24, 25, 26절)라는 말을 첨가하였다.

제 21장
사물의 존재의 조건

그렇게 열망해 왔던 사물들을 존재하게 하며 작용하게 하는 일곱 가지 필수조건들.

그러므로 우리들이 소망할 수 있는 대로 신령하게 열망해 왔던 문제인 이러한 범개혁에서 발생할 결과를 더 이상 알지 못하기 때문에, 우리들은 그것이 존재하여 작용할 계획에 관심을 가져야 한다고 생각한다.

2 그리고 우리들은 이것을 위하여 다음과 같은 것을 필요로 한다:
(i) 끝없는 확신으로 가득 찬 가슴
(ii) 하나님께 대한 가장 간절한 기도
(iii) 지혜 있는 많은 사람들의 끈기 있는 근면과 수고
(iv) 권력을 가진 사람들의 도움과 선한 의지
(v) 노동에서 돌봄과 엄격한 질서
(vi) 모든 계획이 세워진 장소에서 신속한 시작과 적용
(vii) 보편성의 목적을 지향하여 사람들과 집단들을 주의 깊게 지속적으로 인도하는 일.

우리들은 이러한 문제들의 하나 하나에 관하여 몇 가지 조언을 제

시할 것이다.

3 첫째, 이유가 설명되고 하나님의 활동의 실례들이 입증되는 큰 과업을 위하여 원대한 가슴이 요구된다. 왜냐하면 모든 과업을 위하여 가슴의 불굴의 힘이 가장 유익하기 때문이다. 플루타크(Plutarch)는 난공불락의 지점을 공격할 정신을 가지고 있지 않는 사람들은 적에 대항하는 그들의 방어에 결코 만족하지 못한다고 말한다. 그리고 세네카(Seneca)는 우리들에게 어떤 일이 성취될 수 있다는 희망을 가지고 있는 사람은 그 일의 성취를 위해서 더 많은 공헌을 해 온다고 말하고 있다. 그러므로 하나님께서 선택받은 사람들을 불러서 귀하고 영광스러운 일을 하도록 하며, 그들로 하여금 그의 계획을 맡겨 수행하도록 할 때마다, 하나님은 그들에게 다른 무엇보다 큰 신앙을 요구하며, 그들이 소심하여 담력이 없을 때에는 지금까지 책망하는 일을 멈추지 않으셨다. 이와 같은 일은 모세와 기드온과 예레미야와 사도들과 다른 사람들의 소명에 관하여 행하신 일들로부터 분명하게 나타난다. 그리스도께서도, 하나님으로부터 선한 일들을 추구하며 찾고 있었던 사람들의 용기를 불러일으키고 있었을 때, "믿는 자에게는 능치 못할 일이 없기 때문에, 다만 믿으면 그것이 너희에게 주어질 것이다" 라고 말씀하셨다.

4 따라서 현재 우리들이 맡고 있는 과업 (우리들이 능히 인정하고 있지만, 시도하기에는 지나치게 엄청난)에서 결실 있는 성공을 확신하기까지 몇 가지 이유들이 있다: 첫째, 하나님의 도움에 대한 확실한 소망(所望); 둘째, 우리들 자신이 확신하는 선한 사람들의 공적인 지원(支援); 셋째, 이미 선한 기초를 가지고 있는 과업 자체의 사례(事例)들이다.

5 첫째 이유에 관하여, 우리들이 전념하고 있는 그 과제가, 비록 거대한 것이라 할지라도, 그 과제의 전체는 하나님의 영광과 그의 나라의 확장에 관심을 가지고 있는 유일한 일이다. 따라서 우리들은 하나님께서 그 자신을 거부하듯이 그 일을 위해 도움을 거절할 것이라고는 거의 믿지 않는다. 물론 하나님께서 우리들로 하여금 열매를 맺을 수 있도록 위대한 일을 성취하기를 원하시든지, 혹은 이 과제를 직접 계획하여 다른 사람들이 우리의 실례와 협의에 의해서 추진해 나가든지 간에, 우리들은 특별한 계시나 명령이 없이는 앞으로 지향해 가지 못하기 때문에, 그 과제는 의심의 문제가 될 수 있다. 만약 하나님께서 감히 우리들에게 그의 목적의 확실한 징표를 제시한다면, 우리들은 더욱 확신할 수 있을 것이다. 우리들은 다윗과 솔로몬과 그밖에 다른 신령한 인격자들을 통하여 이러한 조건들의 하나하나의 실례들을 가지고 있다. 다윗은 하나님께 성전을 건축하려는 그의 수고를 보였으나, 그 과업을 그의 아들 솔로몬에게 맡겨야 한다는 명령을 받았다. 그러나 하나님께서는 그에게 그가 깨닫고 있었던 그 일에 전념하는 것을 금하지 않았다. 반대로 그는 그렇게 전념하려는 열망을 심정적으로 인정하고 다윗으로 하여금 필요한 모든 자재들을 열심히 모으는 일을 준비시켰다. 그렇다면, 우리들은 현저하게 나타난 선한 일들은 모든 선한 생각과 행동의 흐름으로부터 파생되는 부단한 자원이외의 다른 자원으로부터 나올 수 없다는 것을 확신할 수 있다. 또한 우리들은 하나님께서 그의 모든 역사가 사람들의 손에 의하여 성취되어야 한다는 것을 원하고 있는 동안 그 사람들에 의해서 중단되지 않는다면, 그의 일들을 지연시키는 것을 원하지 않는다는 것을 확신할 수 있다.

6 그러므로 스스로 하나님의 일을 하고 있다고 굳게 확신하며, 하나님의 운동에 동참하고 있다는 의욕을 가지고 있는 사람은 엘리후(Elihu)가 보여 주었던 것과 같은 용기를 가지고 (욥기 33장과 36장 2절)활동할 수 있다. 다른 운동과 활동에서는 우리들이 겸손하고 억제해야 하지만, 하나님의 운동에서는 확고하고 양보가 없는 지칠 줄 모르는 정신이 필요하다. 엘리사(Elisha)는 하나님의 영광을 높이기 위한 열정으로 엘리야(Elijah)의 영(靈)의 두 가지 척도를 구하기 위하여 열심히 기도하였다. 엘리야 자신이 증명하였던 것처럼, 탁월한 요청에 의하여 그는 요구하였던 모든 것을 얻게 되었다. 실제로 하나님의 은혜로 소유할 수 있는 어떠한 확신도 탁월하기 때문에, 그의 선하심과 능력도 그것을 능가할 수 없을 것이다. 인간의 노력과 연합하는 하나님의 능력은 무제한적이다. 만약 어떤 사람이 부름을 받는다면, 들을 수 있는 것은 다만 한 가지 뿐이며, 만약 무엇을 구하는 사람이 있다면, 그 사람이 받을 수 있는 것은 하나 뿐일 것이며, 만약 문을 두드리는 사람이 있다면, 열리는 것도 하나일 것이다. 만약 구하는 사람이 있다면, 그의 구함으로 얻는 것은 한 가지뿐일 것이다. (하나님의 목적과 일치하여 그에게 영광을 돌리며 사람들에게 건강함으로 충만하도록) 보다 탁월한 것들을 요구하는 사람들에게 있어서 하나님은 그가 자신을 부인할 수 없기 때문에, 보다 탁월한 것들을 부인할 수 없을 것이다. 하나님은, "너의 입을 열어라, 그리하면 그것을 채우리라" (시편 81편 11절)라고 말씀하신다. 그때에, 하나님의 뜻에 반대하여 하늘에 이르기까지 그들의 탑을 쌓아 올린 바빌론의 교만한 건축자들은 시온성의 겸손한 건축자들과는 달리 사라지게 될 것이다. 그러한 훌륭한 운동에도 불구하고 그들은 그들의 가슴속에서 절망하였는가? 다음과 같은 말씀이 더 이상 소용이 없을 것이다:

"온 세상으로 가서 모든 피조물에게 선포하라: 나는 너희들과 함께 시대를 충만하게 하리라." 이 말씀은 하나님께서 사도들이 세상으로 곧 나가려고 했을 때, 그들뿐만 아니라, 항상 세상의 종말에 있는 그의 백성들과 또한 도래하고 있는 시대의 종말에 살고 있는 우리들에게까지 그의 현존(現存)을 약속한 말씀이다.

7 더욱이 우리들이 사람들의 도움을 거절할 이유가 없다. 왜냐하면 우리들의 일은 누구에게도 상처를 입히지 않고 모든 사람들의 선을 위한 것이기 때문이다. 우리들은 인간적인 계략에 의하여 왕들과 백성들이 그들의 무릎을 꿇게 하는 어떤 왕국을 세우고 있는 것도 아니며, 다른 학교들이 경외할 것을 가지고 있을 철학이나 종교의 전문학교를 설립하려는 것도 아니며, 오랫동안 동경해 왔던 종교적 집회가 어떤 손해나 불경을 초래할 새로운 교리들과 신비들을 자랑하려는 것도 아니다. 우리들의 목적은 다만 모든 사람들이 그들을 위해 선한 모든 것을 알 수 있고, 이러한 것들을 공동의 지식으로 축적하여 공동의 기쁨으로 활용하며 즐기게 하려는 것이다: 다시 말하여 모든 사람들이 이웃 사람들의 자유를 해치는 모든 장치를 거부하면서 자유의 왕국에서 가장 지고한 주권자이신 그리스도의 지배하에서 통치하는 일을 시작할 수 있다. 그들은 더 이상 경쟁하는 파당들로 분리되어 미워하지 않고, 오히려 그들의 마음속에 공동의 소유로서 모든 예술과 과학과 지혜의 신비들과 보고를 소유하는 것이다. 우리들의 목적은 모든 사람들을 설득하여 이것의 완성을 위해 수고하게 하는 일이다. 이 계획에서 우리들의 목적은 고대인들의 근면성과 발명과 영광을 새롭게 고양하는 것뿐만 아니라, 그러한 것들을 완성하게 하는 일이다. 그것들이 확고하게 제 위치에 고착되어 있기 때문에, 더 이상 높이 향상될 수 없다; 그러나 우리들은 그것들의 어깨 위에

타고 있기 때문에, 더 높이 나아갈 수 있다. 한 마디로, 우리들의 제안과 계획에 의하면 현재 살아있는 어떤 사람에게도 폭력과 혼란의 원인을 제공하지 않으며, 오히려 모든 사람들이 자신들과 이웃사람의 소유에 관하여 더욱 명백하게 밝혀줄 빛을 가지게 되어, 소유하고 있는 모든 것이 가치가 있는지, 혹은 더욱 좋은 것으로 교환할 수 있는지를 결정할 수 있다. 따라서 모든 사람들은 온전한 세상에서 진실한 것과 선한 것이라면 무엇이든지 공동활용을 수반하는 탐구의 완전한 자유와 수단을 가질 수 있다. 그렇다면 우리들이 이러한 작업에 관여하고 있을 때, 누구의 적대행위를 감수할 가치가 있을까? 확실히 우리들은 오히려 모든 사람들의 지지(支持)와 도움과 기도들을 기약할 수 있다. 우리들은 세상이 완강하게 그 자체의 무질서를 책동하지 않고, 보다 선한 일들이 제공될 때, 과감하게 수용하려는 사고(思考)가 증진되기를 소망한다. 우리들이 새롭고 유익한 것을 기약하는 것이 있다면, 비록 그것이 몽롱한 어두움에 감추어져 있다 하더라도, 적극적으로 추천하는 일이 허용될 때 그것을 배우게 된다. 그렇다면, 왜 우리들의 계획에 의하여 선한 일들이 제시된다고 해도, 그것들을 수용하지 말아야 하는가?

8 끝으로 만약 우리들이 안내자로서 하나님과 이성과 함께 우리들의 과업을 시작한다면, 그 일을 매우 용이하게 수행할 수 있다는 바람직한 희망을 가질 수 있다. 우리들이 좋은 희망을 가질 수 있다는 것은 이미 많은 사람들이 우리들과 동일한 과제를 수행하고 있으며 세상도 중흥기, 즉, "르네쌍스"를 맞이하고 있다는 이유와, 그리고 하나님께서 우리들에게 따라가기에 쉽고 평이한 분별력을 제시하고 있다는 이유라고 말할 수 있다. 나는 감히 이러한 것들이 어떤 사람에게든지 결코 위험스러운 재난을 주는 것도 아니며, 실천하는

과정에서 불분명하고 포착하기 힘든 난해하고 속임수를 쓰는 위험한 것을 요구하는 것이 아니라, 오히려 우리들에게 합리적인 범위 내에서 구체적인 대상들과 우리들의 목적에 이르는 수단을 알맞게 제시하고 있다고 단언할 수 있다. 그리고 이 모든 것이 완전히 분명해 질 때, 우리들은 마음을 결정하고 우리의 손으로 그 일에 착수하는 것 이외에 해야할 일이 무엇일까?

9 나는, 본 장(章)의 두 번째 모두(冒頭)에서, 우리들은 하나님께 간절한 기도로서 청원해야 한다고 언급하였다. 왜냐하면 이것이 매우 원대한 과제이기에 하나님께서 스스로 우리들을 도와주지 않고 그 일을 철저하게 수행해 주지 않는다면, 온 세상이 힘과 지혜로서 그 모든 과제를 수행한다고 해도 헛된 것이 되기 때문이다. 또한 세상은 모두 그의 것이며 그가 세우셨기 때문이다 (시편 24편). 그렇다면 누가 감히 하나님의 뜻을 거역하며 그에게 의존하지 않고, 혹은 그의 명령을 받아들이지 않고 세상의 개혁을 시도할 것인가? 따라서 우리들은 하나님께 하늘로부터 성령을 보내주시고, 땅에 거하는 사람들의 길(道)들이 평탄하게 해 주시며, 하나님께 기쁨을 주도록 지혜로 가르침을 받은 사람들이 오래 보존되기를 기도해야 한다. 왜냐하면 실제로 우리들은 이것을 성취하실 하나님의 확실한 약속을 알고 있기 때문이다: "공의가 빛처럼 드러나고 구원이 횃불처럼 나타날 때까지, 모든 나라들이 하나님의 공의를 모든 왕들이 하나님의 영광을 볼 때까지, 시온을 위하여 내가 평화를 주지 않을 것이며, 예루살렘을 위하여 내가 쉬지 않을 것이다" (이사야 62장 1, 2, 7절).

10 그러나 하나님께서는 일상적으로 활동하시는 것을 위하여 일상적인 수단을 사용하시기 때문에, 우리들이 하늘의 도움을 요청하게 될 때, 인간의 도움과 협조를 함께 찾아야 한다.

그리고 실제로, 첫째, 우리들은 브살렐(Bezaleel)과 오홀리압(Aholiab)과 같은 사람을 필요로 한다. 다시 말하여, 하나님께서 지혜의 도를 정확하게 제시하여 기술적으로 완성할 수 있는 모든 것을 철저하게 생각하도록 이해의 영(靈)을 충만하게 채워주신 사람들, 하나님의 은사에 의해 소유할 수 있는 모든 능력과 지식으로 하나님의 영광과 교회와 인류의 구원을 위하여 온전하게 경건한 수고와 노동에 전념할 수 있는 의지를 가지고 있는 사람들을 필요로 한다. 만약 우리들이 세상 어디에서든지 하늘로부터 내려와서 하나님의 펼친 손가락으로 우리들에게 지시해 주시는 사람들, 물론 그들이 브살렐과 오홀리압과 같은 옛 이름 (출애굽기 31장 2절)으로 불리어지지 않는다 하더라도, 그들과 같은 사람들을 본다면, 그들을 알아보는 것은 온당한 일이다.

11 우리들의 과제가 탁월하여 다양하고 많은 활동을 요구하며 긴 시간을 요구하기 때문에, 우리들은 어떤 한사람의 능력과 힘으로부터 모든 일들을 기대하는 것이 아니라, 자연적으로 우주적인 빛과 진리와 평화와 일치를 추구하여 정립하며 증진하는 일을 위해 적합한 많은 사람들을 모으고 선택하여야 한다. 그때에 우리들은 한 사람의 활동만으로 성취될 수 없는 일을 그들과 협동하여 완성하는 것을 목격할 수 있으며, 만약 그들이 그 과제에 착수하게 될 때, 하나님의 도움으로 그들의 신령한 수고와 노력들이 실패로 끝나지 않을 것이다.

12 이 과업은 많은 책들과 장서(藏書)들과 다양한 재능을 가진 사람들과 높은 지위에 있는 사람들의 충분한 여유와 권위와 보호로부터 많은 도움을 필요로 하는 것과 같이, 세상에서 하나님을 대신하는 사람들의 지원과 친절한 관용과, 그리고 이 과

제들을 완성하기 위한 권위와 자원들을 소유한 사람들을 요구하게 될 것이다. 그렇다면, 이 과제들은 너무나 원대하기 때문에, 개인의 신분과 용기와 그 신분에 적합한 수단을 가지고 있는 사람들은 무엇을 할 수 있을까? 여기에서 우리들은 하나님께서 새로운 준비와 각오로 교회를 섬기는 것을 기뻐하고 있었을 때마다, 뛰어난 인물들을 들어서 세우셨던 이유를 알 수 있다. 하나님은 성막을 건축하기 위하여 그 일을 추진하기 위해 가장 자유스러운 헌물들을 바치면서 전심전력하였던 백성의 왕들과 함께 모세를 세웠다. 그는 다윗과 솔로몬에게 가장 심오한 경건과 지혜의 왕으로 세워 건축자들이 되게 하였으며, 성전을 재건하기 위해서 제롭(Zerob)과 고레스(Cyrus)[45]와 다리우스(Darius)[46]와 같은 사람들을 세웠다. 그리고 종교개혁을 위하여 하나님은 여호사밧(Jehoshapht, 열왕기상 22장 41-50)과 요시아(Josiah)[47]와 마카비어스(Maccabacus)[48]를 세웠고, 히브리어에서 헬라어로 성경책들을 만들기 위하여 (그리스도께서 실제로 오시기전에 하나님의 신탁에 의하여 그리스도의 오심을 미리 알리게 하기 위하여) 프톨레미(Ptolemy)[49]를 세웠으며, 그리고 다른 일들을 위하여 위대한 사람들을 주셨다. 끝으로, 모든 나라들의 마지막까지 교회로 모으기 위하여 교

---

[45] 역주, 고레스(Cyrus)는 바빌론을 무혈로 정복하고 그곳에 포로로 와 있었던 이스라엘 민족을 풀어주고 그들의 예루살렘 성전의 재건을 허락한 페르시아 왕이었다.
[46] 역주, 다리우스(Darius)는 다리오 I 세로서 바빌론 포로에서 귀환한 유대인들이 무너진 예루살렘 성전을 다시 재건하도록 허가한 페르시아 왕이었다.
[47] 역주, 요시아(641-610 B. C.) 왕은 종교개혁을 단행했던 남 유대 왕국의 왕이었다(구약성경 열왕기상 23 장 1절-14절 참조).
[48] 역주, 마카비어스(?-161. B.C.)는 유대의 애국자로서 마카비(Maccabee)운동을 일으켰던 민족지도자였다.
[49] 역주, 프톨레미(Ptolemy, 367?-283 B. B.)는 이집트에서 마케도니아를 창시하였으며 그의 아들 프톨레미 I 세는 이집트 왕이었다.

회들을 양육해야 하는 왕들과 여왕들을 세우기를 약속하였다(이사야 49장). 또한 하나님은 주의 집을 장식하기 위하여 주님께 은과 금을 가져올 다른 사람들을 세울 것이다 (이사야 60장 9절). 한 마디로, 위대한 일들을 수행해야 할 사람들은, 물론 하나님께서 (그에게 도움을 주기 위하여 앞으로 나아갈 사람들이 없을 때) 때때로 나약하고 빈약한 인간적 도움을 주는 사람들에 의하여 그의 위대한 역사를 완성하기를 원하고 있지만, 그의 영광이 더욱 밝아지도록 위대한 인격체들[50]을 따라서 그 일들을 수행하기 위해 결심하고 무장해야 하는 것이 합당한 일이다.

13 그리고 하나님의 과업을 구성하고 있는 중요한 부분이 되는 신중성이 필요할 것이다; 어떤 사람에 의해서 든지, 어떠한 보호와 방향과 후원에 의해서 든지 계획된 모든 일들을 수행하는데 가능한 은밀하게 진행되어야 한다. 즉 소란이나 저속한 광고 없이 추진되어야 한다. 그때에 하나님께서 일상적으로 그러한 방식에 따라 그의 역사를 수행하시기 때문에, 그 일들을 착수하기 전에 이미 수행되고 있는 것처럼 보인다. 이방인의 한 사람이 언급한 바와 같이, 쥬비터(Jupiter)는 빛을 발하는 불꽃을 밝히기 전에 그의 번개 불로서 먼저 때리고 있다. 태양은 조용하게 떠오르고, 나무들은 자라면서 소리를 내지 않는다. 그리고 그리스도께서 말씀하신 대로, 하나님의 나라는 아무도 모르게 도래한다. 그러므로 학문들을 회복시키려는 사람들은 가르치기 전에 먼저 일들을 실천하셨고, 승리하신 후에야 비로써 거리에서 애쓰시며, 슬퍼하시고, 음성을 들려주셨던 그리

---

[50] 역주, 여기에서는 삼위일체가 되시는 성부의 하나님, 성자의 하나님, 성령의 하나님의 삼위(三位)의 인격체들을 의미하고 있음.

스도를 본받도록 하자. 만약 우리들이 지금까지 그 문제에 전혀 관심을 두지 않았다면, 이제부터 더 많은 관심을 집중해야 하며, 따라서 우리들의 현재의 계획들은 (빛의 길이라는 명칭으로) 그 계획들을 함께 공유하기 위하여 부르심을 받은 사람들을 제외한 어떤 사람에게도 알려지지 않을 것이다; 특별히 이러한 일시적인 단순한 글들처럼 처음 시작되는 거대한 과제는 대중들의 눈에 그렇게 밝히 드러나지 않는다.

14 둘째, 이러한 일들을 수행하려는 사람들은 그들이 공동체를 위하여 행하는 봉사가 본질적으로 공동의 선을 위하는 것뿐만 아니라, 그들의 노력이 알려지기 시작하여 실제로, 더 이상 숨겨질 수 없을 때, 모든 비평가에 의하여 분명하게 그러한 것으로 인정받게 될 것이다. 그들의 목적은 공동복지이기 때문에, 그것이 분명하게 정립되어야하며, 그리고 모든 것들이 유망한 조건에서 그 목적을 지향하여 배열되고 활동하여야 하기 때문에, 모든 과제는 어떤 사람에게도 상처를 줄 수 없으며, 따라서 원한으로 흠집을 잡으려고 해도 그 이유를 찾을 수 없다는 것이 분명해 질 것이다.

15 신중성에서 세 번째 요소는 다음과 같다; 학문의 보급을 위하여 필요한 도구들을 만드는 일에 도움을 주기로 결심하였던 모든 사람들은 파리와 거미들보다 벌과 개미들을 모방해야 한다. 벌과 개미들은 공동의 목적을 위하여 수고하며, 파리들과 거미들은 추구하고 있는 모든 일들을 각각 다른 의도로 분리하여 노력하고 있다. 따라서 학식이 있는 사람들은 개인들로 분리하는 것보다 공동의 명분을 향상시키기 위하여 열중하는 동료의식에서 일해야 하며, 최소한 각각 상대방에 관하여, 그리고 동료들의 관심사에 관하여 부단히 배려해야 한다. 많은 사람들의 연합된 힘이 요구되고 있기

때문에, 그들은 그들의 노력으로 시시푸스(Sisyphus)의 바위들과 같이 거대하고 무한한, 인류가 지금까지 봉착하여 왔던, 그리고 공허하게 괴로움으로 시달려 온 난관들을 제거하기 위하여 연합하여야 할 것이다. 그러나 한때에 적합한 위치에 놓여 있었던 것을 제거하거나 새롭게 변경하지 말아야 한다. 그러므로 모든 사람은 그의 동료들이 수행하고 있는 일에 안목을 집중하며, 어떠한 사람도 이미 성취되었던 과제에 힘을 들이지 말고 오히려 해야할 남아 있는 한 가지 일에 노력을 경주하여야 한다. 그때에 바위마다 최종적으로 놓여 있어야 할 적합한 곳을 찾게 되고, 이곳 저곳에 있는 비탈길이 정복되며, 여기 저기 거칠었던 곳이 평탄하게 되고, 이런 저런 혼란이 질서 있게 변하게 된다. 그리고 어떤 사람에 의해서 이렇게 성공적으로 성취되어 지고 있는 무엇이든지 이미 완성된 일들의 목록에 첨가되어야 한다. 그러므로 어떤 사람도 아직까지 수행해야 할 필요성이 있다는 생각을 하지 말고, 오히려 완성을 위해 추진되어야 할 일들을 위해서 모든 사람들과 각 개인의 근면성이 동원되어야 할 것이다.

16 넷째, 범개혁을 위한 수단을 고안할 때에, 만약 우리들이 이미 제시하였던 순서를 관찰한다면, 더 말할 나위 없이 좋을 것이다. 즉, 무엇보다, 방법론의 도움으로 우리들의 교재가 개혁될 수 있으며, 그 다음으로, 교재들의 보조에 의하여 학교들이 개혁될 수 있고, 그때에 학교들의 일반 행정관리인들이 대학이나 사회에서 연합하여야 하며, 마지막으로, 범언어가 정립되어야 한다.

17 교재들을 준비하는 일에 관하여, 광범위한 범위를 가진 교재들이나, 혹은 더욱 신속한 시사성을 포함한 교재들로 시작하여야 한다. 만약 첫째 과정이 선택된다면, 범지학이 처음(alpha)과 나중(omega)이 될 것이다. 왜냐하면 범지학은 알려질 수

있고, 그리고 알려져야 하는 모든 것을 참되고 영구적인 순서로 체계화함으로써 그 자체와 다른 저서들을 위해 목적을 설정하고, 한계를 구분하며, 범위와 기준을 제시하고, 선의를 보증하며, 즉, 한 목표가 파악되었을 때 그것에 필요한 수단을 위해 선의를 확실하게 할 수 있기 때문이다. 그러나 만약 사물들의 실천적 활용을 보다 신속하게 할 수 있도록 시작하려 한다면, 우리들은 유아들이나 어린아이들을 교육하는 가장 초보적인 교재들로서 출발해야 한다. 여기에서 구조의 기초에서부터 마지막 끝까지, 최초의 보편적이며 불분명한 사물들의 지식으로부터 세밀하고 분명한 실험을 통하여 추상적인 이해에 이르기까지, 교훈으로부터 경험을 통하여 지혜에 이르기까지 점진적으로 진보할 수 있다. 이와 같은 과정들의 하나 하나는 모든 다른 것들을 충분히 고려해야 하기 때문에, 그 중에 어떤 것도 다른 것들이 없이는 완전하게 성취될 수 없다. 그리고 우리들의 계획 중 어느 한 분야도, 모든 다른 분야들이 우리들의 이상으로 제안하였던 충만함과 균형과 조화를 이루게 될 때까지, 세상에 알려지지 말아야 하는 것이 최선의 방법인 것 같다.

18 범언어에 관하여 특별히 주목해야 할 두 가지 유의점이 있다. 첫째, 범지학이 완성되어 사물들의 종류와 개념과 특징들을 정확하게 정의를 내리게 될 때까지 범언어를 정립하려는 시도를 하지 말아야 한다. 왜냐하면 그것이 모든 면에서 사물들과 일치되어 질 수 없거나, 혹은 모든 사물들의 기초들과 관계되어 있는 질서와 상호 관계성 등이 정확하게 제시될 때까지 이러한 면에서 일치될 수 없다면, 참되고 실제적인 언어가 될 수 없기 때문이다. 두 번째, 한 개인이 범언어를 고안하려는 시도를 하지 말고, 지혜 있는 사람들이 모여 있는 대학에 이러한 의무와 과제를 맡겨야 한다. 다른 방법

으로는, 재치가 있는 여러 사람들이 한 가지 사물에 매료되는 욕망에 자극을 받고 그것을 시도하려는 일이 일어 날 수 있으며, 그때에 많은 사람들에 의해서 이런 저런 문제에 관한 다양한 견해들이 주장될 수 있다는 사실을 입증하지 않을 수 없다. 그러나 만약 각자가 한 가지 새 언어 대신에 자신의 발견을 단호하게 주장하려 한다면, 우리들은 여러 가지 결코 피할 수 없는 혼란을 가중시키게 될 것이다. 물론 많은 사람들이 전 세계에 공통적으로 영향을 주는 문제에 있어서 독자적으로 군림하는 행동을 하지 않는 한, 그들이 이러한 목적에 부합되는 모든 것을 생각하지 못하게 할 수는 없는 것이다. 오히려 그들은 제시되어 있는 유용한 모든 것을 (그것이 완전하게, 혹은 부분적으로 정당한 것이든 간에) 구분하여 그것을 적절한 시간에 내려질 모든 사람들의 결정에 맡겨 두어야 한다.

19 나는 지금까지 개혁의 시작은 교재들의 분야에서뿐만 아니라, 학교들과 대학(大學)의 모든 분야 어디에서든지 참되고 실제적으로 시작되어야 한다는 것을 언급해 왔다. 왜냐하면 우리들은 이 과제를 수행하는 과정을 오래 동안 지켜보며 관찰할 것이 아니라, 처음에는 우리들이 요구하는 모든 것이 정확하고 완벽하게 수행될 수 없다 하더라도, 그것을 앞으로 진행시켜 나가야 하기 때문이다. 모든 것을 상실하는 것보다 어떤 일에서 부족한 것이 더 좋을 수 있다. 왜냐하면 처음에는 자연과, 자연을 모방한 예술과, 자연이 부패될 때 자연을 개혁하는 은혜는, 물론 그 모든 것이 완전한 작업에 목표를 두고 있다 하더라도, 항상 초보적인 원리로서 시작하며, 모든 사물들이 창조된 이후에는, 사물들은 그 기원으로부터 발생하여 점진적인 증가와 성장에 의해서 완전한 조건에 이르게 되는 과정 이외에는 다른 것이 없기 때문이다. 모든 불은 불꽃으로 시작하여 곧 섬광으

로 빛을 발하고, 다음에는 집과 근접한 지역과, 마침내 도시에까지 확산된다. 우리 주님 그리스도의 가르침도 불과 같이 시작되었다; 그는 처음에는 사도들의 집단(College)에 속해 있는 그의 제자들 가운데에 교훈을 제시하기 시작하였으며, 그 후에 그들은 어두움 속에서 들었던 것을 빛에서 전파하며, 그들의 귓속에서 울리고 있는 것을 집 너머로 선포하기를 (마태복음 10장 27절) 명하셨다. 더욱이 그가 충고를 하려고 할 때, 그의 말로서가 아니라 모범으로 충고하였으며, 어떤 경우에서든지 모범이 없는 말로서 충고하지 않으셨다. 그렇지 않았더라면, 그의 충고는 아무런 소용이 없었기 때문이다. 그리스도께서 다른 사람들이 실천하도록 충고한 것을 스스로 행동으로 옮기실 때, 그는 다른 사람들 중에서 더욱 쉽게 신임을 받으면서 그들이 더욱 신속하게 실천하도록 명령하셨을 뿐만 아니라, 그의 충고를 행동으로 옮길 기회를 제공하셨다. 모든 일들을 영원한 존재로부터 예언된 사상과 일치하여 완전하고 온전하게 완성하는 것이 하나님의 특권이며 그리고 그와 같은 하나님의 이유 때문에, "하나님이 지으신 모든 것을 보시니 보시기에 심히 좋았더라"고 말할 수 있었다 (창세기 1장 31절). 사람마다 일하고 있는 동안, 그는 그의 개념과, 개념이 형성된 사물들을 한 단계씩 시작하여 완성할 수 있기 때문에 배우게 된다. 그러므로 개혁자들은 그들이 선포하였던 것을 실천하기 위하여 수고를 아끼지 말아야 하며, 만약 그들이 실수가 없이 앞으로 진행하고 있다는 것을 알게 된다면, 세상에서 그들이 실천하고 있는 것을 안전하게 권고할 수 있다. 그리고 만약 그렇지 않다면, 그가 하는 일을 수정하여 완전하게 할 수 있다. 어떠한 사람도 새로운 약에 쉽게 적응하지 못하지만, 모든 사람은 "이것을 시험해 보니 대단히 좋군"하고 일상적인 권고의 말을 기꺼이 사용하려고 한다.

20 따라서 교훈을 위하여 준비된 교재들이 어떠한 것이든 지, 실제적인 경험의 검증에 의하여, 과거의 지식보다 쉽게 주입되는지, 혹은 그렇지 않은지를 분명하게 밝혀지도록 신속하게 활용되어야 한다. 만약 노력하고 있는 시도가 이런 저런 경우에서 성공한다면, 이러한 교재들은 어떤 한 공립학교뿐만 아니라, 후에는 많은 공립학교에서 보편적으로 널리 활용되기 시작하여야 한다. 이러한 교재들의 실제적 활용은 많은 사람들 가운데서 시작되어야 하며, 실제로 그러한 사람들 가운데서, 그리고 그 사람들의 도움에 의하여 학문의 보조자료들이 공급되어 왔다. 그 이유는 먼저 잘 준비된 자애는 가정에서 시작되기 때문이며, 또한 이러한 절차는 제시된 모범을 모방할 다른 사람들에게 확신을 주기 때문이며, 끝으로 처음 씨를 뿌리는 노동과 수고를 아끼지 않는 사람은 최초의 수확의 열매들을 거두어 들어야 하기 때문이다.

21 같은 이치로, 빛의 대학은 처음에는 한 사람으로, 그리고 두 번째는 빛의 신비를 알고 있었던 사람들과 함께 설립될 수 있다. 이것은 그들이 다른 사람들보다 유리한 입장에 있거나 우월성을 가지고 있어서가 아니라, 다른 사람들에게 모범을 제시할 수 있기 때문이다. 따라서 대학은 개별적인 개체들과 함께 시작되어야 한다. 그 이유는 (대학의) 전반적인 조직이, 그것이 아무리 거대한 숫자로 확대될 수 있다하더라도, 처음에는 한 학과의 과정으로 구성되어 발전해 감에 따라 두 개, 혹은 세 개의 학과로 성장해야 하며, 그리고 각 학과의 과정은 다른 학과와, 나아가서 전체의 조직과 동등한 완전성을 가지고 있기 때문이다. 따라서 범대학은 범교재들을 준비하고 있는 사람들에 의해서 수고를 아끼지 않고 노력을 집중해 온 사람들과 함께 나타나게 될 것이다. 그때에 하나님께서 대학을 정식

으로 구성하여 다양한 법규들과 성문율(Statutes)로 가득 차게 할 기회들을 제공하게 될 것이다.

22 우리들의 기도에 따라서 어떤 한 곳, 즉 한 집에, 한 도시에, 그리고 한 국가에 공공기관인 학교가 설립되었을 때, 그 다음에 해야할 사업은 이 빛이 모든 방향으로 확산되어야 할 것을 생각하는 일이다. 빛은 그 자체를 확산시키는 것이 그 속성이기 때문에, 실제로 선한 일도 그 자체를 전달하는 것이 그 속성이 된다. 그러므로 그리스도께서, 비록 그가 최초로 이스라엘의 집으로 보내심을 받았으며, 그러한 이유로 그가 처음 파견하였던 사자들에게 이방인들의 길로도 걸어가지 말고 사마리아인들의 도시에도 들어가지 말 것을 (마태복음 10장 5절) 언급하였으나, 그 후에는 사마리아인들에게 복음이 선포되어야 한다고 말씀하면서, 제자들에게 온 세상에 나가서 모든 피조물에게 복음을 선포할 것을 명령하였다. 사도들이 그의 명령을 복종하였을 때, 그들은 헬라인들이나 이방인들에게, 지혜 있는 자들이나 어리석은 자들에게 빚진 자들이라고 말하였으며, 그리고 나라에서 나라로 여러 나라들을 지날 때에는 그리스도를 선포하는 일을 즐겨 하였다. 뿐만 아니라, 이교도인 세네카(Seneca) 자신도 그가 배웠던 모든 것을 다른 사람들에게 쏟아 넣어 줄 목적으로 학문을 하였다고 주장하면서, 만약 그가 지식을 자신만이 간직하여 다른 사람들에게 전달하지 않을 조건으로 얻게되었다면, 지식에 대한 욕망을 가지고 있지 않았을 것이라고 언급하였다. 만약 심지어 실수나 오류에 의해 소유하고 있는 선한 것들을 불분명하게 만든 사람들까지도 (그들이 종파를 설립할 정도로) 이러한 선함의 본질적인 특징을 모방한다면, 그들은 왜 하나님께서 참된 빛의 광선들과 그 광선들을 모든 방향으로 반사하는 방법을 제시하신 것과 마찬가지로 행하려고 하지

않아야 하는가?

23 그러나 이러한 일이 어떻게 수행될 수 있는가? 그것은 어떤 순서로 이루어져야 한다. 그리스도께서 많은 군중들의 배고픔을 해결하려고 했을 때, 처음에는 제자들에게 수 백 명씩 자리에 앉히게 하고, 차례대로 제일 가까이 있는 사람들로부터 빵을 나누어 배분하고, 멀리 있는 사람들까지 한 사람도 남는 사람이 없이 먹게 하신 것과 같이 우리들도 이런 방법으로 순서에 따라 일을 해야 한다. 하나님의 빛을 따라서 각 사람이 먼저 자신을 정돈하고, 그 후에 그의 친족과 이웃 사람들을 보살피게 하여, 곧 다른 사람들이 가까운 거리에 있는 다른 사람들 (예를 들면, 종교를 함께 나누고 있는 사람들)을 불러들이고, 그 후에 (안드레와 시몬이 옆의 배에서 고기 잡는 그물을 함께 당기고 있었던 동료들을 불러들인 것과 같이) 멀리 있는 사람들을 불러서 모든 사람들이 그리스도교인들이 되어 일치와 조화를 이루게 하는 것이 좋을 것이다. 따라서 마침내 그들은 교회 밖에서 깊은 그림자에 휩싸여 있는 사람들과 강력하게 대항할 수 있을 것이다. 그 때에 하나님의 빛이, 회교도들의 예언자들이 그리스도의 이름을 알고 그를 존경하고 있기 때문에, 유대인들과 이방인들에게 제시되기 전에 우리들과 가까이 있는 회교도들의 목전에 비추도록 해야한다. 그 이후에 우리들은 그리스도를 알지 못하기 때문에, 그를 사랑하지도 미워하지도 않는 이방나라들에게 하나님의 빛을 전달해야 한다. 우리들이 가까이 가야할 마지막 사람들은 예수를 종교적으로 대적하는 유대인들일 것이다. 성경은 그들에 관하여 그들은 회개할 많은 나라들에 의하여 열정적으로 깨우침을 받을 것이며, 그러므로 하나님의 사랑스러운 자비와 친절이 시작했던 사람들에게 널리 확산될 것이라고 예언하고 있다.

24 만약 우리들이 알지 못하고 있는 언어들을 사용하는 미개한 나라들에게 어떻게 우리의 길을 제시하며, 어떤 수단에 의하여 진리의 빛을 제시할 것인가에 관하여 질문을 받게 된다면, 사도들은 사람들의 귀와 마음을 열었던 두 가지 열쇠, 즉, 방언들의 은사와 기적의 힘을 가지고 있었다고 대답할 수 있다. 그렇다면 우리들은 무엇을 가지고 있는가? 만약 이러한 질문이 제기 된다면, 다음과 같이 대답할 수 있을 것이다. 만약 우리들이 그리스도를 위해서 그의 나라를 확장하기 위하여 봉사할 의지가 결여되어 있지 않다면, 그리스도께서는 그의 종들의 신앙을 선하게 할 수단과 길을 제시하실 것이다; 기록된 대로, 그들은 어디든지 가서 선포하였으며, 하나님께서 그들과 함께 역사하여 그들이 말한 것을 관심을 가졌던 사람들을 통하여 확증하였다. 사람들의 눈과 귀를 열기 위하여, 나는 우리들이 한가지 열쇠를 가지고 있다고 말 할 수 있다; 그것은 우리들이 자연과 성경과 인간이성의 원리들을 이해하기 위하여 터득하였던 범조화일 것이다. 범조화는, 만약 그것이 모든 사람들의 견해에 밝은 빛으로 충분하게 비춰진다면, 본질적으로 사람들의 눈을 빛나는 섬광과 같이 사로잡고, 사람들의 모든 감각기관을 진리에 집중하게 할 힘을 가지게 될 것이다.

25 우리들이 알지 못하고 있는 언어들을 사용하는 사람들의 마음을 위해서 이러한 일이 어떻게 수행될 수 있는가? 그 대답은 다음과 같다: 주님께서 모든 사람들에게 한 언어를 주어서 우리들이 그들 모두를 이해할 수 있도록 하는 것이다. 즉, 모든 사물들이 한 언어로 이해될 수 있기 때문에, 모든 사람들이 쉽게 배울 수 있는 선택된 언어를 의미한다. 그러나 만약 미개한 사람들에게 조화를 이루는 범지학의 실마리를 제공하기 위하여, 그 첫 단계로서 모

국어의 활용이 필요하다고 생각된다면, 우리들 몇몇 사람들이 미개한 사람들과의 관계를 통하여 그들의 언어를 배우는 것이 좋을 것이다. 혹은 이러한 사람들이 우리들의 지배를 받고 있다면, 그들의 자녀들을 선택하여, 가능한 많은 숫자로, 그들이 말할 수 있을 때까지 우리의 언어와 사물들의 조화를 가르쳐서 그들이 우리의 언어를 사용하는 일에 익숙하게 될 때, 그의 백성들에게 보내어 사도들이 되게 하는 일이다.

26 그러나 우리들은 다른 방법에 의존할 수도 있다. 우리들이 소규모 국가들의 언어들을 간과하고 새 언어를 가르칠 수 있다. 새 언어는 현 정세의 일반적인 흐름을 파악하는 대부분의 나라들이 수용하는 언어로서 사물들을 비추는 역할을 할 수 있다. 유럽에서는 라틴어가, 아시아와 아프리카에서는 아라비아어가 이러한 언어가 되어 왔다. 모든 유럽국가들의 사람들은 라틴어로 쓰여진 것을 이해할 수 있으며, 그것을 가치가 있다고 생각할 때 수고를 아끼지 않고 그 언어를 각 국가의 언어들로 번역할 수 있다. 또한 아라비아어로 쓰여진 모든 것도 거의 모든 아시아의 인종과 대다수 아프리카사람들에 의해 이해될 수 있다. "사물들의 문"[51] (혹은 범지학의 형이상학)이 조화의 보편적 법칙과 일치하여야 하고, 쪽수와 쪽수, 행과 행, 단어와 단어가 정확하게 일치하도록 편집되어야 한다. 이러한 것이 어떤 언어이든지 다른 언어의 도움에 의하여 배울 수 있는 도

---

[51] 역주, 본 저서는 *Ianua rerum, sive sapientiae porta*의 책명으로 1640년과 1642년 사이에 구성되어 1649년 폴란드의 레슈노에서 출판되었다. 저자인 코메니우스는 본 저서에서 언어교수법의 개혁을 위하여 언어를 사물(과 제시하여 가르칠 것 과 궁극적으로 범지학을 저술하기 위하여 자료들을 수집하기 위한 시도로서 시작되었다 (코메니우스, 分析敎授學, p. 39를 참조).

구로서 역할을 할 수 있으며, 그리고 새 언어의 기본 원칙들은 사물들의 기초가 지각되는 것과 동일한 과정에 의하여 지각될 수 있다.

27 여러분 중 몇 사람은 "이것은 아마도 다루기 힘든 작업이 될 수가 있다" 라고 말할 것이다. 우리는, 만약 우리들이 합리적인 방법으로 착수하여 진지하게 추진해 간다고 해도, 그것은 실제보다 더욱 힘든 작업이 될 수 있다고 대답할 것이다. 실제로 우리들은 그것은 대단히 어려운 과제이지만, 보다 더욱 어려운 일은 우리들이 그 일로부터 얻으려는 선, 즉, 우리 형제들의 모든 나라들을 주님께로 모아서 (이사야 66장 20절), 그들에게 험한 일로 불평하게 하는 것이 아니라, 그들을 위하여 우리의 생명을 주어야 하는 것을(요한 일서 3장 16절) 허락해야 한다.

28 그 목적과 올바른 균형을 이루고 있는 수단이 제시되어야 하는 한편, 우리들은 같은 대가로 큰 것을 얻을 것이라고 기대하지 말아야 한다. 큰 수확은 거두어들이는 많은 사람들과 낫과, 많은 창고들과, 일을 위한 충분한 시간을 요구한다. (만약 세상의 모든 나라들이 교회라는 창고에 함께 모이게 된다면) 세상의 마지막 수확이 크게 될 것이다. 따라서 만약 함께 일하고 있는 빛의 종사자들이 많고 열심히 일한다면, 그리고 그들의 손에 낫과 같은 조화의 도구를 가지고 맡은 곳에서 서로 각각 부지런히 일한다면, 우리들이 소망하고 있는 것이 모든 땅에서 곡식의 수확의 시기에 하나님의 도우심으로 나타날 것이며, 몇 일 이내에 우리들은 무르익은 밭들과 가득 찬 창고들과 만족스러워 하는 농부들을 볼 수 있을 것이다. 만약 큰 도시에서 축제이전에 모든 가정의 주인이 그의 집과 집 앞에 있는 거리의 구석구석마다 깨끗하게 청소하게 할 때, 우리들이 알고 있는 대로 온 도시가 단 하루만에 깨끗하고 밝게 되는 것과 같이, 만약 신

령한 빛으로 밝게 되었던 사람마다 그의 가족과 이웃사람들 가운데서 그의 의무를 수행한다면, 혹은 우리들이 지금 당장 어디에서든지 볼 수 없는 그러한 일이 수행된다면, 어디에서든지 그 일, 즉, 신탁의 예언과 같이 쓸모 없는 곳들이 하나님의 낙원으로 바뀌게 되는 일이 분명하게 나타나기 시작할 것이다.

제 22 장
빛을 위한 기도

빛의 아버지께 인류의 최후의 조명을 위한 기도.

지금 우리들은 빛의 아버지이신 당신께 모든 것을 바쳐 우리 모두에게 경건을 가지도록 겸손하게 기도합니다. 우리들의 등불을 켜시고 어두움을 밝히소서 (시편 18편 28절). 지금까지 어두움이 이 땅을 덮었으며 짙은 어두움이 백성들을 감싸고 있었으나, 여호와 당신의 영광을 볼 수 있도록 빛이 예루살렘 위로 떠오르고 있습니다 (이사야 60장 1, 2절). 그 땅은, 예전과 같이, 지금도 그리고 앞으로도, 공허하고 헛된 일만이 부단하게 어두움을 받아들이는 일만이 있을 것입니다. 그러나 당신께서 말씀하시기를, "빛이 있어라 하니 빛이 있었고" 그 빛이 어두움으로부터 마음속에 비추어라 명령하셨습니다 (고린도전서 4장 6절). 지금까지 우리들은 어두움이 섞인 이유로 낮도 밤도 아닌 미광속에서 살아왔습니다. 그러나 당신께서 세상의 저녁때가 되어 빛이 올 것을 약속하신 것을 이루실 것입니다 (스가랴 14장 7절). 우리들이 알 수 없는 그 날이 우리들에게 와서 어두움의 나라가 지배할 수 없는 빛이 떠오르게 됩니다. 어두움의 지배자가 밝은 빛으로부터 그의 심연으로 떨며 도망가게 될 것입니다.

오, 영의 아버지, 모든 육의 아버지, 당신의 눈을 아담의 자손들에게 두시고 앞 못보는 우리들을 보시고, 경건을 주시옵소서! 영원한 빛이여, 당신께서 창조하신 우리들의 마음을 밝혀 영원을 함께 나누고, 당신을 알고 사랑하게 하소서! 왜 어두움이 영원한 빛이신 당신을 찬양하려 합니까? 당신의 광선들을 들어 비추사 우리들의 모든 그림자들을 흩어지게 하며 그것들을 빛과 진리의 관리자들로 삼고 그들의 길을 살피시며 벼랑으로 떨어져 더 이상 무지몽매한 것에서 방황하지 않게 하시옵소서! 만약 주님, 당신께서 우리들을 창조하지 않으셨다면, 우리들은 존재하지 않았을 것이며, 당신은 생명을 주셨던 그들에게 멸망에 이르는 고통을 주시지 않았을 것입니다. 당신의 눈은 태양보다 천 배나 밝으며, 그 눈으로 심연의 깊이를 볼 것입니다. 그런데 왜 당신은 당신의 형상으로 만드신 우리들에게 무존재의 심연에서, 그리고 존재의 근원에서 볼 수 있는 밝은 눈을 주시지 않으십니까? 태초에 빛이 있으라 하신 말씀이 지금도 "빛이 있으라" 말하면 빛이 있을 것입니다.

세상이 점점 연륜(年倫)이 쌓여감에 따라서, 세상 처음에 빛을 비추었던 당신에게 옛 시대를 경멸하지 마시고 그 뼈들을 즐겁게 하시며 독수리들이 그들의 젊음을 새롭게 하는 것처럼 뼈들의 힘을 새롭게 하시기를 간청합니다. 오, 모든 백성들의 하나님, 모든 백성들에게 당신의 나팔소리를 알고 빛으로 걸어가게 하옵소서 (시편 89편 15, 16절). 하늘에 계신 우리 아버지, 온 세상에서 당신의 이름이 거룩하게 하옵소서! 당신의 나라가 지금 온 세상에 임하게 하옵소서! 당신의 뜻이 온 하늘에서 이루어 진 것 같이 온 땅에서 이루어지게 하옵소서! 유럽과 아시아와 아프리카와 미국에 이르기까지, 말가자네스 (Magallanes)[52]의 땅에 이르기까지, 바다의 섬들에 이르기까지 당신의

---

[52] 역주, 칠레 남부의 항구로서 세계에서 가장 남쪽에 있는 도시 이름, Punta Arenas라고도 부른다.

나라와 뜻이 이루어지게 하소서! 오 하나님, 바다에 물이 가득 차듯이 이 땅에 당신의 지식으로 채워 주시고 모든 땅이 당신께 기쁜 소리를 내게 하소서! 사람들을 일으켜 당신의 목적을 당신께서 사람들의 마음속에 기록하신 책과 같은 그러한 책들 속에 기록하게 하시고, 당신의 자녀들이 양육되도록 세상의 모든 곳에 학교를 세워 열게 하소서! 그리고 당신께서 모든 사람들의 가슴속에 당신의 학교를 세워주소서. 온 세상에 있는 지혜 있는 사람들의 영을 일으켜 당신을 찬양하기 위해 모두 힘을 합하게 하시되, 당신은 선택된 찬양대의 인도자가 되어주소서! 선택한 모든 사람들에게 혀와 입술을 주셔서 한 입으로 당신을 축하하게 하소서! 그리고 당신께서 우리들의 마음 속에 당신의 언어로 가르쳐 주옵소서.

오 세상의 빛이신 예수 그리스도여, 당신 없이는 모든 만물이 죽사오니 세상에 생명을 주시옵소서! 오 길이신 예수 그리스도여, 당신 없이는 길도 없으며 길을 잘못 들게 되오니, 당신을 떠나 방황하는 모든 사람들을 당신으로부터 당신께 돌아가도록, 그리고 그들을 당신의 영원한 축복으로 인도하여 주옵소서! 오 주님, 만약 우리들이 당신을 부를 때, 당신께서 바디메오(Bartimaeus, 마가복음 10장 46절, 52절)에게 "내가 너에게 무엇을 하여 주기를 바라느냐?"라고 물으신 것처럼 우리들에게 물으시옵소서. 우리들은 천 번이나 "우리들이 다시 볼 수 있게 하소서" 이렇게 기도할 것입니다. 짙은 구름과 같은 무한한 무지 때문에, 오류와 허무가 세상의 눈을 어둡게 하여 어두움 속에 덮혀 있는 사람들이 진리와 의로운 태양이신 당신을 볼 수 없게 되었습니다. 그들은 빛을 알지 못하기 때문에, 그 어두움을 사랑하고 어둠에서 자유롭게 되지 못하고 있습니다. 그렇다면, 오 주님, 말하오니 천둥 속에서 당신의 빛을 보내 주셔서 그 빛이 사울과 같은 모든 사람들(Sauls)

의 주위에 강하게 비치어 바울과 같은 사람들(Pauls)이 되게 하여 당신의 이름으로 백성들과 나라들에게 나아가 그들의 눈을 뜨게 하여 어두움에서 빛으로, 사탄의 세력에서 살아있는 하나님께 돌아와서, 당신에게 속한 신앙을 통하여 성도들 가운데서 그들의 죄를 용서함 받고 유산을 받게 하옵소서(사도행전 26장). 오, 주님 예수여, 아버지께서 당신에 관하여 말씀하신 일이 있습니다; "네가 한 두 나라의 회복자가 된 것은 너무나도 적은 일이다; 나는 너를 이방나라들의 빛을 삼아 땅 끝까지 하나님의 구원이 되게 할 것이니라" (이사야 49장 6절). 당신의 천사를 영원한 복음과 함께 보내어 모든 나라와 모든 부족과 방언과 백성에게 선포하게 하소서 (요한계시록 14장 6절). 오, 주님, 당신은, "어린아이들이 내게 오는 것을 용납하고 금하지 말라" 고 말씀하셨지요. 우리들은 경건한 마음으로 당신께서는 온 세상의 어린 아이들이 당신께 오는 것을 용납하실 것이라고 기도합니다 (마가복음 10장 14절). 그리고 모든 나라의 아들들이 땅 끝에서부터, 오, 만군의 주 하나님, 당신의 영광을 위하여, 거룩한 성, 예루살렘의 장식을 위하여, 당신께로 오는 것을 금하지 마십시오 (이사야 60장 9절). 만약 바리새인들이나 당신의 제자들 중에 그들을 금하는 사람이 있다면, 그들을 책망하십시오! 그리고 당신께서 그렇게 하신다면, 그들이 당신의 영광과 세상의 구원을 이루는 일을 금할 수 없을 것입니다, 오, 세상의 구세주 (마태복음 21장 16절)시여, 당신의 적인 마귀들은 당신이 그들을 깊은 곳으로 떨어지지 않도록 명령하시고, 그들로 하여금 돼지떼로 들어가도록 해 주시기를 당신에게 간구 하였습니다 (누가복음 8장 31절). 그러나 당신의 종들인 우리들은 당신께서 그들에게 명하여 깊은 곳으로 던져지게 하며, 그 깊은 곳이 닫혀서 그들을 봉하여 그들이 더 이상 나라들을 다른 곳으로 인도할 수 없도록 기도

합니다 (요한계시록 20장). 그러나 만약 당신께서 그들이 이 세상의 돼지떼로 들어가서 그들의 광란에 의하여 멸망에 이르러 깊은 곳에서 심판 받도록 허락하신다면, 오, 주님, 그 일을 이루소서; 그때에 모든 사람들이 마침내 그들을 속박하고 있는 사탄의 세력으로부터 자유하게 될 수 있습니다. 그러므로 마침내 세상의 모든 집이 영광의 연기와 빛으로 채울 수 있게 됩니다! 그리고 온 세상을 통하여 당신 폐하의 왕좌에 서 있는 수많은 사람들과 함께 한 사람이 다른 사람들에게, "거룩하다, 거룩하다, 거룩하다, 만군의 주 하나님! 그의 영광이 온 세상에 충만 하도다" (이사야 6장 3, 4절) 라고 외칩니다. 그것을 그대로 두십시오, 오, 거룩한 하나님, 그것을 그대로 두십시오, 그대로 두십시오. 아멘, 아멘, 아멘.

이제부터 영원까지 여호와의 이름을 찬송할지어다. 해 돋는 데서부터 해 지는 데까지 여호와의 이름이 찬양을 받으시리로다.(시편 113편 2, 3절)

빛의 길

코메니우스 지음
이 숙 종 옮김

초판인쇄	1999. 08. 20
초판발행	1999. 08. 30
발 행 처	여 수 룬
등록번호	제1-131호
등록일자	1978. 11. 16
편 집	김 은 숙
전산식자	모 양 내 기
인 쇄	남 양 인 쇄
제 본	청 우 제 책
발 행 인	이 형 수

값 8,500 원

134 - 034
서울 강동구 성내3동 446-31, 혜성 B-302
☎ 486-5715(FAX 겸용)

총판/(주) 기독교출판유통
☎ (0344) 906-9191~9194

여수룬은 '그리스도와 그의 나라를 위하여'라는 모토 아래 기독교서적을 전문으로 취급하는 복음적인 출판사로서, 그리스도인의 올바른 성경적 사고와 균형잡힌 신앙인격형성을 위한 신앙도서 출판에 정성을 다하고 있습니다.

그리스도와 그의 나라를 위하여